劉健芝　黃小媚　何志雄　著

核電是福是禍？

福島／輻島

www.cosmosbooks.com.hk

書　　名	福島／輻島——核電是福是禍？
作　　者	劉健芝　黃小媚　何志雄
責任編輯	林苑鶯
美術編輯	楊曉林
出　　版	天地圖書有限公司
	香港黃竹坑道46號新興工業大廈11樓（總寫字樓）
	電話：2528 3671　傳真：2865 2609
	香港灣仔莊士敦道30號地庫（門市部）
	電話：2865 0708　傳真：2861 1541
印　　刷	亨泰印刷有限公司
	香港柴灣利眾街德景工業大廈10字樓
	電話：2896 3687　傳真：2558 1902
發　　行	香港聯合書刊物流有限公司
	香港新界荃灣德士古道220-248號荃灣工業中心16樓
	電話：2150 2100　傳真：2407 3062
出版日期	2022年2月／初版・香港

本書原由生活・讀書・新知三聯書店有限公司以書名《福島／
輻島：十年回首詰問》出版，經由原出版者授權本公司在港澳
台地區出版發行本書的繁體字版。

2018 年 5 月 3 日，飯館村，一輛神輿從十年來首次舉行大祭的神社出發，在為保護農業用地而種植的油菜籽和堆滿核污染泥土的臨時儲存用地之間穿行。豐田直巳攝。

2015 年 12 月 21 日，雙葉町。大沼祐二和妻子，抵制拆除背後宣傳核電站的標語。大沼先生讀小學時，當地就提出「核能代表我們光明的未來」的口號，他認為這標語應該作為反面教材給保留下來。豐田直巳攝。

2016 年 3 月 11 日，雙葉町。在核電站爆炸五年後的 3 月 11 日，在雙葉町的中心區域只有電視工作人員和引導他們的疏散人員，他們穿着「防護服」，但實際上並不能保護他們免受輻射。豐田直巳攝。

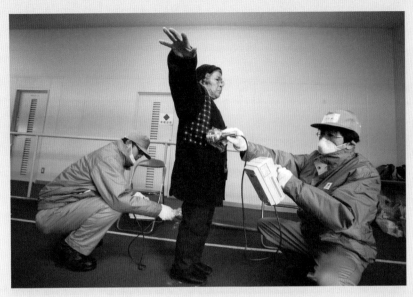

2011 年 3 月 22 日，田村市，這位住在疏散區的女士去親戚家住。她正在接受輻射測量，目的是「為了讓我的孫子放心」。豐田直巳攝。

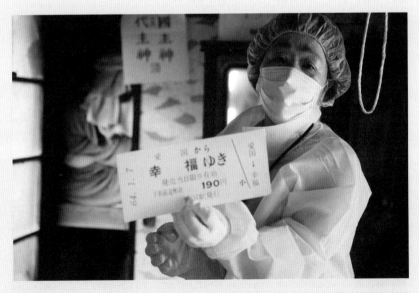

2017 年 8 月 7 日，津島，浪江町。每年回家掃墓時順便過來，發現房子給猴子和野豬毀了。他們找到的「車票」是北海道之行的紀念品，上面寫着「從愛國（愛國者）站到高福（幸福）站」。豐田直巳攝。

2018 年 5 月 3 日，飯館村，舉行大祭，一行約 120 人巡遊，抬着神輿，穿越田間。他們經過一片臨時存儲用地，那裏堆放了核污染的泥土。豐田直巳攝。

2015 年 2 月 26 日，飯館村。一次晨會，工人暴露在裝有核污染泥土的黑色塑膠袋的輻射下。從全國各地招募的清潔工人，比疏散的村民更多，他們從事所謂的「除污」工作，包括除草、清潔、拖洗屋頂和牆壁，以及剷除田地的表土等。豐田直巳攝。

2015 年 2 月 26 日，飯館村。在沒有乾草、沒有奶味的穀倉裏，為死去的牛群祈禱而安立的佛塔碑文宣示，核電站事故其實是一場人為的災難。豐田直巳攝。

2017 年 9 月 18 日，飯館村。前奶農長谷川健二正在觀看蕎麥花，之前他擔心颱風會把蕎麥花吹倒。他說：「我不認為在飯館村生產的蕎麥花能賣出去。去年，輻射水平是26bq/kg，而不是零。」豐田直巳攝。

2016 年 6 月 18 日，郡山市。截至 2018 年 1 月，已經有 194 名兒童發現患有甲狀腺癌，而流行病學家說患病率比平時高 20 至 50 倍。然而，福島縣政府重申官方論調：「這不太可能是由核電站事故引起的。」這番論調卻無法緩解母親的焦慮。豐田直巳攝。

生態公義與社會公義教育
——培養感知、思辨、自主、行動的能力 / 劉健芝

2021 年 5 月，《福島／輻島：十年回首詰問》（簡體字版）由北京三聯書店出版。無解當前，只能吶喊：知其不可為而為之！

感謝天地圖書出版繁體字版。借此機會，從福島悲劇的深刻教訓，談談我三十多載教書生涯中，在培育學生的生態公義與社會公義價值觀的一些體會。

2021 年春夏，日本新聞闖入全球主流媒體的，一邊廂，是日本政府揚言排放福島核廢水入海，惹來國內外抗議；另一邊廂，新冠肺炎大瘟疫猶在，卻日夜追蹤奧運金牌榜。新聞語調一激憤、一雀躍，與福島核災難卻都有關聯。

東京奧運

2011 年「3·11」事件發生後，日本政府理應舉全國之力賑災善後，可是，僅僅四個月後，日本奧委會選定東京作為申辦奧運的城市，2013 年申奧成功，政府動用大量財力物力興建奧運場所，導致災區勞動力短缺、建築材料價格飛漲。「2020 東京奧運會」被命名為「重建的奧運」，主題為「福島復蘇」，奧運火炬

為「復興之火」，福島日本村 J-Village 綜合體育館為 2021 年 3 月 25 日奧運火炬傳遞的首站。日本村離核電廠僅 20 公里，「3‧11」發生後，改為救災中心，每天數千名工作人員，從這裏出發往第一核電站工作。這提示了「福島災難還在處理中」的形象，要來個大翻身——從身穿輻射防護服、戴着防毒面具的工人，換成英姿勃發傳遞奧運聖火的運動員。

東京奧運會開幕典禮上，在空蕩蕩的場館裏，播出披頭四搖滾樂團約翰‧連儂的經典和平反戰歌曲《想像》(Imagine)。可是，忽悠大眾想像「重建」、「復蘇」有期可待，是多麼大的騙局！

東京奧組委宣佈奧運會開、閉幕式的理念為「前進」，開幕式的理念為「情同與共」，閉幕式理念為「我們共享的世界」，巧言雕琢的美麗新世界卻擋不住現實中的民怨——瘟疫與負債。

東京奧運會與新冠肺炎「情同與共」。2020 年 1 月 3 日至 2022 年 1 月 4 日，1.258 億人口的日本，有 1,735,591 確診新冠病毒肺炎病例，死亡 18,396 例。[1]

東京奧運會與負債「情同與共」。東京奧運開支的官方數字為 154 億美元，在日本可建造 300 間 300 張床位的醫院或 1,200 所小學，牛津大學研究稱這是史上最昂貴的奧運。日本政府審計人員稱，實際支出也許高達兩倍。[2]

奧運會這些「代價」有一個重要的效應——正面宣揚福島「復興」，把視線轉移離開沒法收拾的核災爛攤子。

1　https://covid19.who.int/region/wpro/country/jp
2　〈東京奧運史上最貴 國際奧會為最大贏家〉，2021 年 8 月 7 日，中央通訊社，https://www.cna.com.tw/news/firstnews/202108070193.aspx。

核輻射污水

日本政府在 2020 年屢次放風，接着在 2021 年 4 月 13 日，正式決議將「稀釋後」的 100 多萬噸核污水在兩年後開始排入大海，以騰出儲存罐儲存污染濃度更高的核污水。日本國內、鄰國政府、中外媒體的批評和抗議浪潮此起彼伏。「排放核污水」成為公眾輿論的焦點，可是，卻少見尋根究底多問一句：為甚麼儲存核污水的設備總是不夠，源源不絕每天增加 140 噸的核污水來自何方？不止要問如何處理核污水，還要問，能制止核污水的產生嗎？本書章節九：「黑暗之心——熔毀的堆芯」詳細說明了令人幾乎絕望的惡劣情況，這裏不贅，僅僅指出，257 噸核燃料發生堆芯熔毀，熔毀後的燃料棒和壓力容器其他金屬物混合起來，總重量達 880 噸。可是，福島第一和第二反應堆的預算「啟動清理作業」的日期，一推再推，最新預計是推到 2024 至 2028 年，就是說，事發 13 至 17 年後才「啟動」作業。

這個本來是最簡單的質詢，為何少見主流傳媒跟進？本來可以帶領我們溯本尋源的核污水問題，為何反而起到轉移視線的效果？大眾不能只怪當局誤導、矇騙，而是要問：我們從來的教育，無論是正規教育還是各種文化、傳媒薰陶，是如何塑造我們的思考和感知方式的？

親歷的體驗

不少中國人一刀切地反感日本人，可是，我在不少日本朋友身上，看到那敢於直面慘痛殘酷現實並有所擔當的高貴氣質。我非常敬重的武藤一羊教授，1950 年就讀東京大學本科的時候，因為主持了一場校園反戰集會而被開除出校。在本書附錄文章〈活着的廢墟〉中，武藤一羊指出日本在 1950 年代引入核反應堆，

2014 年，武藤一羊先生（右）來香港演講，與筆者合影。

就是為了擁有核武裝的能力。武藤一羊一生矢志不渝地反對日本軍國主義。

　　安排我在福島災變一年半後到訪福島的日本惠泉女子大學的大橋正明教授，身兼日本非政府組織國際合作中心理事，在災變發生第二天便組織民間救援隊，親自送救援物資給核電廠方圓 20 至 30 公里留在戶內的災民；當時國際救援組織因為這些區域輻射太高，禁止工作人員走近。

為了能互相辨認，大橋正明在防護服上寫上名字 Ohashi。

大橋正明引介我認識國際攝影記者豐田直巳先生。十年如一日往返福島，豐田直巳的觀察是：「從 2011 年 3 月福島核電站爆炸的那天起，我就開始採訪和拍攝福島。在那之前的 10 天，我一直在拍攝切爾諾貝爾事故 25 年後的烏克蘭和白俄羅斯。在日本，在事故發生前推動核電站建設的公司，於事故發生後，出現在輻射污染區，從公民繳納的大量稅收中獲利。該工程使用了『重建』的名稱。建築公司的重型機械、大型翻斗車進入因輻射災難無人居住的城鎮和村莊，起初為建築物和田地『除污』，之後，被『除污』的房屋、倉庫、工廠、學校等卻相繼被拆除。（你能理解這種矛盾嗎？）福島的 10 年，就是抹去了原來的風景，出現了原來沒有的『重建建築、重建公關中心』。大部份因輻射流離失所的人不會回來。在未來 200 年或 300 年，核電站釋放的輻射消失前，都不會回來。當然還是有寥寥可數的人回來了，他們懷着自身和土地不可分割的感情，做好了暴露在輻射中的準備。我尊重他們這種生活方式，他們似乎在通過這種生活方式，向世界詢問核事故和核傷害的意義。我依然去福島，希望在我的照片中捕捉會被抹去的風景和不可磨滅的人的尊嚴。」

豐田直巳在災區攝像。豐田直巳提供。

藍原寬子女士是《日本透視新聞》記者，一直追蹤採訪撤離和回鄉居民的境況。她說：「十年過去了，仍有大量的人受影響，超過 4 萬人仍在避難，遠離家鄉。日本有一個說法——『十年一昔』，意即十年一個歷史里程碑，可是我非常懷疑這句話是否適用在福島核事故上。『我們能給這一悲慘事故一個期限嗎？』我的回答是『絕對不能』，因為核事故和輻射災難仍在繼續，我們仍然強烈地需要國際廢核運動的社會支持。」

　　藍原寬子訪問了一位在福島市經營電影院的阿部泰宏先生，他說：「核事故發生時，福島在艱難的情況下是孤獨的。現在 COVID-19，電影院的運營比核事故的蕭條時候更難了，但從精神上來說，孤獨感減少，因為全世界都能感受到因 COVID-19 而互相隔離的相同體驗和團結共鳴。」是的，在反核運動上，需要「情同與共」。藍原寬子呼籲大家相信「人類的奇蹟」，一起走在歷史的道路上，收集希望之石的碎片，握在掌心。她堅信這些碎片一定會像北斗七星和南十字星一樣，閃閃發光。

2019 年 6 月 28 日，日本民間社會代表在香港嶺南大學出席由全球大學合辦的第六屆南南論壇（SSFS），主題為「生態、生計與社區建設」。與會者有：藤岡惠美子，日本福島全球公民網絡中心（前排右二）；藍原寬子，日本透視新聞（前排右三）；Rebecca Johnson，國際廢除核武器運動（2017 年諾貝爾和平獎得主）創始主席（前排右四）；筆者（前排右五）。

我在 2012 年 10 月訪問福島時認識了福島全球公民網絡中心主任藤岡惠美子女士，她離開東京舒適的家搬到福島服務災民；當時我問她：「你不怕輻射嗎？」她淡然地說：「我已經 40 歲了。」今年 5 月，收到她患癌的消息，心裏很不平靜。她因病不能參加今年線上舉行的第八屆南南論壇，催促我們把討論福島的錄影發給她觀看。[3]

　　我默默為藤岡惠美子祈禱，默默為飽受生靈塗炭的核災民祈禱。

負重同行

　　這些我尊敬的日本朋友，教導了我理性和感性認知。在大學課堂上，我把生態公義和社會公義糅合在課程裏，與同學探討核電核武、金融資本主義、發展主義、氣候崩潰、生態危機等議題，尋找機會讓同學有親歷體會。2011 年 9 月 19 日，我和西南大學的薛翠教授一同參加東京民間 6 萬人反核大遊行。2016 年，日本舉行廢除核武／核電專題世界社會論壇，我安排了薛翠教授和歐陽麗嫦老師，帶着香港嶺南大學文化研究系三位同學黎梓瑩、蕭韻婷、楊菁喬前往參加。我以這次考察對她們造成的感性、理性衝擊為例，寫了一篇文章〈從生態公義思考現代教育與暴力〉。[4]

3　2011 至 2021 年，全球大學、香港嶺南大學與多所中國內地及海外高等院校，合辦了八屆南南論壇，主題圍繞另類發展、民眾生計、生態環境、可持續文化等，福島核災一直是生態議題的重中之重。在歷屆論壇上，大橋正明、藍原寬子、藤岡惠美子和 2017 年諾貝爾和平獎得主國際廢除核武器運動的創始主席 Rebecca Johnson，持續就福島和全球核災難而作報告。全部錄影可在此網頁免費觀看：https://our-global-u.org/oguorg/en/。

4　劉健芝：〈從生態公義思考現代教育與暴力〉，許寶強編：《批判式教學碰上新世代青年：中港台教育研究》，香港城市大學出版社，2018，頁 179-197。

2016 年 3 月 23-28 日，來自香港的薛翠教授（右）和歐陽麗嫦老師（左），帶領香港嶺南大學文化研究系同學蕭韻婷（中）、楊菁喬和黎梓瑩，深入福島禁區，了解除污染人員遭外判壓榨的情況。

　　她們那次參觀了距離福島第一核電廠不足 15 公里的雙葉郡富岡町。大會資源有限，每人僅發一件雨衣、一個口罩，下車每次停留限 15 分鐘。歐陽麗嫦憤憤不平：「破舊的房屋空無一人，像是進入靜止的空間，一切停留在 2011 年 3 月 11 日海嘯吞噬那一刻，又像進入了異度空間——鬼域。海嘯引發核災摧毀了居民平靜樸實的生活，輻射污染環境更摧毀了幾代人的家園。一年核電，萬年核廢料！」

　　三位同學回港後寫下真切的反省。楊菁喬説，與朋友分享經歷，然而她們似乎維持「各家自掃門前雪」的態度，沒有關注的動力，只是想，不到福島就到別處旅行。黎梓瑩説：「為我親眼看到一個個零保護裝備的除污染工人在田野間工作；親眼看到一堆堆沒有邊際的核污染物堆放在美麗的山下、森林、田野間；親眼看着手中量度輻射水平的儀器上的讀數；親身到民間組織參觀見證到他們多年的付出；親眼看到福島縣居民在被問到『3．11』

事件的尷尬和沉默……這一切一切才是我回來後能夠如此有信心向朋友轉述福島現今困境的真正原因，而不是在演講上看到的圖表和數字。不能忘記冰冷疏離文字背後的生命，只有一個個真實的故事和經歷才是信念中堅固的核心。」

同學的真切，讓我感動。

寄語老師、同學、青年

多年來，我嘗試與同學一起梳理現代主義、「科學至上」的暴力歷史，扣連形形式式的社會不公和生態不義，拒絕站在主流精英的角度來看世界，而是有意識地，關懷邊緣社群的存活條件，聆聽其文化哲理。僵化的教育體系、勢利的主流文化，在我們的無意識中製造冷漠、犬儒、恐懼，我們要嘗試容讓自己暴露於充滿不確定性的環境，把握各種機遇使之撼動習慣的固執，衝開制約的樊籠。「感情用事」不是羞恥的，反之，情感的衝擊，觸動倫理關懷，突破所謂「理性」的框框，不僅可以帶來對事物更為深刻的認知，也讓我們開拓各種可能性，以培育感知、思辨、自主、行動的能力，迎接開放的生命歷程。

知其不可為而為之！這是有所為、有所不為的堅持和勇氣！

無解當前，知其不可為而為之 / 劉健芝

2012 年 10 月 12 日。

秋高氣爽，藍天白雲，詩意的田園風貌。我搖下車窗，想拍路邊風景。車裏的日本朋友顧不了平常的禮貌，尖叫着説：「健芝老師，請趕快關窗。」車裏面，人手一個的輻射測量器，同時尖叫。僅幾秒工夫，車內的輻射量就猛升了幾倍。

外面出奇地寧謐，車內的人卻是忐忑不安。我們來自中國、印度和泰國的三位外賓，在日本朋友大橋正明教授、藤岡惠美子女士和竹內俊之先生的帶領下，到福島的幾個地點看望村民。這裏晚上還沒解禁，白天容許進入。在南相馬市小高區農戶根本洸一先生家裏，他們夫妻邊奉上熱茶和蘋果，邊訴説怎樣每天從城鎮的臨時住所開一小時的車回到這裏，耕種不會也不能出售的農作物。不種地，怎麼打發日子？平靜的話中，聽不出無奈或憤怒。我們心照不宣地勉強吃上一塊切開的蘋果，慢慢喝茶，免得主人熱情添茶。煮茶的水，是從這裏的水井中打的；蘋果是房子後面的樹上摘下來的。

一行人接着去飯館村一個奶牛戶的家。到了一座別致的房子前面，車停下來，我們可以下車，但要在兩分鐘內回到車裏。

從左到右：藤岡惠美子、根本洸一夫婦。南相馬市小高區。

上：長谷川建二回不去的家。
　　劉健芝攝。
下：長谷川建二廢棄的牛奶廠。
　　劉健芝攝。

人去屋空，牛去棚空。我們在房子前面的花叢量度得到的輻射量，是每小時 3.35 微希沃特。日本政府訂立的安全標準是每小時 0.23 微希沃特，即超標 15 倍。趕快上車。開到臨時安置區，見到房子的主人長谷川建二夫婦。他們講述了地震、海嘯、核電站爆炸、撤離的經過；展示了政府的清污計劃：房子屋頂外牆會用水沖洗，說之後可以搬回去住，但沖洗下來的輻射物留在田間地頭，政府不負責清除，也不建議村民在外活動。村民意見分兩派，長谷川建二夫婦覺得無法回去，希望政府把全村人一起遷居，好歹仍然聚在一起。但村長屬意等待回遷。

長谷川建二先生放映圖片給我們解說，最讓我震撼的，是他的同行菅野重清先生的故事。核事故發生後，奶牛全被送進了屠宰場；送走牛隻後，菅野重清先生哭着在空蕩蕩的牛棚裏立了祭奠牛魂的牌位，留言交代了後事，請姐姐代為還款給木工師傅，然後自殺了。

我沒法抹去奶農祭奠牛魂然後隨之而去的畫面。要贖罪的，不該是奶農。

福島之行，只有一天。日本朋友生怕我們暴露在無色無味的核輻射中，旅途中處處照應提點，反而讓我們誠惶誠恐。臨別前在福島市的晚餐，卻讓我看到了純美和希望。

與藤岡惠美子女士聊天，

2017年5月5日
9:02

2017 年 5 月，飯館村，稻田上，除污的垃圾袋堆積如山。藍原寬子攝。

上：長谷川建二夫婦在臨時安置區公用辦公室。劉健芝攝。

中：長谷川建二放映的照片。圖中菅野重清先生在送牛隻上車去屠宰場。劉健芝攝。

下：空蕩蕩的牛棚裏，豎立着祭奠牛魂的牌位。長谷川建二提供照片。

從左到右：劉健芝、大橋正明、長谷川建二、Vinod Raina（印度）、Supara Janchitfah（泰國）。

　　她說本來住在東京，丈夫在基金會有一份美差，自己生活無憂。「3‧11」發生後，她參加志願者的支援行動，來到這裏接觸了當地的婦女、兒童、老人後，很想出力協助他們重建家園，不想回東京了。丈夫不願意隨行，兩人離了婚。我問，儘管這裏是福島市，但是輻射也是超標的，更何況你經常跑災區農村，不擔心輻射嗎？她淡然地說，我已經40歲了，不怕輻射，我希望孩子一代能過上好生活。樸素的話中，沒有高昂的英雄氣概，沒有赴死犧牲的悲情。正值壯年，卻視死如歸。非為自己的父母兒女，卻及人之老、及人之幼。她，是那麼平凡，又是那麼不平凡。

　　這一天，在晴朗的環境裏我處處看到無色無形的輻射陰霾，在交往的普通人身上卻看到不屈的勇氣。當前無解又如何？他人的錯誤帶來傷痛和死亡，我們只能憤恨和恐懼嗎？我看到的是對

左：
長久以來，感謝姐姐對我的照顧和關懷！

經歷了我的 2011 年（6 月 10 日，下午 1：30）

很對不起，木工師傅⋯⋯請用保險金支付

右：
若沒有核事故這回事的話⋯⋯

不要被核事故打敗，請繼續努力把農場經營下去！

走在前面，是不幸的

再也沒有氣力工作下去了

上：死者遺言。長谷川建二提供照片。
下：張怡松提供的中文翻譯

習慣性的苟且而活的拒絕。悲劇喚起不屈的勇氣，觸發了生命力和創造力的昇華。承受痛苦又如何？面對死亡又如何？隨心而死得其所，可以了。

百感交集，翻閱整理中英文資料，編了兩本文集與朋友同學私下分享，後來我想，何不正式出版，讓更多人關心、思考、行動？這個想法先後得到多位中、日朋友的支持，在此特別鳴謝孫歌、田松、王選、戴錦華、溫鐵軍、滕威、葉彤、趙玲、林子敏、王平、武藤一羊、大橋正明、藤岡惠美子、竹內俊之、藍原寬子、池上善彥、安藤中雄⋯⋯衷心感謝兩位合作寫作者黃小媚、何志雄，以及共事多年默默耕耘的全球大學團隊——靳培雲、薛翠、歐陽麗嫦、陳燕文、潘婷婷、口皓、徐惠璇、許兆麟、劉健青、嚴曉輝、張怡松、黃鈺書、李翹志、許統一，還有未及列出的一眾志願者。

當我們談論核能時，我們在談論甚麼 / 黃小媚

2019 年 6 月，全球大學舉辦的第六屆南南論壇邀請到諾貝爾和平獎獲得者、國際廢核運動創始主席黎貝卡・約翰遜（Rebecca Johnson）來香港舉辦為期三天的夏令營，主題是「核武器與核能：挑戰與應對」。承蒙劉健芝教授抬愛，讓我幫着做了英語 / 中文的同聲傳譯。要知道，我是個文科生，實打實的文學女青年，連電是怎麼發的都一知半解，結果那幾天認真學了怎麼做原子彈。

後來在為這本書收集資料而看電影《家路》的時候，我哭了好幾次。看《潘多拉》（又名《潘朵拉》）的時候，明知那是韓式煽情，也哭了。不過兩者不一樣。瀰漫在《家路》裏的是對故土一草一木的不捨，個人命運在大災難面前的飄零和無力，以及明知無用卻仍要以個人的方式去抗爭的無可奈何；《潘多拉》煽的情主要是國難當前時親情和愛情的羈絆。

你記得 2011 年 3 月 11 日那天自己做了甚麼嗎？我竟然一點兒印象也沒有。掐指一算，我尚在南京大學未畢業。那是個春天，以我文學女青年的本性，估計是拿着書到一棵樹下讀書去了。對聽到這個爆炸性新聞時，我是甚麼反應，沒有任何印象——好歹

從左到右：大橋正明、Vinod Raina、藤岡惠美子；右一：竹內俊之。

是個大學生，竟然無知麻木到這個地步。當時的我肯定也沒想到，十年後我們還在糾結於這個問題，還在為核事故後核廢料的處置問題頭痛，還要費勁地、曉之以理動之以情地說服別人：核能，不能。因為這件事本來應該很直白：效率低，輻射又危險，出事兒了還無藥可救，誰那麼傻要去發展核電呢？

果真有人犯傻。人還不少。

不知在哪本書上看過這一段揮之不去的插曲。在一個反核能的講座上，一個小孩對一眾大人說：你們都是偽君子！明明知道核廢料要我們將來去面對，卻還放任核電站繼續發電！是的，在核能這件事上，保持沉默就是犯錯。

所以還是得用一本書來告訴各位讀者：發生了甚麼和為甚麼。感謝劉健芝老師引我去思考，給我以教導。希望各位也能從中獲益。

順便說一句：原子彈可以怎麼做呢？從核能發電的廢棄物裏

提煉出鈈（讀音和「不」一樣）就可以啦。比如一座 100 萬千瓦的核發電站大約會產生 30 噸核廢料，而僅僅從中提取 200 千克的鈈，就能製造 20 枚以上摧毀長崎的「胖子」原子彈。

　　導致家破人亡的原子彈，與導致家破人亡的核災難之間的距離，並沒有我想像中的那麼遙遠。事實上，很近很近。

序言三

我們就在臨界狀態 / 何志雄

　　日本「3．11」大地震和海嘯已經過去十年了，但引發的福島核危機還遠未結束。作為一個遠離事故核心區的普通人，因為沒受到甚麼影響，也就更加容易忘記和忽視，以為隨着媒體報道的遠去，核事故就此結束了。當我接觸了日本朋友的介紹並開始查閱相關資料時，才發現我們普通大眾對核的認識實在太簡單了。最初，我對核危機不以為然，以為即使發生了事故，大不了關掉核電站就是。深受理工科思維影響的我，興趣點在於從技術上去反思核危機的可怕。

　　大家要知道，核反應堆停止工作需要一個過程，不是簡單按一下按鈕的問題。即使核反應堆正常停堆，核裂變反應也不會完全停止，堆芯仍然會繼續產生熱量，如果熱量積累達到一定的臨界溫度，核反應堆還會重新爆發。所以停堆後需要冷卻系統保證反應堆處於低溫狀態，如果反應堆不能冷卻的話，就會慢慢過熱，然後導致堆芯熔化這種嚴重的核災難事故。日本人一直號稱是最遵守紀律和做事嚴謹的民族，然而在此次核事故中卻表現得狼狽不堪、一錯再錯。這更加說明了，核能利用對於人類來說存在巨大的風險，以及核事故進程的不可控性。

福島核危機發生時堆芯熔毀，大量的核燃料殘渣如今在甚麼位置，是甚麼狀況，以後還會不會發生核臨界反應，還都難以搞清楚。海嘯造成的大量瓦礫的清理工作，因對輻射污染的疑慮而進展緩慢。冷卻反應堆產生的大量核廢水還在不斷產生，很快就沒有更多的容器來存儲了，該怎麼辦？除污工作中收集的核污染土壤和其他垃圾，數量更是龐大，甚至多到找不到地方堆放。除污，說得很好聽，實際上要完全去除污染是不可能的。大部份的情形只是移動污染物而已。而收集與移動廢棄物的過程，其實增加了人受曝的可能性，危險從未遠去。

　　正如當年切爾諾貝爾核事故所造成的深遠影響一樣，福島核事故的後遺症也已經開始不斷顯現，令各種危機頻發，預計在漫長的歲月裏都很難消除。這也意味着，將有很大數量人口的生活會長期受到影響。他們也許會遭受核污染歧視，也許會遭受核輻射疾病的困擾，也許會遭受顛沛流離的艱辛……

　　或者說，臨界狀態已經成為東部日本人的一種生活「常態」——他們隨時可能從「正常的生活」中被拖入核污染所帶來的非正常狀態，因而東部日本人不得不小心謹慎地選擇食物、改變生活方式，以盡量減輕受害的程度。「臨界狀態」原本是核反應過程中的一個概念，但用在這裏描述遭受核影響的人們的生活狀態真的非常準確。臨界，是因為他們始終生活在一種隨時會改變性質的動態之中。

　　為了仍然在籌備的東京奧運會，日本媒體刻意營造出舉國歡騰的景象。當它們把「相互理解、友誼、團結和公平競爭的奧林匹克精神」成功嫁接給福島時，其實是試圖掩飾那裏正在發生的核危機。日本的「核電村」精英集團，通過掌控的媒體一再宣傳「核電安全」的神話，或者試圖淡化福島核危機來避

免對核危機的反思與追責。東京電力公司（簡稱「東電」）和日本當局的有關部門，應對民眾起訴的方式僅僅是賠錢了事，對仍在繼續的核污染沒有有效的處理辦法，且工作效率低下。日本民間的反核抗議運動因此接連不斷，民眾極為不滿。

這場核危機還遠未結束，危險就在附近，關於福島核事故的真相和責任，以及日本核危機的歷史，都不應該被人們遺忘。

編輯本書，就是希望讀者能夠更深入了解核事故的嚴重性，從而吸取教訓，多掌握一些有關核防護的基本知識。畢竟，我們生活在現代文明中的每一個人，離核都不遙遠。

目錄

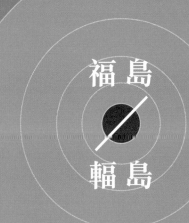

2021 年，福島美麗春色〔全球公民網絡福島燈塔（FUKUDEN）提供〕。藤岡惠美子攝。

前 言

　　福島是位於日本東北的一個縣，距離東京的車程僅一個半小時。日本的第一級行政區劃是「都、道、府、縣」：一都（東京都）、一道（北海道）、二府（大阪府、京都府）、四十三縣；第二級即地方行政區劃是「市、町、村、特別區」。所以可以把日本的「縣」理解為中國的省，福島縣的地位大致相當於黑龍江省。和黑龍江省剛好類似的是，它面積大，1.38 萬平方千米（47 個行政縣中排行第三），下轄 61 個市、町、村，「3．11」事故前人口約 230 萬。福島的農業和煤礦業在日本國內赫赫有名，特產有桃、米（如出名的越光米）、梨、櫻桃、蘋果、高麗參等；鮟鱇魚，甚至會津的馬肉，以及年輕人喜愛的喜多方拉麵及白河拉麵，都產自福島。

　　倘若在中文網站查看關於福島的資料，關於 2011 年之前的歷史就只有寥寥數語：明治維新之前，屬於陸奧國；明治維新後，成為福島縣，是養蠶業中心，鐵路開通後，煤礦業得到發展。緊接着就到了充滿傷痛的 2011 年以及至今的災後處理情況。可以預想 2021 年、2031 年、2041 年也會是一些類似的記錄。福島的歷史將以 2011 年為分水嶺，以核洩漏為關鍵詞繼續書寫。只不過，福島人，本應為福島書寫這寓意着「幸福之島」的歷史的作者，卻永遠地被抹去了。福島，不幸地，卻因為災難而被世人

以「輻島」所銘記。

　　現在在任何搜索引擎上鍵入「福島」兩個字，排在最前面的毫不例外地都是「福島核洩漏事故」「福島第一核電站事故」「福島核災」，諸如此類。甚麼叫「事故」？事故，一般是指當事人違反法律法規或由於疏忽失誤造成的意外死亡、疾病、傷害、損壞或者其他嚴重損失的情況。那麼，福島核事故有「當事人」嗎？有。有「疏忽失誤」嗎？也有。那麼「當事人」受到責罰了嗎？沒有。

　　為甚麼？

　　這其中還有太多的「為甚麼」。除了問為甚麼，還要問我們學到了甚麼？當我們做錯了事，會說「痛定思痛」之類的話來安慰自己，希望以後不會再犯同樣的錯。可是在福島核危機這件人類犯錯的大事上，是這樣的嗎？

　　十年過去了。日本以外，還有多少人在追問這些問題？鋪天蓋地都是關於新冠肺炎的新聞，人們可能更關心自己何時能像以前那樣不戴口罩就出遊；提到日本，好奇的也可能是被延遲到2021年的奧運會能不能舉辦，而沒有發覺，原來福島的人們被迫背井離鄉已經整整十年了。

一、福島發生了甚麼事

　　2011 年 3 月 11 日星期五那天，你記得自己做了些甚麼嗎？

　　對於大多數讀者而言，那可能只是平凡的一天，沒甚麼大事值得寫下。或許有哪個嬰兒降生，或許有誰結婚，或許有誰死去。歡喜與哀愁，太陽底下無新事。但離我們不遠的日本東北部，遭遇了其有現代觀測記錄以來最大的地震，這場黎克特制（Richter magnitude scale）9.0 級的地震又引發了日本有史以來最大規模的海嘯。當時在場的人們只是錯愕地看着海上陡然增高的巨浪，問：「那面黑色的牆是甚麼？」在強大的自然力面前，人如螻蟻，不堪一擊。事情已經夠糟了，偏偏在福島縣雙葉郡大熊町的福島第一核電站因高至 15 米的海嘯來襲，

2018 年 4 月，大熊町，從山上遠眺正在退役的福島第一核電廠。藍原寬子攝。

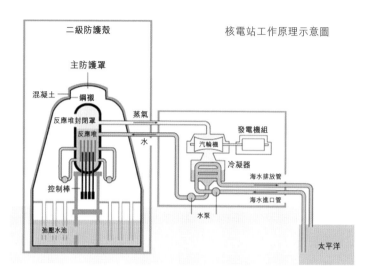

核電站工作原理示意圖

沖破防洪堤，導致電力系統、緊急備用發電系統和冷卻系統均告失效。此後發生的一切就像多米諾骨牌，一塊又一塊，無可挽回地倒下了。

對於日本東北海岸的人們而言，生命自此改轍。核電站所在地的時鐘指針將永遠停留在那一刻，因為未來，已經不會再來。

要了解整個事件發生的脈絡，就要先明白核電站是怎麼發電的。

核能發電的原理是利用核分裂時產生的大量熱能讓水沸騰，再由水蒸氣推動渦輪運轉產生電能。某種程度上，核電站就是一個巨大的熱水器。但和熱水器的不同之處在於，它在發熱的同時也在釋放放射線，最後的產物除了電能還有鈈-239——製作原子彈的原料。這台巨大的熱水器實際上浪費了三分之二的熱能，因為核燃料棒中心的溫度約為 2800℃，而驅動核電站渦輪的蒸氣只需 400℃ 左右。多餘的熱能直接作廢。

當然，核電站的設計必須附帶安全機制，畢竟它不是一個安全的熱水器，而且造價昂貴。「3·11」地震發生時，傳感器探測到地面震動，並按設計觸發了保護系統，使正在運行的福島 1 號至 3 號機組的反應堆自動停堆。但在停堆的情況下，反應堆堆芯仍繼續產生熱（稱為衰變熱）。正常情況下會有冷卻系統幫它降溫，但當時是非正常情況——停電了。於是最直接的辦法就是從外部向堆芯注水。

想像一下，此時此刻，因為地震加海嘯，原本秩序井然的核電站到處是一團糟：海水帶來的雜物堆滿了整個廠區，溝渠的蓋子已經消失，地上到處都是孔洞，建築物內部和道路或抬高或下沉或垮塌，進入廠區或在廠區行走變得異常困難。雙重意義上舉步維艱的應急工作還被間歇性的餘震和海嘯打斷。斷電還導致監視設備不可用，主控室控制功能也喪失了。此外，照明和通訊系統同樣受到影響。於是，事故的響應完全靠現場操作人員手動操作。《安全手冊》——假如有這樣的東西的話——上有類似的情況可遵循嗎？沒有。現場人員只能「摸黑」操作，而時間就是生命。

在全核電站斷電超出 17.5 個小時以後，才成功建立起一條管線，開始直接從消防淡水箱向 1 號機組堆芯連續注入淡水。但是 11 個小時後，淡水耗盡了。福島核電站就在海邊，為甚麼不用海水呢？聰明的讀者可能要問。在場人員當然也想到了這個最方便可取的水源，而且注入海水的安排在短短半個多小時內就完成了，但並沒有立即開始操作，而是在近 4 個小時後才啟動。[1]事後得知是因為東京電力公司，即核電站的大東家，不願引入未經處理的海水，因為這會導致核反應堆永久報廢。

1　國際原子能機構（IAEA）：《福島第一核電站事故——總幹事的報告》，2015 年。

不及時使堆芯降溫的後果是甚麼呢？沒有循環冷卻水，核反應堆堆芯中的水就會被燃料棒加熱並迅速蒸發，導致核燃料棒「乾燒」、熔化直至堆芯熔毀，接着會熔穿壓力槽底部、外部安全殼，進而造成放射線外洩，發生重大的環境災難。也就是說，當時應當考慮的，是把防止環境的放射性污染災難放在首位，還是把核電公司的經濟利益放在首位。事後看來，大財團當時的抉擇是可恥的。

與 1 號機組類似，在確認 2 號機組堆芯冷卻功能喪失以後，現場管理人員最後只能嘗試通過消防系統注入海水，但對消防車泵而言，反應堆的壓力太高了，海水無法注入。因此，決定使用卸壓閥給反應堆減壓，以便能夠在低壓條件下注水。但是這一決定也導致了 2 號機組的密封性下降。

由於 2 號機組的通風一直無法實現，安全殼的壓力繼續上升，嚴重影響了向反應堆注水的行動。3 月 15 日 6 時 14 分，現場聽到了爆炸聲，緊接着是 2 號機組安全殼的壓力讀數下降。這一情況表明，2 號機組安全殼可能失效而且出現了不受控制的放射線釋放。也就是說，大量的放射性物質從反應堆安全殼洩漏出來。事後，日本首相助理細野豪志透露，向 2 號機組核反應堆壓力容器注入冷卻水的作業曾中斷了約 6 個半小時。[2]

至於同樣喪失了冷卻水的 3 號機組，一條通過消防線從反沖洗閥井向 3 號機組堆芯注入海水的管線在 1 個小時內就準備好了。關於是否立刻啓用海水降溫，出現了不同的說法。比較可信的是2012 年福島核事故獨立調查委員會發表的《福島核事故獨立調查委員會正式報告》裏的描述：儘管東電總部明確要求吉田廠長

2　《日本福島核電站 2、3 號機組可能發生堆芯熔化》，http://www.hi.chinanews.com/hnnew/2011-05-17/148794.html。

福島第一核電站 1 號機組爆炸，機組的外部防護殼被摧毀。

2011 年福島第一核電站遭受毀壞（日本非政府組織國際合作中心（JANIC）提供）。
藤岡惠美子攝。

爆炸後的 3 號機組

不准用海水，但吉田着眼大局，以冷卻反應堆的安全為重，表面上服從上級指令，還是偷偷用了海水。另一個說法是，由於有來自東電總部的通知，現場主管推遲了對該管線的使用，注水管線也被改回到通過消防車組成的消防線提供含硼淡水源。與 2 號機

組類似，為將反應堆壓力降低到低於消防車水泵壓力以保持注水，需要啟動卸壓閥。最終，到通過打開附加的安全卸壓閥實現反應堆減壓時，3 號機組已經 4 個多小時沒有進行冷卻了。

或許幸好因為在場的吉田廠長的明智才沒有導致更大災難的發生，但至少可以肯定一點：東電上層最關心的是經濟利益。

隨後，因為 3 號機組反應堆廠房的上部發生爆炸，造成了服務層上方結構的損壞和工人的受傷。暫停兩小時後，才重新開始了注入海水的工作，這一次是直接從海洋抽取海水。

1 號、3 號和地震時正停堆檢修的 4 號機組都發生了氫爆炸，損壞或完全破壞了屋頂，導致了輻射洩漏，對核電站及其周邊地區產生了大面積的污染。其中，2011 年 3 月 12 日，核電站 1 號機組反應堆廠房的服務層發生爆炸，核電站正門附近的輻射量達到正常值的 70 倍以上，1 號機組中央控制室輻射量則升至正常值的約 1,000 倍。日本政府首次確認該核電站放射性物質洩漏。

福島第一核電站一共有 6 個機組，「3·11」當天正在運行的是 1 號至 3 號機組。在這一連串事件期間，1 號至 3 號機組的基本安全功能要麼喪失，要麼嚴重惡化，最終導致最嚴重的堆芯熔毀核災難。東京電力公司在事故發生 2 個月後的 2011 年 5 月才承認堆芯熔毀，此前則一直解釋稱「沒有判斷熔毀的依據」，其實是在有意隱瞞和淡化事故的嚴重程度。直到 2016 年 5 月 30 日的一次記者會上，東京電力公司核能選址總部長姉川尚史才公開承認，過去五年有關福島第一核電站輻射洩漏事故相關反應堆「堆芯損傷」的說法，是隱瞞了事實。東京電力公司總部的《核能災害應對手冊》中寫明了堆芯損傷比例超過 5% 時即可判定為堆芯熔毀，而非此前一直聲稱的不掌握標準。東電在當天的記者會上道歉稱：「對照標準，在事故發生第 4 天即 2011 年 3 月 14

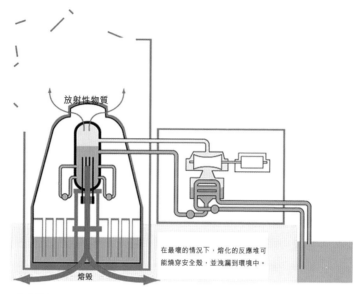

放射性物質

在最壞的情況下，熔化的反應堆可能燒穿安全殼，並洩漏到環境中。

熔毀

堆芯熔毀示意圖

日就已經能判斷出堆芯熔毀了。」

　　最不想看到的事情發生了：堆芯熔毀。這意味着甚麼呢？

　　堆芯熔毀可能導致反應堆底部熔穿，熔化的核燃料殘渣因此掉落到安全殼下的地面上，進而緩慢下沉到地下污染地下水，甚至出現更嚴重的災難。2011 年 5 月底，國際原子能機構派出專家調查團對福島第一核電站事故進行調查後出具的報告指出，1號至 3 號機組燃料棒熔毀後墜落，一部份可能已通過壓力容器上的漏洞堆積在安全殼的底部，發生了「熔穿」。但直到十年後的今天，依舊沒有人知道熔穿的具體位置在哪裏，也沒有人知道，熔融的核輻射物有多少。因為，從來都沒有人想到，會發生這樣的事故。

　　在猶如災難片場的核電站發生着這一切的時候，遭受地震與海嘯雙重打擊的人們還不知道，滅頂之災才剛剛拉開帷幕。

二、地震、海嘯是天災，核爐熔毀是人禍

日語的「想定外」意思就是，沒想到。

「沒想到」會有 15 米高的海嘯——所以核電站外的防洪堤只有 5.7 米。

「沒想到」核電站的供電系統和後備柴油發電機會同時失效——所以在斷電的情況下一籌莫展。

「沒想到」所謂的「自動啟動應急冷卻機」沒能發揮多大用處——所以堆芯還是熔毀了。

「沒想到」……

「沒想到」以「工匠精神」和高科技聞名於世的日本人在福島核電站遭遇天災時，沒能及時採取必要的措施；「沒想到」自稱本國核電絕對安全可靠、以效率著稱的日本政府，沒能有效阻止災害的進一步擴大，導致輻射物質洩漏，14 萬多人 [1] 流離失所，沿岸海域遭受污染，而且污染範圍可能擴大至全球。牽一髮而動全身，在這樣的大災害前沒有孤島。無數的「沒想到」，最終釀成了無可挽回的災難。

然而，這或許是「意料之外」，但絕不是意外。

2012 年 6 月，由核電專家、放射線醫學專家、司法專家和民間人士等十人組成的日本國會事故調查委員會（下稱「調查委

1　藍原寬子：《核事故至今八年：福島的現況及課題》，張怡松譯。藍原寬子出生在距離核電站爆炸區域約 65 公里的福島市。

員會」），擁有能任意傳喚作證人（如當時的首相菅直人）和要求提供資料的強大權限。在不受政府影響的獨立調查後，調查委員會發表了《東京電力公司福島核電站事故調查報告》。報告明確指出：「此次事故屬於『人災』已得到明確，其原因在於歷屆政府、管理當局以及業主東京電力公司缺少對保護人的生命和社會的責任感。」[2]

在直接的技術層面，「根據本次調查委員會的調查，在『3．11』這一時點，推測福島第一核電站不具備防禦地震和海嘯的保證能力，處於一種設施脆弱的危險狀態。針對地震、海嘯可能帶來的災害、自然現象引發的嚴重事故對策以及大量放射性物質釋放時對居民的保護，作為業主的東京電力公司和作為管理當局的內閣府核能安全委員會（下稱『安全委員會』）、經濟產業省核能安全保安院（下稱『保安院』），在此之前不具備應該具備的能力並且沒有採取應該採取的措施」[3]。2006 年安全委員會修改了抗震標準，東電非但沒有根據新的標準對機組進行加固，還將原定於2009 年的抗震檢查延遲到了 2016 年。而事實告訴我們，那已經太晚了。

更可怕的是，早在 2006 年，「保安院與東電之間已有以下共同認識：在超過福島第一核電站廠址高度的海嘯到來的情況下，會出現所有電源喪失的情況；在超過土木工程學會的海嘯評價小組評價的海嘯到來時，海水泵的功能會喪失，存在堆芯損傷的危險。保安院對於東電沒有做出及時響應表示了認可，也沒有做出明確的指示要求」[4]。也就是说，之前所以為的那些「意料之外」，

---

2 載《國外核動力》，2012 年第 5 期，汪勝國譯。
3 同上。
4 同上。

其實早就被預測到了。但在核電站的安全指南上，沒有考慮完全喪失電力的可能性，也不提海嘯的情況，因為負責人不把它們當一回事，認為「所有電源喪失」的可能性不大（因為日本的供電比美國還穩定，20 年來只停過 30 分鐘電）；而且可笑的是，有「日本核電界忌諱禁語」[5]，所以海嘯也好，地震也好，斷電也好，這一類的「不吉之語」是不會被列入考慮範圍的。1995 年 1 月 17 日，日本發生黎克特制 7.3 級的阪神大地震。當年 2 月在大阪召開了「反對啟動文殊快中子增殖反應堆」[6] 討論會，有民眾問到：「若當地發生與阪神淡路大地震相同規模的震災，文殊反應堆會怎樣？」官方的回答是：「那裏不會發生這樣的地震。」同年年底，雖然不是地震，但文殊反應堆發生了鈉外洩失火的意外，被手動緊急關停。由此可以瞥見負責人對意外狀況閉目塞聽的心態。

大自然「故意」跟我們開了個玩笑，嘲笑人類的愚蠢與狂妄。日本土木工程學會的海嘯評價小組在 2008 年根據一個長期測算標準測定，福島核電站會遭遇的海嘯可能達到 15 米。但是東電的高層認為，長期評價是假定數字，如按 15 米的標準建防波堤，將需要四年的時間，花幾百億日圓的資金，因此沒有採取相應的對策。正面教材是與福島相鄰的茨城縣東海村東海第二核電站。東海第二核電站在 2010 年 9 月將原來的 4.9 米堤提高到了 6.1 米，2011 年 3 月 11 日茨城的海嘯高度達到了 5.4 米，差距僅在咫尺之間。[7]

5　陳弘美：《日本 311 默示》。
6　位於福井縣敦賀市的文殊反應堆沒有受到其名（文殊菩薩）的蔭庇，可謂命途多舛。1970 年動工建設，耗費超過 10,000 億日圓，但因事故頻發，2016 年 12 月日本政府決定將其除役，總計運行時間僅 250 天。在此期間的兩次事故中，還發生了一位事故調查團隊負責人及一位事故負責人自殺身亡的不幸事件。
7　離原、王選：《謊言與自負：日本核災難真相》。

福島災難現場，一片慌亂。因為之前從來沒出過類似事故，緊急系統 40 年來從沒發過警報，所以當報警系統噴出大量蒸氣的時候，居然沒有工作人員第一時間意識到反應堆出現了問題。核電站供電裝置和備用供電裝置同時失靈的狀況，超出設計者預計，令東電措手不及。之後，燃料棒失去冷卻水，很快就造成了堆芯熔毀。

　　東電派出的第一輛應急供電車因交通阻塞，沒能抵達核電站；第二輛應急供電車晚上 11 時才抵達，但因電纜太短而無法與機組聯機。費了九牛二虎之力終於接上了，又發現原來福島第一核電站用的是舊式配電盤和 6,900 伏高壓電流，和電源車不合，也沒有變壓器可用；接着又發現核電站的配電盤被海嘯沖壞了。沒辦法，要求送電池過來，用於啓動堆芯冷卻系統，但送來的電池型號居然又是錯的。後來工作人員不得不把現場汽車的電池拆下來。這一過程浪費了很多寶貴的時間。東電高層為使機組可繼續使用，堅持使用淡水注入；但現場根本沒有足夠的淡水，打電話要求送來 4,000 噸，結果送來的卻是 4,000 升。

　　要釋放安全殼內的壓力以防氫爆，但因需要電源才能啓動的排氣閥無法打開，只能選擇人工操作。現場人員慌作一團，急忙找出手動閥門操作指南來研究，卻又發現指南上面沒有提到斷電時的手動操作方法。於是，工作人員不得不找來設計圖紙研究如何手動打開閥門。「連圖紙都沒有，緊迫的情況下還要四處尋找圖紙，加大了在手電筒照明下開展工作的難度。」聽上去很荒謬，但卻是事實。因此報告稱：「掌握到推遲抗震工程和錯失採取應對海嘯措施的事實，可以認為東電經營層面已意識到福島第一核電站脆弱性危險的存在，所以，某種程度上事前就應該能想像到災害時現場的狀態。東電總部和核電站的領導在這種狀態下最起

碼也應做好現場應急響應準備。考慮到以上因素，這不是運行人員和工作人員的個人問題，應該是東電的組織問題。」[8]

從一開始，東京電力公司就在犯錯，而且一錯到底：地震發生後，沒有在第一時間發佈福島核電站冷卻系統失靈的消息；12 日，福島核電站 1 號機組爆炸後，也沒有第一時間向日本當局彙報。連首相菅直人也是通過電視報道，才獲知發生了爆炸，相關報告過了大約一個小時才被送到他的辦公室。危機當前，不是以防止核災難的發生為首要目標，沒有及時用海水冷卻堆芯，種種的時機延誤與混亂對策，導致堆芯熔毀，釀成了更大的生態災難。[9]

以上是在技術層面和組織層面的人為失誤。但這些都還只是表層的直接原因。倘若核電站事故不發生在福島的話，依舊可能在其他地方發生。通過此次事故，埋藏在更深層次的聯結也被暴露了出來。

8　載《國外核動力》，2012 年第 5 期，汪勝國譯。
9　《東京電力被指「六宗罪」 篡改數據隱瞞事故》，《廣州日報》，2011 年 4 月 10 日。

三、鐵臂阿童木的童話

　　《東京電力公司福島核電站事故調查報告》明確指出：「在政府、財團齊心協力，將核能作為國策而努力實現這一共同目標的過程中，滋生出了錯綜複雜的『管理傀儡』（Regulatory Capture，又譯為『規制俘虜』）。……對於進入公司或進入政府機構通過論資排輩被晉升的『單一路線的頭目』，一個重要的使命就是傳承過去，維護組織的利益。這種使命比保護國民的生命更加重要和優先，即使是了解到世界核能安全發展的動向，也不屑一顧，錯失了安全措施的落實。」具體來説：「本來屬於核能管理對象的東電在市場規律不發揮作用的過程中，以情報信息的優越性為武器，通過電聯會之類的組織，向歷屆管理當局施壓，以延期執行相關的管理規定，或者是放寬標準等。這種壓力的源泉來自電力事業監管機構與核能政策推進組織經濟產業省的密切關係，在這種大的組織構架中，與經濟產業省管轄下的保安院之間的關係佔有一定的位置。由於管理當局偏向於業主的信息、自身組織優先之類的原因，等於是在幫助業主主張『保持現有反應堆的運行』『應對訴訟要求的無錯性』。……結果是核能安全的監視與監督功能崩潰，管理當局成為傀儡，偏向被管理業主的利益最大化，也可以解釋為所謂的『管理傀儡』。」[1]

---

1 《東京電力被指「六宗罪」 篡改數據隱瞞事故》，《廣州日報》，2011 年 4 月 10 日。

上：2011 年發生核事故前的福島第一核電站全景。遠遠地看上去，一切都很美好。

中：2018 年，從大熊町遠眺福島第一核電站〔全球公民網絡福島燈塔（FUKUDEN）提供〕。藤岡惠美子攝。

下：東京電力公司前高管就福島核事故鞠躬道歉。

三、鐵臂阿童木的童話　**51**

報告沒有進一步指出的是，以管理傀儡為中心，還有一個更大的利益共同體，其中包括核電製造商、經濟產業省、文化科學省、媒體、主流學者等因推動核電而獲利的各方。這個核能利益聯盟在政界、財經界、學術界、大眾媒體中產生了強大的影響力，且具有排他性，於是被嘲諷為「核能村」或者「原子村」。

以福島為例。

福島核電站作為全世界最大的核電站之一，生產的電力並不供應給本地，而是用來供應 200 千米外的東京圈的。1960 年，引進福島第一核電站的計劃發表後，當地政府認為，引進了核電站，還可吸引其他產業前來設廠，有利於振興地方經濟，因而表示歡迎。東電把地方領導和政府職員等，都捲入與土地所有權人洽談收購或交涉漁業權的補償金等問題之中。2014 年的日本電影《家路》是一部詩意的災難片，講述了核電事故後，一戶普通福島居民的淒美故事。其中，主角已過世的父親當年就是提着喇叭、以宣傳核電為競選口號的町議會議員候選人。東電甚至還利用黑幫處理土地收購問題。一位黑道大哥對潛入福島核電站進行調查的鈴木智彥大言不慚：「對於黑社會的我們來説，核電站是一座點石成金的寶庫。」[2] 當地對於核電站的擔憂和反對的意見，被「放射線既不危險也沒有危害」的聲浪淹沒了。1974 年，日本又出台了被統稱為「電源三法」的法律。據此，核電站所在地的地方政府可獲得高額的補助金及固定資產税，作為接受危險的核電站的代價。補助金，被形象地稱為「核能鈔票」，多用於興建華麗的公共設施，的確似乎在短時間內促進了地方經濟發展。然而，建設核電站的 20 年後，相關税收與補助金鋭減，為了維

---

2 《福島 50 死士，員工悲慘代價》，《香港 01》，2020 年 6 月 24 日。

護公共設施,地方政府陷入了不得不依賴建設新核電站的困境。[3]

在籌備建立福島第一核電站的 1960 年代,政府、東電、大眾媒體都一致唱頌「核電是安全、乾淨的夢幻能源」。這種眾口一詞的宣傳與其自身的利益密不可分。在日本政界,官員退休後可以到下屬或者關聯企業拿個頭銜領取豐厚的薪水。這種做法,在日本被形象地稱為「下凡」(天下り)。東京電力公司,作為壟斷日本一都七縣、為接近一半的日本人口供電的老牌電力公司,正是此道老手。不少經濟產業省的退休官僚,都在這家公司成為董事:比如原通商產業省(現已經更名為經濟產業省)能源廳長官增田實、原能源廳次長白川進等,從政府部門退休之後,就搖身一變,成為東電董事會成員。2011 年的一項調查發現,在過去 50 年間,一共有 68 名從經濟產業省退休的高級官僚被東電僱用。[4] 在位的國會議員不分黨派都有核電族。核電是公共錢包,是政治家的現金來源,核能成為國策是大家彼此互惠互肥的結果。

日本政府通過立法確立了總成本定價制度。如果電力的總成本提高,電價就相應調整。隨着用電量增加,電力部門可以獲得穩定收益。核電站的建設費用巨大,承建商的巨額信貸給銀行帶來了安全而穩定的收益。圍繞核電建設,電力公司、承建商和銀行形成了利益共同體。

日本經濟學家青木昌彥指出,福島核危機真正的罪魁禍首是盤踞在日本核工業聯合體內部的區域壟斷電力公司,它們為追求利潤最大化而損害了公共安全。哈佛大學法學院教授馬克·拉姆塞耶(J. Mark Ramseyer)指出,在私有產權下,電力公司的

3　福島手冊委員會編:《福島十大教訓──為守護民眾遠離核災》。
4　周琪:《東京電力只是一家企業嗎?》,載《觀察者》,2013 年 3 月 29 日。

股東享受核反應堆帶來的收入，但有限責任制度使他們能逃脫任何可能的損害責任，責任都由公共開支承擔。政治家、官僚、財界形成的「鐵三角」具有對政策過程決定性的影響力，並從中獲益。

在財經界，電力公司是龍頭，呼風喚雨。其股東主要由保險公司、銀行、政府和大企業構成，只有 10% 是個人。創立於 1951 年的東京電力公司，是絕對的巨型企業，集發電、輸電、配電於一體，總市值達 14 萬億日圓（約港幣 9,500 億元），員工人數超過 4 萬，被稱為世界最大的民營核電公司。

在學術界，大學本應捍衛學術的純正，卻一致歡迎擁核派的學者，因為這些為核電辯護的學者是核能村的御用學者，能帶來大筆研究經費。理工科的研究本身需要龐大資金，而核能村有的是錢。日本《寶島別冊》雜誌曾刊登了日本全國國立大學教授從核能機構接受的資金的一覽表，金額從百萬日圓到千萬日圓不等。[5] 相反，針砭時弊的反核派則被打壓。例如京都大學小出裕章因為不屈不撓地反核，在京都大學做了 45 年的助理教授，到退休的時候也無法升為教授。他所寫的反核的書在「3‧11」之前無人問津，在出事後才一躍成為暢銷書。

在傳媒界，政府每年撥三億日圓稅金給宣傳核能安全的機構「原子力文化、振興與財團」，對百姓灌輸核能神話。該機構每年花費十億日圓用學者和形象好的藝人宣傳核電。電力公司也投入巨額的廣告費（東電在「3‧11」之前的廣告費是每年 500 億日圓），通過電視、廣播、報紙、雜誌、學校教育等渠道大肆宣

5　陳弘美：《日本 311 默示》。

傳「核電是絕對安全的」。[6] 在日本，電力公司按區域分服務區，似乎不需要浪費錢去打廣告，尤其是像東電這樣的「老大哥」。其實對電力公司而言，這是一箭三鵰的美事：一、三人成虎，同樣的話（「核電是安全的、環保的、便宜的、有光明未來的能源」）反覆說，群眾也就信以為真了。二、成了電視台和報紙的廣告金主，媒體就不敢對核能說不，不敢發表任何反核言論或邀請反核人士上節目。三、日本電力公司的利潤是加在成本上的。意思就是，其利潤與成本成正比。成本越高，賺的也就越多。打的廣告越多，它非但不花錢，反而更賺錢。這等好事誰不做？在「3‧11」之前，日本五大全國性媒體（《朝日新聞》《讀賣新聞》《每日新聞》《產經新聞》《日本經濟新聞》）無一敢旗幟鮮明地挑戰「核能村」利益集團，在報紙上整版出現核電公司廣告的狀況也屢見不鮮。它們絕不報道核電的負面信息，只給核電唱讚歌。

30 年來媒體不僅封鎖反核學者的言論，反核的藝人也遭封殺：例如藝人山本太郎因為公開反核，其出演的電視劇被撤換；歌手忌野清志郎的 CD 剛上市，唱片公司便將其全部下架禁售，只因為一句歌詞「電太多了，不需要，不需要，核電不需要」。甚至在「3‧11」核危機後，由於報紙《東京新聞》大力批評核電、直截了當地反核，許多企業紛紛撤掉了給它的廣告。

日本核能集團作為阻礙電力改革又無法觸碰的勢力，並沒有因為「3‧11」闖了大禍而受到制約。「3‧11」災難後，首相菅直人提出了兩個改革方案，試圖削弱這股勢力。第一個方案，「電力買取義務」，規定電力公司有義務購買小型民間企業的電力，如

6　福島手冊委員會編：《福島十大教訓——為守護民眾遠離核災》。

太陽能、風力發的電，使電力來源多元化。第二個方案，發電、送電分離，把送電網的設備、基礎設施、使用權開放給民間企業。最終，菅直人以自己下台為交換條件通過了「電力買取義務」法案。核能安全保安院也脫離原屬的經產省，改隸環境省，與過去的勾結切割。可是，安倍晉三上台後，財雄勢大的「核能村」又重新取得了穩固的來自政府的支持。

在 20 世紀 50—70 年代將核能成功引進世界上唯一遭受過原子彈轟炸國家的日本，並從日本推廣到全球，是極其反諷的，政府和傳媒在其中扮演了不可或缺的角色。日本的核能開發是由在廣島、長崎投下原子彈的美國推動的。在 1950 年代，美國為了能夠向日本出口核能技術，通過日本（乃至全世界）發行量最大的《讀賣新聞》大力宣傳「和平利用核能」，進行「國民核電教育」，成功令日本人對核能的印象大為改觀。

數十年下來，除了通過媒體宣傳，再加上各類演講、進修、宣傳資料、學校參觀等渠道的影響，民眾也就深信核電是安全的了。在廣島的原子彈爆炸資料館裏，在昏暗的、殘酷的原子彈爆炸受害展示廳的隔壁就是一個異常明亮的「和平利用核能」的展廳，展品來自 1956 年美國所組織的、「充滿善意的」、「和平利用核能博覽會」的捐贈。[7] 早期充滿熱情與自信投身核電廠建設的日本工程人員中，不乏遭受過原爆的廣島人。他們將之視為「真正男人的工作」。[8] 在電影《福島 50 勇士》中也可以看到學校組織集體參觀核電站的場景。講解人員熱情洋溢地對孩子們說：這是清潔無害的能源哦！在這部主要是為了歌頌現場人員奮不顧

7　參考武藤一羊：《潛在的核保有與戰後國家》。
8　《我們的島：從廣島到福島》，公視，2011 年 9 月 19 日。

身的英雄主義電影裏，這個場景是為了體現勇士們的責任感與職業操守的由來。

「核能是光明未來的能源」，這是照片裏依舊飄揚在空無一人的街道上的標語。電影《家路》大部份的場景是工作人員冒着被輻射傷害的危險，在被遺棄的福島攝取的，其中也特意拍攝了這條充滿殘酷反諷意味的標語，並且借電影中的人物之口，很諷刺地說出了「這是我上小學時參加核能口號寫作比賽時的獲獎作品」這樣的話。類似的話也出現在 2016 年上映的韓國電影《潘多拉》裏。這部以核電站事故為題材的災難故事片中處處可見福島核電站事故的影子。在核電站工作的人員、當地的孩子、政府官員都將核電視為「永不熄滅的光」，是「科學送給人類的最好的禮物」。但猶如其名，這潘多拉魔盒不是禮物，釋放出來的也非人類所能控制的自然力，這「永不熄滅的光」也成了萬年的輻射威脅。

誕生於 20 世紀 60 年代並流行至今的動畫人物鐵臂阿童木，現在依舊高舉着右手要為 21 世紀（也就是當時的「未來」）的人類福祉而戰，殊不知原來阿童木和當時的「和平利用核電」的發展戰略息息相關。「阿童木」這個名字來源於英文 Atom，即原子。漫畫裏的阿童木還有個妹妹叫小蘭，雖然不及哥哥出名，但她的名字 Uran 也很屬害，是從英語的 Uranium 來的，即用來發核電、可做核彈的鈾。無形的洗腦比直接的宣傳更有穿透力、更恐怖。從小就接受這樣的說法而不去質疑「人定勝天」的科技迷信，導致核災剛發生時，當地居民還不當一回事：因為他們相信那麼「高科技」的東西不會在地震、海嘯等自然災害面前出錯；即使出錯了，他們也信任政府，信任那些言之鑿鑿的專家能夠解決問題。殊不知專家和政府官員要麼是出於自己的利益信口雌黃，要麼是根本就不知道自己說的是些甚麼——

雙葉町，2014 年 3 月，當地居民攝。

前者的可能性更大。那麼，他們製造出來的核電神話——更環保、更安全、更便宜——究竟在哪裏忽悠了人？

四、核電三問

經常會看到這樣的論調：不能因為一場核事故就因噎廢食。我們當然不能因為「一場事故」就否定一切，所以讓我們認真看看這「食」究竟是美食還是毒藥。

一問：核電環保嗎？

誠然，核能在發電時，不會產生二氧化碳。但是，發電前後呢？

核電是從開採鈾礦開始的。整個流程是挖掘—搬運—精煉—濃縮—加工—建核反應堆—再處理—核廢料運送—核廢料處理。很多步驟都要耗費大量的石油燃料，核電只不過是換了個形式的石油燃料電力罷了。[1] 尤其是核電站需要更厚的鋼筋和水泥的銅牆鐵壁，而當它退役時，就變成了百無是處的巨大輻射源，拆除核電站要花上比建立時多得多的人力物力。截至 2019 年年中，在全世界已經關停的 181 座核反應堆中，僅 19 座做到了完全除役，其中也只有 10 座達到「可開發新地皮」的標準。但即使是這些有限的案例中也顯示出了高達五分之一的極不確定性。[2] 目前「聰明」的人類所能想出來的最簡便的報廢核電站的處理方法就是：蓋個大棺材，把它埋起來。石棺的建造也需

1　陳弘美：《日本 311 默示》。
2　《世界核廢料報告 2019》，德國海因里西‧伯爾基金會，鄭永妍譯。

要使用石油燃料，也排放二氧化碳；而且這個棺材也不是一勞永逸的，還需要定期維護。這些工作，都需要使用大量的能量。

核電站運行中，產生的不是二氧化碳，是放射性污染物。比如，核電站高聳的排氣管，一天 24 個小時持續排出放射性廢氣。核反應堆還會排出大量的冷卻水。這些水不能被重複使用，需要的量又很大，這也是為何核電站喜歡選址在海邊（或河邊）的原因——海水被視為「取之不盡用之不竭」的資源。核電站每年做一次年檢，「保養」結束後，幾十噸的放射性廢水會被直接排入大海。在正常運轉時，每分鐘也會有數十噸的廢熱水被排進海洋。[3] 冷卻水溫度很高，使海水升溫，二氧化碳被釋放出來。清洗工人穿過的防護衣的水，和其他廢水一樣入海。廢水入海口處的放射線值高得離譜，漁民卻一無所知地在那裏養魚。[4]

最無法忽視的污染是大量核廢料，這將是徘徊在人類世界長達數十萬年的夢魘。根據世界核協會（WNA）的統計，至 2013 年底全世界約有 25 萬噸高放射性核廢料（乏燃料）等待進一步處理，而且每年還會新增 1 萬噸。日本各核電站都把乏燃料「臨時」存放在反應堆上方的核廢料冷卻池裏。而一旦冷卻池發生洩漏，後果會很嚴重。2005 年 8 月，黎克特制 7.2 級的地震就導致了福島第一和第二核電站的核廢料冷卻池池水外溢。當不穩定的高放射性核廢料用幾十年的時間完成冷卻、部份被循環再利用後，後續的處置方式就是「掩埋和丟棄」。不僅把它們埋在哪兒是個問題，掩埋後問題也依然沒有解決，留給了子孫後代。也就

3　平井憲夫：《核電員工的最後遺言》。
4　同上。

是説，我們吃好拿好了，把垃圾和廢物留給子孫後代去處理，自己眼不見為淨。

福島核電站事故發生後，德國決定在 2022 年之前關閉所有核電站，但其面臨的最大困境是如何以永久和安全方式掩埋具高輻射性的核廢料。目前德國有 2,000 個儲存高放射性核廢料的容器，面臨三個難題：一、如何找到可以永久和安全掩埋這些核廢料的地下位置（不能發生地層滲水或地震）──例如，德國一處原為鹽礦的阿西二號（Asse II）核廢料處置庫就不斷遭受地表水的湧入，22 萬立方米處理過的核廢料和鹽的混合物亟待回收，這一任務不僅複雜且代價高昂──由於放射性廢料和鹽混合在一起，現存核廢料數量已是最初的 5 倍。[5] 二、如何安全運送核廢料到指定地點。三、如何把核廢料的危險性信息通過有效方式傳遞給未來的人類。

三個難題都很讓人頭疼，這說明現今的人類根本就沒有能力安全使用核能。最令人訝異、恍如科幻小說般荒謬的是第三個難題：如何告訴我們的子孫？「你們的祖先給你們留下了一些遺產──哦，是一些我們不知道該怎麼處理的高放射性物質，放射性衰減的時間跨度可能長達十萬年。」現今人類創造的宏偉建築、人文奇觀，有多少能保留一萬年、五萬年、十萬年？到時不知多少文明都已經灰飛煙滅，而那些高放射性物質將兀自巋然不動。拉丁美洲原住民認為，我們不是要把地球「遺留」給子孫後代，我們僅僅是向他們借用。可是我們這一代人，借而不還，或者還的時候已經是千瘡百孔。

退一步説，真正要做到環保，應該是從改變消費主義模式、

5　《世界核廢料報告 2019》，德國海因里西・伯爾基金會，鄭永妍譯。

福島第一核電廠入口。
大橋正明攝。

福島第一核電廠遠景。
大橋正明攝。

靠近福島第一核電廠，
輻射水平非常高。大
橋正明攝。

福島／輻島

減少電力使用做起，而不是自相矛盾地鼓勵使用另一種形式的能源。

二問：核電安全嗎？

對於這個問題，福島核災難給出了不言自明的答案。核電不只是電，核電還是核。「核安全」是個弔詭的詞。有核就會有隱患，所謂的「安全」，大多是推廣發展核電的政府、製造商、電力公司旗下的專家，依據對自己立場有利的數據資料製造出來的美麗泡沫。

沒有不可能的災害。「3・11」當天的海嘯不僅使福島第一核電站發生意外，距離它 15 千米的福島第二核電站也發生了國際三級核事件；鄰縣宮城縣的女川核電站也一度出現火情，進入緊急事態；女川核電站 2 千米外的災難對策中心完全被海嘯沖毀，不但無法因應核電站的緊急狀況，對外溝通聯繫的功能也完全喪失，外界無法了解廠區發生的意外。數百億日圓造價的核電站，在排山倒海的自然力面前完全中看不中用，像個漂亮的花瓶，一推就倒。我們生活的地球，成了核電的實驗室。福島第一核電站據稱設計成可以抵抗七級震災，專家們說只不過沒想到來的是九級的超強地震，所以出事了。也就是說，核電站的設計沒出錯，出錯的是強震。但誰能保證下一秒不會來一場十級地震加 20 米高的海嘯呢？我們無法預測地震、海嘯這些自然災害何時何地會發生，但它們一定會發生。當諸如板塊移動的不可抗力與人類尚不能控制的核能結合在一起時，發生的滅頂之災只能說是人類自找的。

就算沒有自然力，人為因素也增加了核電站的不穩定性——是人就難免犯錯誤。人造的系統越複雜，失誤的可能性就越高，

2011 年，宮城縣受核災的慘況。大橋正明攝。

修復就越困難，殺傷力也越強。讓人瞠目結舌的操作在《核電員工的最後遺言》（1995 年）裏，由致力於反核運動的平井憲夫披露了出來。平井憲夫生前是東電的一級技工，在 20 年的職業生涯裏曾在包括福島核電站在內的很多一線崗位工作過，負責監督配管工程的定期檢查，1997 年因癌症病逝。

他舉了一些親身經歷：電力公司為了降低成本和分攤利益，把許多工程向外承包，造成諸多問題。比如管道由不同公司製作，但因不同公司採取的小數點後的捨入標準不同，以至於設備器件不能對接。當時文殊爐有一根配管無論如何也裝不進去，請他去看。他打開設計圖後發現，由於文殊爐由日立、東芝、三菱、富士電機等廠商共同設計，其中日立的設計圖把 0.5 毫米以下的部份無條件捨去，而東芝和三菱卻是無條件計入，雖說只是小小的半個毫米，但幾百個地方累積起來就變成相當大的誤差，最後導

致配管無法安裝。魔鬼在細節。

　　核電站裏面，令人啼笑皆非的人為疏失並不少見。為甚麼會這樣？因為工程現場裏「有真功夫的師傅」實在是太少了。不管核電設備設計得多完美，實際施工時卻無法做到與原設計一模一樣。核電設備的設計藍圖，總是以技術頂尖的工人的精準施工為絕對前提。1991 年日本美濱核電站因為細管破碎差點釀成大災難，最後調查時才發現，原來是一組零件在事故發生時未能及時插入機組，導致原反應堆在溫度攀升的情形下沒有自動停機。這是施工上的失誤，但從來沒有人發現這座已運轉 20 年以上的機組存在這個致命缺失。這也代表當初建設時根本沒按照原設計施工。太長的就切掉，太短的就硬拉，這些設計師意料不到的事情，卻在施工現場理所當然地發生着，導致核電事故層出不窮。老師傅逐漸凋零，建設公司在徵人廣告上會以「經驗不拘」作為求才條件。這些沒經驗的「素人」，不知道核事故的可怕，也不知道自己負責的工作有多重要。福島核電站先前也曾因鐵絲掉進核反應堆，差點發生重大事故。

　　核電站很難在現場培育人才。作業現場既暗且熱，又必須穿戴防護衣罩，作業員彼此無法直接做語言溝通，這樣怎麼能把技術傳給新人呢？更何況技術越好的師傅，就代表他進入高污染區的頻率越高。這樣，他們很快就會超過規定的輻射曝曬量，無法再進核電站作業，所以菜鳥工會越來越多。

　　迷途知返的核電員工不止是平井憲夫。在 1970 年代躊躇滿志響應「和平利用核能」的號召，先後加入福島第一核電站 6 號機組設計及 1 號機組改造的前工程師菊地洋一發現，核能技術並不是成熟的技術，到處都是變更設計。他越是深入了解，心裏越是不安，最後選擇離開這一行當，並加入反核行動，呼籲廢止不

安全的核電機組。其他能源行業事故，比如石油管道破裂了，加油站着火了，煤礦塌方了，這些事故也很不幸，但至少災害不是全球性的，可以立刻着手直接處理。核電站呢？核電站一出事故，就跟個核武器差不多，帶來的災難很可能是毀滅性的。

輻射危險是真正「殺人於無形」的危險。放射性物質一旦洩漏，難以遏制，無味無聲，無色無形，無孔不入，人類只能靠儀器來測得輻射量有多少。福島核電站發生事故後，日本各地「出乎意料」的核輻射污染層出不窮。比如，非福島產的牛肉。追根溯源時發現，原來有問題的是牛在屠宰前一個月食用的稻草，被檢驗出輻射量高達 9,000 貝可勒爾，但稻草的來源離核電站卻足足有 170 千米遠。深究下去，原來 3 月 15 日風向那個方向吹，此時正是農家春天曬稻草的時節。[6]

被隱瞞的受輻射真相

渡邊孝先生（化名，33 歲）出生於距離福島市車程約 30 分鐘的阿武隈山地的一個村莊。他和 31 歲的妻子與兩個女兒（7 歲及 4 歲），還有父母雙親一起生活，養了約 20 頭奶牛。事故發生後，妻子很擔心孩子們受到輻射，但因為東京來的醫生與政府的人都説沒有危險，所以他硬是説服妻子留了下來。然而，就在一個月後全村決定撤離，他只能拋下奶牛，開始過着與雙親兩地避難的生活。妻子最近跟他説，根據縣政府的調查，推估事故發生後四個月中受輻射量累計達 5 毫希沃特以上的縣民裏，大部份是他們村裏的人。聽了這些，渡邊覺得羞愧難當，無法正視妻子。

——福島手冊委員會編：《福島十大教訓——為守護民眾遠離核災》

6　陳弘美：《日本 311 默示》。

人類歷史上發生過的核事故還不多嗎？生命被傷害得還不算慘重嗎？切爾諾貝爾事故發生不過 25 年，當時的慘劇尚歷歷在目，事件親歷者還在經歷着未完的傷痛，故事還在被講述，人類歷史上卻又多了一個反面教材。我們難道還想要下一個福島、下一個切爾諾貝爾嗎？[7]

日本的核能專家、反核運動人士高木仁三郎在 24 年前就已經清楚地預見：「原子時代的終焉將會是：由於人類的不正當管理，加上機械老化，當十多米高的海嘯來襲時，一切電源喪失導致堆芯熔毀，大量的輻射外洩……」[8] 這不是杞人憂天，而是已經成為眼前事實。難道我們還要繼續蒙起眼睛、堵上耳朵嗎？

三問：核電便宜嗎？

核電的便宜，只是對電力公司而言，其他的成本都落在政府和公眾身上。

首先，核電之所以給人以便宜的錯覺，是由於電力公司只公佈最表面的鈾原料和運作時的費用而已——就算是鈾原料，80%的儲備也被發達國家所控制，其價格和原油一樣，會有上下波動。更重要的是，使用核電需要長年累月收買當地居民、支付灌輸教育及其他宣傳活動的費用。而且，為了解決修建選址的問題，還要給當地村自治體支付「地方交付稅」和「固定資產稅」，這是一筆千百億日圓的政府稅金。

其次，核電另一個巨大的成本是處理廢堆和核廢料的費用。廢堆做到完全除役的話，費用高得離譜：在美國，不同反應堆的除役費用在每千瓦 280 美元到 1,500 美元，而美國的居民電價，

7　參見本書附錄《歷史上發生的重大核事故》。
8　陳弘美：《日本 311 默示》。

以 2020 年 3 月為例，是每千瓦時 0.147 美元。在德國，一座反應堆的除役費用是每千瓦 1,900 美元，而另一座則是每千瓦 10,500 美元，而 2019 年德國的居民電價是每千瓦時 0.35 美元。[9]

除了退役時的廢爐費用，核廢料不停產生，處理起來需要花費大量的金錢和時間。也因此，核能的能源投入產出轉化率低到 4：1，即 1 份核能產出 4 份能量，剛好和燒木材的能源轉化率一樣。與之相較，煤炭的轉化率是 10：1，石油一開始是 150：1，直到因為石油資源越發枯竭，鑽取的難度加大，才降低到 100：1。[10]在經濟效益和能源效率上，核能完敗。無怪乎在 2010 年《紐約時報》上，美國反核先驅邁克爾・馬里奧特（Michael Mariotte）寫道：「核能發電，在經濟上一點兒道理也沒有。」[11]美國政府估計其國內核廢料處理需要 70 年的時間，花費 3,900 億美元。而日本在處理核廢料上已花費近 40 萬億日圓。不止在日本，幾乎每一個國家的政府都聲稱遵循「誰污染誰治理」的原則，要求運營商承擔管理、儲存和處置核廢料的費用，但實際情況是，只要最終處置設施關閉，無論出現任何問題，核電站運營商都不會被要求承擔財務責任。德國阿西二號（Asse II）就是這種情況，從該處置設施中回收大量核廢料的費用由納稅人承擔。

關於「3・11」，日本政府經濟產業部門 2016 年給出的事故處理預算是 22 萬億日圓（折合港幣約 1.6 萬億元）。數據的計算以 2050 年為限。這頗有爭議的 22 萬億日圓能從哪兒來呢？ 16 萬億日圓由東京電力公司支出（可想而知居民的電費會上漲），2

9　《世界核廢料報告 2019》，德國海因里西・伯爾基金會，鄭永妍譯。
10　Clayton Crockett, Jeffrey W. Robbins: *Religion, Politics, and the Earth.*
11　Clayton Crockett, Jeffrey W. Robbins: *Religion, Politics, and the Earth.*

2019 年版福島第一核電廠事故處理費用

單位：萬億日圓	經濟研究中心 2017 年版		經濟研究中心 2019 年版		
	計算方法一	計算方法二	計算方法一	計算方法二	計算方法三
廢爐、污染水處理	32	11	51	11	4.3
賠償金	8	8.3	10	10.3	10.3
除輻射污染	30	30	20	20	20
總計	70	49.3	81	41.3	34.6

萬億日圓由日本政府負責，用於除污工作，剩餘費用由其餘各家電力公司以及在電力市場自由化後加入的電力從業者負擔。換算下來，轉嫁到日本國民身上的金額為 2.4 萬億日圓。就算是使用其他電力公司而非東電電力的電的消費者也會分攤這筆費用。[12]

與被政府低估的事故處理預算對比，此為日本經濟研究中心的事故處理費用估算報告。

其中，費用最高的計算方法一指的是：廢堆，而且不把污染水排放到海洋裏；計算方法二是：廢堆，但把污染水稀釋後排入海洋；2019 年新增的計算方法三是：不廢堆，即不取出熔融的核燃料，而且把污染水排放到海洋中。對污染水的不同處理方式會給事故處理帶來幾十萬億日圓的差異，其本身也是國際關注的焦點之一。此點將在下文着重論述。但不論採取何種處理方式，政府提出的 22 萬億日圓都是遠遠不夠的。

日本有一部《核能損害賠償法》，但這部法律卻提出了「保護受害者」與「促進核能事業健全發展」這兩個背道而馳的目標。

---

12 張郁婕：《福島第一核電廠事故處理費用》，日文新聞編譯平台，2019 年 3 月 15 日。

該法規定災害發生後，企業應負最主要的賠償責任；若無法負擔，則國家須提供資金援助。針對福島核事故，日本中央政府決議的損害賠償框架是，以讓對事故負有責任的東京電力存活為前提，由其他電力公司與政府提供賠償金的不足部份。這些資金的缺口最終通過調漲電價與投放稅金來填補，實際上把賠償的責任與負擔轉嫁到了國民身上。[13] 2012 年 6 月 27 日，為了彌補因為核事故帶來的損失，和預計將接踵而至的對居民的賠償，東電從日本政府得到了 1 萬億日圓的融資，注入了損害與賠償支援機構！[14] 核電的這些成本，最終由全國民眾在不知不覺中一起被迫支付和承擔了。

除了核電之外，沒有其他供電方法嗎？當然不是，只是日本政府不願意選擇。

福島事故前，日本的火力發電只有 50% 的設備在運轉，一半的產能在閒置。其實只要多用 20%，就可以補足全日本 54 個核電機組的發電量，但是核能集團不同意。足以說明問題的是，2012 年 4 月，日本的總發電量達到了 2011 年同期的 102.7%。其中，水電設備使用率是 2011 年同期的 128%，火電是 144.6%，核電是 4%。也就是說，去掉核電，日本也能承受。

從 2015 年 8 月到 2019 年 9 月，日本重啟了 9 台核電機組。目前，化石燃料發電佔比仍高達 80%，核能發電在能源結構中僅佔 3%。

可是，2018 年 7 月 3 日，日本政府公佈了「第五次能源基本計劃」，能源結構的目標仍然是「可再生能源 22%—24%」「核

13　福島手冊委員會編：《福島十大教訓——為守護民眾遠離核災》
14　周琪：《東京電力只是一家企業嗎？》，載《觀察者》，2013 年 3 月 29 日。

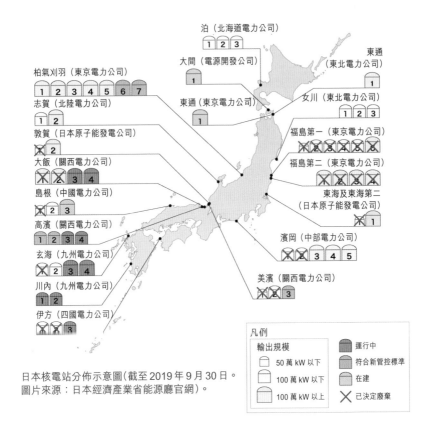

日本核電站分佈示意圖（截至 2019 年 9 月 30 日。
圖片來源：日本經濟產業省能源廳官網）。

能 20%—22%」「火電 56%」這一比例，為此需要啟動 30 台以上核電機組。[15]

　　核電不環保、不安全，也不便宜，但是隱蔽性與封閉性使其成為一部能產生巨大利潤而且缺乏監督的印鈔機。政府和企業的核能利益集團開着這部印鈔機，為自己源源不斷地印錢，置隱患於不顧，甚而在災難發生後，依然想息事寧人，本應全力救災善

---

15 《完全重啟核電，安倍晉三突然辭任後留下懸念》，https://dy.163.com/article/FLN48C6B05377I79.html。

後卻決定申請舉辦奧運會，借以轉移公眾注意力，還美其名曰：要在精神上撫慰民眾。

在對災難的處理上，比如避難地區的人員疏散、受輻射地區的去污行動等，信息不透明、行政命令不到位等問題導致直到逾十年後的今天，災後重建依然是進行時，受災民眾的返鄉進程依然進展緩慢。福島核危機從未結束，依然在發生中。

北京師範大學哲學和科學史教授田松博士在其文章《太陽之光還是煉獄之火》中總結説：核電問題不是能源問題，是文明問題——工業文明自身的問題。[16]

---

16 參考本書附錄。

五、漫漫歸鄉路

　　「3.11」核事故發生後，日本政府對市民做出了避難指示，但在核電站周邊的地方政府中，僅有極少數直接收到了中央政府下達的疏散撤離通知，竟然有很多地方領導人是通過電視才知道有避難指示的，因而在接到上級的正式通知之前也自行決定，對居民下達了撤離通知。大部份居民在未獲得充份信息的情況下，甚至有些人是在不知道已經發生核電站事故的情況下撤離的。正是因為中央政府的相關負責人在電視上一再重複「現在情況並不

2018 年 4 月，雙葉町一家全校已經撤離的小學教室。藍原寬子攝。

2018 年 4 月，雙葉町一家初中學校，全校師生已經撤離。現在校園草地上，擺放一座時鐘以及輻射監測儀。藍原寬子攝。

危急，這是為了保險起見而發出的撤離通知」，所以不少居民誤以為很快就可以回家，撤離時只是穿着身上的衣服，沒有帶貴重物品與重要證明文件，或很悲慘地把家畜和寵物留在家中任其自生自滅，就開始了長期無法返回家鄉的疏散生活。[1]

　　整個人員疏散的過程絕不是電影《福島50勇士》所一筆帶過的那麼暢通無阻。地震發生時，因為汽油供應不足使得有些民眾未能馬上撤離，人們大排長龍等着加油。此外，福島縣沿海地區通往內陸的道路因擠滿撤離群眾的車輛而嚴重擁堵。隨着災情的嚴重程度逐步明朗，政府下達的疏散撤離指示的範圍，也逐漸從半徑2千米擴大到10千米、20千米。難道放射線也懂數學，在20千米的半徑線內駐足不前？當然不是。位於福島第一核電站西北方向約30千米的飯館村曾因山清水秀而被譽為「日本最美村落」之一，因為不在20千米的避難指示範圍內，全村1,700個家庭6,200多人在稀裏糊塗受災兩個月後，才知道事故發生時的東南風，早就把輻射物帶到這裏了。

　　與之形成對比的是，2011年3月14日，在核電站發生氫爆後，美軍直升機在距離核電站100多千米的地方發現了放射性物質——包括碘-131（可能會引發甲狀腺疾病）和銫-137（造成人體造血系統和神經系統損傷）；美國核能管理委員會3月16日要求在福島第一核電站周圍80千米之內的美國公民實施避難[2]。但日本政府一直沒有再擴大半徑20千米的避難範圍，只是呼籲20—30千米半徑範圍內的居民留在家中避難，不過要記得全天候緊閉門窗。就算如此，全福島縣230萬人口中，也有150萬

1　福島手冊委員會編：《福島十大教訓——為守護民眾遠離核災》。
2　《美國撤離在日本外交官和軍人家屬》，環球網，2011年3月20日。

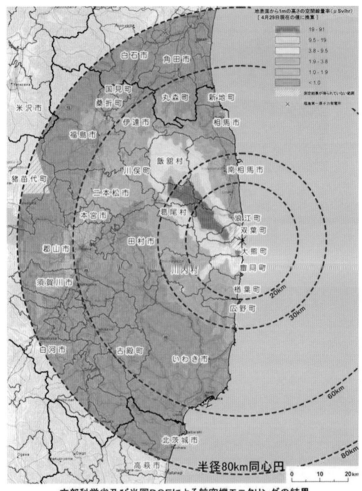

文部科学省及び米国DOEによる航空機モニタリングの結果

2011 年 4 月 29 日探測到的輻射水平（微希沃特 / 小時）

福島縣伊達郡川俣町隔離區。「立入禁止」的警示牌和柵欄後，陽光燦爛，空無一人。藍原寬子：《核事故至今八年：福島的現況及課題》。

跨越縣境的放射線

　　佐藤隆志先生（化名，38 歲），住在宮城縣緊鄰福島縣北部的一個村莊。他是 10 年前因嚮往鄉下生活，從東京搬過來的。核災發生時，他本來覺得那不是自己居住的縣，與自己無關。但隔壁的福島縣的村子卻因為輻射問題而混亂起來。後來朋友拿出蓋革計數器進行檢測後，告訴他「事態很嚴重」，於是他趕緊讓孩子和妻子撤離到雙親居住的宮城縣的中心城市仙台市。雖然同樣遭到輻射污染，但很荒謬的是，他們因為居住地不屬於福島縣，所以完全沒有得到縣或國家的任何補償。因為這樣的經驗，隆志先生充份認識到「輻射的擴散與人為制定的行政區域界線無關」。

——福島手冊委員會編：《福島十大教訓——為守護民眾遠離核災》

2020 年，福島磐城市的震災紀念碑。路透社圖。

人要避難，而收容所只能容納 15 萬人。許多人必須數度轉換收容所，有的人因為過於疲累而病倒。收容所人多擁擠，對於帶着小孩的母親、老年人和殘疾人來說，環境不佳，入夏後氣溫高達攝氏 35 度也沒有空調。對於住院病人和敬老院的老年人來說更是艱難，很多人受不了長時間的疏散旅程，在途中辭世。

在離核電站 50 千米左右的地區，比如在福島縣的縣政府所在地福島市、郡山市等地，都沒有下達撤離通知，但有不少群眾，主要是有小孩的家庭，因為在當地可以在水、土中測出高出正常水平的放射性物質，為了身體健康而自主撤離了。

自主撤離者幾乎得不到東京電力公司的任何賠償或官方的支援，他們被迫自行承擔因撤離而造成的損失。也有不少家庭是父親留下來繼續工作，只有母親帶着孩子撤離，即「母子撤離」，這樣的家庭被迫承受雙重的生活重擔。不少夫妻面對福島核事故是否該去避難、該去哪裏避難、要避難到甚麼時候等問題時發現

彼此的價值觀不同，妻子帶着孩子離開福島「自主避難」，和丈夫分隔兩地，也有不少夫妻最終走向離婚這條路，從而出現「核離婚」一詞。

福島縣及其周邊地區，原來有很多兩代同堂、三代同堂的住戶。事故發生後，撤離原居住地的家庭中約有半數家庭成員被迫分開居住。

未直接受害於地震或海嘯，卻在之後的避難生活中因健康惡化等間接原因致死的情況，被稱為「地震相關死亡」，其人數在東日本大地震主要受災的三個縣裏，岩手縣有 441 人，宮城縣有 889 人，福島縣則有 1,704 人（2014 年 3 月末統計）。因家鄉的放射性污染，對看不到未來的疏散生活心生絕望而自殺的人數也

2012 年 8 月，南相馬市，兒童留在室內遊戲，避免室外輻射。藍原寬子攝。

包含在其中。[3]

更可怕的是，與一般的自然災害不同，核災害的影響是四維的，不僅影響到整個空間，還會在時間軸上長久持續。放射性物質的半衰期有的是幾千年，有的則長達幾萬年。比如從核廢料中提煉出來做原子彈的鈈-239，半衰期超過 2 萬年。開創放射性理論、獲得諾貝爾物理學獎和化學獎的居里夫人在 1934 年去世，她自己在當時雖然患上多種慢性疾病，但也還不知道放射性物質對人體有這麼大的危害。她的論文手稿、在實驗室使用的筆記本直到今日還具有放射性，參閱者必須在全副武裝保護下才能看。她發現的放射性元素鐳的半衰期是 1,600 年，所以要等到 1,500 年後，這些筆記本和手稿的放射性才會減半。

如果你也是不得不避難的千千萬萬的人之一，離家時會帶走甚麼呢？核災三個月後，災民首次被允許回家拿東西。但是因為輻射量仍然很高，因此限時兩個小時，而且只能裝滿一個 75 平方厘米的袋子。[4] 多麼殘忍啊。你呢？你會拿些甚麼東西呢？在三個月前被地震震毀、海嘯沖壞、充滿輻射的自己的家裏，你又能找回一些甚麼呢？

在電影《家路》中，有一個再正當不過的質詢：「他們污染了我們的土地，殺了我們的牛，為甚麼不可以把他們抓起來？」警察的回答卻是：「因為沒有給他們定罪的法律。認命接受賠償吧。」有多少錢，能買回自己的家鄉，買回珍貴的回憶，買回健康的身體，買回田裏的稻苗，買回弱小的、只能被犧牲的動物？能把這一切都貼上價格標籤嗎？

3　福島手冊委員會編：《福島十大教訓——為守護民眾遠離核災》。
4　陳弘美：《日本 311 默示》。

上：初現認知障礙症症狀的母親在一排排一模一樣方方正正的灰色避難屋群中找不到自己的避難屋，在沒有指示牌的森林裏卻能清楚地辨識回家的路。電影《家路》宣傳海報。

下：「疏散撤離區」人去樓空，牛也餓死了。2011年4月，豐田直巳攝。

然而，的確很多人被迫認命。電影裏一邊是因為失去了一切、被迫帶着家人逃離故鄉而心灰意懶的哥哥，渾渾噩噩過日子，嘟嚷着：「那片土地還能幹甚麼？甚麼都沒有了。」另一邊則是本在東京打工，卻逆着逃難的人群回老家的弟弟。數年前弟弟在為哥哥頂替罪名被放逐出村時，曾信誓旦旦：再也不回來了。可是為甚麼卻在家鄉已成危險之地時獨身一人回鄉呢？在哥哥不解地詢問他時，他回答：因為它們在召喚着我。水田、旱地、牛、山，都在叫我，快點兒回來吧。影片的最後，他背着本已撤離的母親，穿過森林回家，回到那片被遺棄的土地上耕耘。

　　弟弟在東京的打工生活，被總結成一首小調，不無辛酸地寫出了城市打工仔的心聲：「星期一找工作，星期二找吃的東西，星期三找住的地方，星期四找樂子，星期五找繩子，星期六找大樹，星期天得天下。」一邊是資本主義把人異化的生產生活模式，一邊是被輻射污染但曾經自給自足的家鄉，他選擇後者，選擇有尊嚴地活着——儘管連這份尊嚴也被核電所污染，必須付出身體健康和生命的代價。

　　真的甚麼都沒有了嗎？曾有人説過，倘若核戰爭爆發，所有人類和人造建築都被抹除後，自然還在，它會繼續呼吸，用足夠的耐心，用幾十萬、幾百萬、幾千萬年的時間來恢復生機。

　　但人類，作為一個物種，是無法從中恢復的。大自然不會犯第二次錯誤。

六、復興？清零？

　　東日本大地震發生後，日本政府將災後重建期限設為十年，並設立了主管災後重建及核事故處理工作的臨時機構——復興廳。2020 年 3 月 2 日，日本農林水產部公佈了地震災區的重建情況，截至 1 月底，大部份災區的重建工程已基本完成，但福島縣的重建率仍舊只有 71%。於是復興廳將繼續存在到 2031 年 3 月。

　　根據日本媒體相關的災後重建報道，地震災區岩手縣、宮城縣以及福島縣的 42 個城市中有 15 個表示災後重建工作在 2020 年年底前無法完成，還有 11 個城市表示，2021 年之後也不一定能夠完成。導致這一局面的原因不僅是政府的不作為，還有受災地區政府官員的腐敗，6.5 萬億日圓的賑災援助並沒能全部用於建設，有大量資金不翼而飛。

　　在 2013 年 9 月日本申奧成功後，為了保證奧運設施的建設，日本政府抽調了大量的工程師和建築工人前往東京支援，這導致災區勞動力短缺、建築材料價格飛速上漲。毫無疑問，日本政府此舉讓本已舉步維艱的重建工作雪上加霜。時任首相的安倍晉三卻口出狂言：「要在 2020 年把避難者數字清零！」因為 2020 年 7 月是預定的東京奧運會舉辦的時間。

　　2020 年已過，清零了嗎？讓我們看看主流傳媒較少關注的普通老百姓的物質和精神狀況。

　　東日本大地震造成的死亡和失蹤、間接死亡人數超過 2.2 萬

人，目前仍有超過 4 萬人（統計至 2020 年 3 月，福島復興廳）分散至日本全國各地避難未歸。並且，儘管目前在福島縣內只剩最靠近核電站的 2.7% 的土地（371 平方千米）尚未解除避難指示（統計至 2020 年 3 月，福島復興廳），復興廳調查結果卻顯示，仍有超過六成的受訪者表示「決定不再回去」。目前，解除避難指示地區的居住人口總數與核災前相比大為減少。九年間，背井離鄉的福島人大都已在新環境下安定下來，返回福島居住的意願較低。

日本廣播協會針對核洩漏事件避難地區的原居民進行了四年的跟蹤調查，結果是 42% 的人決定再也不回去了。被問到「是甚麼時候決定不回去的」時，18% 的人回答是事故發生一年以內；20% 的人是一年至兩年；25% 的人是兩年至三年；33% 的人是在 2015 年即四年後決定不回去的。由此可見，隨着時間的推移，當地原居民對於家鄉的重建越來越沒有信心。[1]

日本政府制定的「復興與創生期」已結束，但是距離真正的復興似乎還有很長的一段距離。不僅災後重建方面進展緩慢，福島核危機的除污問題和次生災害依然形勢嚴峻，難以解決。然而，為了營造福島已然「復甦」、恢復常態的形象，日本政府採取多種措施要求災民返鄉，並從 2017 年 3 月起，不再對從指定疏散區域以外的地區自行逃離的個人提供住房補貼。除了七個市、町、村之外，政府也在 2018 年結束了除污工作。[2]

可是，大量地區的輻射水平還是很高，不宜人居。災民們普遍覺得，政府這是在「強制返鄉」。福島核事故發生後，2011 年

1　Chavin:《福島核洩漏多年後的現在》，https://zhuanlan.zhihu.com/p/20259639。
2　《99% 核污染土將被再利用？》，載《日經中文網》，https://cn.nikkei.com/politics aeconomy/politicsasociety/35423-2019-05-06-05-01-00.html。

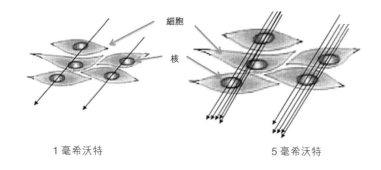

細胞

核

1 毫希沃特   5 毫希沃特

3 月 14 日，日本政府迅速將居民可接受的輻射水平從每年 1 毫希沃特提高到每年 20 毫希沃特。相較之下，蘇聯在切爾諾貝爾事故後，將每年 5 毫希沃特以上的地方就設為「強制撤離區域」。

甚麼是毫希沃特（mSv）？希沃特（Sv）是衡量輻射劑量的一個單位，1 希沃特等於 1,000 毫希沃特，1 毫希沃特等於 1,000 微希沃特。國際放射線防護委員會（ICRP）規定，一般民眾一年的放射線曝曬容許量上限為 1 毫希沃特，許多國家都採用這個數值作為基準。人體受 1 毫希沃特曝曬意味着甚麼呢？如上圖所示，這表示每個細胞核平均有一道放射線貫穿。成人的身體約由 60 萬億個細胞組成，如果一年內受到 1 毫希沃特的放射線曝曬，意味着 1 年內全身的細胞核平均有一道放射線貫穿。若全身暴露於 7,000 毫希沃特的放射線，DNA 將被切碎，無藥可醫，所有人都會死亡。遭受 4,000 毫希沃特輻射時，會有 50% 的人死亡。[3]

核輻射的特殊性及嚴重性在於，不像其他實體攻擊，它無法被稀釋，而且會累積。田松教授的解釋很形象：「一支利箭，可以穿膛而過，如果把它的力量分成一萬份，讓這支箭一萬次蝸

3　福島手冊委員會編：《福島十大教訓——為守護民眾遠離核災》。

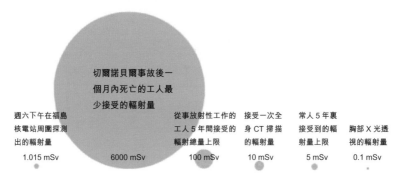

週六下午在福島核電站周圍探測出的輻射量		從事放射性工作的工人 5 年間接受的輻射總量上限	接受一次全身 CT 掃描的輻射量	常人 5 年裏接受到的輻射量上限	胸部 X 光透視的輻射量
1.015 mSv	6000 mSv	100 mSv	10 mSv	5 mSv	0.1 mSv

（切爾諾貝爾事故後一個月內死亡的工人最少接受的輻射量）

mSv：毫希沃特，輻射單位

圖片來源：網易探索

牛般地觸碰你的身體，你會毫髮無損。……但是，如果這支箭變成一萬支小竹籤，每支保持原來的速度，同樣可能擊穿身體，如果擊中要害，依然致命。」[4] 體內受到的輻射不會睡一覺後就歸零，而是會不斷地累積。短時間內可能看不出有甚麼異樣，長此以往，等出現白血病等癌症症狀時就為時已晚。諷刺的是，關於受輻射後人的身體會出現甚麼病變的研究，調查得最多的對象就是廣島、長崎遭受原子彈襲擊後的倖存者。1950 年美國在那裏設置了名為「原子彈傷亡委員會」的研究所，讓這些倖存者每年接受體檢，但不給予任何治療。有些人突然哪一年沒回去體檢，多半是因為得了白血病或甚麼癌症去世了。

　　德國政府曾建議日本將可接受的輻射標準重新降回每年 1 毫希沃特的水平，日本政府也「答應開展後續工作」，但這一建議並未得到落實。[5] 2018 年，聯合國危險物質及廢料的無害環境管

4　田松：《太陽之光還是煉獄之火》。可參考本書附錄。
5　《人權專家：福島核輻射威脅仍在 政府須停止回遷工作》，聯合國新聞網站，2018 年 10 月 25 日。

國立大學教授的困惑

福島核電事故發生前，普通人被允許接受的放射劑量上限為每年 1 毫希沃特。事故發生後，這個標準被提高了 20 倍。很多人因不願生活在高放射劑量中而撤離至今。原本住在福島大學附近的權田純子女士 (化名，43 歲)，與她 16 歲、13 歲的孩子在核災之後離開福島撤離到東京。然而，她的丈夫次郎先生 (化名，46 歲) 在福島大學擔任副教授，因為該校是國立大學，必須遵從政府制定的安全標準。於是次郎不得不一個人居住在大學附近，與家人分居兩地給他帶來了很大的精神壓力。而且對次郎先生來說更難以忍受的是，他在學校負責招生宣傳、招攬年輕的高中畢業生到福島大學就讀。自己 16 歲的孩子都撤離到外地，卻要招攬別人家的 17、18 歲的小孩到福島來，次郎先生感受到難以承受的困惑和深重的罪惡感。

——福島手冊委員會編：《福島十大教訓——為守護民眾遠離核災》

現年 (2016 年) 58 歲的楢葉町居民押鐘玲子極其渴望重新回歸往日的生活，為此她不惜放棄了一份很好的工作。當年的海嘯淹沒了她距離大海 500 米遠的房子。現在，她和丈夫重新修好了房子，並努力克服對核輻射的恐懼。她説：「我對自己説，一切都會好起來的。反正我也只能再活 30 年。」她的話聽起來有些玩世不恭，但是很理智。

重返楢葉町的唯一一位醫生青木薰認為昔日居民的憂慮不無道理。他説：「我們日本人所聽到的一直是核能是安全的，但是卻發生這樣可怕的災難。」他説，現在大多數人不再相信政府。

青木薰醫生説，因為核輻射看不到也聞不到，可能會很容易令人忘記它給健康帶來的危險。不過所有居民都隨身帶着一個測量儀。此外楢葉町周邊很多地方都堆放着裝有核污染垃圾的黑色塑料袋。青木薰醫生説：「要想把居民請回來，就必須先將這些垃圾運走。」

——《首個解禁的福島核事故小鎮》，載《德國之聲》

理和處置對人權的影響問題特別報告員通賈克（Baskut Tuncak）表示，日本政府在福島災後將公眾可接受的輻射水平，從每年 1 毫希沃特提高到每年 20 毫希沃特，提高了 20 倍，令人深感不安；「2017 年聯合國人權監督機制提出，希望日本將可接受的輻射量降回災難發生前的水平，對於這一建議，日本政府似乎完全置若罔聞，這一點令人失望」。[6] 日本政府將一年放射劑量在 5.2 毫希沃特以上的場所劃為「放射線管制區域」，同時鼓勵人們在放射線管制區域內過「正常」生活。法律規定 18 歲以下孩童不得在輻射量達每小時 0.6 微希沃特以上的地區活動，但遊樂場如今的核安全標準，卻相當於這一數值的六倍。[7]

　　為打造恢復正常的形象，日本政府大力推動解除福島核電站周邊的「居住限制區」等核污染區域的居住禁令，這涉及 5.5 萬名民眾的生活。2016 年 6 月 12 日，福島縣首次解除核輻射水平比較高的一個「居住限制區」的避難指令，允許避難者返回受核洩漏污染的原居住地。2018 年 3 月政府停發民眾的避難補貼。災民對核輻射的擔憂未消，指出政府急於解禁核污染區是為東京奧運會造勢。願意返鄉的居民以老年人為主，很多帶着孩子的年輕夫婦不願返回仍在核事故陰影下的故鄉，對政府「解禁」的依據表示不能接受。比如 2016 年 9 月就已經全町解禁的楢葉町，為了鼓勵因疫情失去工作的人回歸，承諾來楢葉町住就一定有工作，還會提供補助金，但應者寥寥。[8]

6　《聯合國危險物質及廢料的無害環境管理和處置對人權的影響問題特別報告》，2018 年 10 月 25 日。

7　《福島降低學校核安全標準輻射容忍度為震前 20 倍》，http://roll.sohu.com/20110525/n308431775.shtml。

8　張郁婕：《福島縣楢葉町解除避難指示五週年現狀簡述》，日文新聞編譯平台，https://changyuchieh.com/2020/09/05/naraha/。

2015 年 7 月，福島避難居民、受害者以及支持者組織示威活動，抗議當局撤銷避難指示區域。藍原寬子攝。

再以 2017 年 4 月 1 日解除避難指示的福島縣雙葉郡富岡町為例。這裏離福島第一核電站 15 千米，恰好是福島第二核電站所在地。當地有一個小火車站，在海嘯中被沖毀了，但是基本結構還在。當地居民仲山小姐說，大家每次回富岡町（年輻射劑量低於 20 毫希沃特，被政府劃分為「避難指示解除準備區域」，如同字面意義，被劃為準備區域就要向解除避難指示的方向邁進。在被劃分為「避難指示解除準備區域」期間，居民可以暫時回到舊家整理環境但不能過夜），就會去看一下富岡車站，因為那是往日的一部份。原本大家以為可以一起討論如何把車站保存下來，沒想到有一天突然在新聞上看到東日本旅客鐵路公司決定拆掉舊車站，在原址附近建一個新的富岡車站。

　　仲山小姐這才意識到，原來車站不是居民的東西，而是鐵路公司的，東日本旅客鐵路公司想蓋就蓋，想拆就拆，完全取決於公司的意思。當初也並沒有打算要重建，因為用的人少，重建不符合其經濟效益。最後應該是在東電和日本政府的要求下，才決定重建一個具有象徵意義的新車站。仲山小姐認為，解除禁令和新車站的設立，都是政府在「命令」大家回去。對比事故前後當地的人口組成，在 2011 年 3 月 11 日，富岡町的戶籍人口為15,827 人，老齡化的比例是 21.6%，和東京差不多；解除避難禁令兩年後的 2019 年 1 月 1 日，戶籍上登記有 13,027 人，老齡化比例超過 40%，而實際住在富岡町的也只有 1,000 多人。仲山小姐滿懷期待地回到故鄉，卻發現記憶中的故鄉早已不在，她也失去了原本的社交圈。她原以為大家會回富岡町一起生活，但實際回來的人很少。[9]

9　張郁婕：《再訪福島二：富岡町鐘錶店的仲山小姐》，https://medium.com/kyosei-in-fukushima/nakayama-89bd02862603。

日本政府在除污工作方面的進展似乎表現得胸有成竹——或者是為了營造出進展順利的假象——其無知的自信讓人咋舌。2017年《德國之聲》的記者在福島六年祭參觀福島第一核電站時，被東電領團的高管告知：「這裏的輻射值和東京銀座的商場一樣低。」所有的參觀者的防護措施僅是「一副口罩、一塊毛巾、一個頭盔、一副手套，腳上再穿兩層襪子」。結果當大巴抵達目的地時，輻射計量器發出刺耳的警報，顯示輻射強度達 160 至 170 毫希沃特／小時，超標將近 2,000 倍。此時，東電人員才警告說：「此處不宜久留。」在參觀過程中，訪客的狐疑與官方人員的自信形成了鮮明對比。

——《福島六週年：「一切正常」只是白日夢》，載《德國之聲中文網》

2011 年「3・11」地震所引發的海嘯也導致福島第二核電站發生事故，反應堆的冷卻功能也一度喪失，幸而最終完成了冷停機工作，否則若發生和第一核電站類似的情形，後果不堪設想。本次事故根據國際核事件分級表被列為第 3 級（可參見本書「附錄」部份）。2019 年 7 月，東電決定將福島第二核電站的四個機組除役。

又比如，在已撤銷疏散令的浪江町，一片與幼兒園和小學僅一街之隔的森林，平均輻射水平高達每小時 1.8 微希沃特。這片森林裏的 1,584 個檢測點，核輻射水平全數超出日本政府所定每小時 0.23 微希沃特的長期目標值。當中有 28% 的檢測點的輻射水平更較國際組織建議的兒童每年可接受的輻射劑量上限，高出 10 至 20 倍。[10]

---

10 《綠色和平揭日本政府誤導聯合國 罔顧兒童與除核污工人安危》，綠色和平組織，https://www.huanbao-world.com/NGO/90216.html。

2018 年 10 月，對馬市浪江町，在
被評定為難以還鄉歸家的區域設立柵
欄。若沒有政府的允許，不能回去。
藍原寬子攝。

2018 年，通往浪
江町禁區大門〔全
球公民網絡福島燈
塔（FUKUDEN）
提供〕。藤岡惠美
子攝。

就像很多流行病暴發時，來自疫區的人不論健康與否都被懷疑有傳染風險而被歧視一樣，在外的福島人不論是否曾暴露在輻射中、是否來自災區，也都遭遇了被歧視的不公正待遇。比如發生過來自福島的車車身上被莫名其妙地寫字、加油站不讓加油、停車場不讓停車，從福島轉學來的學生被歧視等現象。甚至在避難者之間也有某種微妙的酸葡萄心理，上文提到的仲山小姐就有過親身經歷。

來自家宅被劃入警戒區域、不得返家的福島災民有三個選擇：留在避難所、借住親友家或是在警戒區域以外的地方自己租房子。平常在媒體上常常看到記者跑去採訪那些住臨時住宅的人，但實際上住臨時住宅的人是少數，只有一成左右，而且有小孩的家庭還不能入住。最多的應該是像仲山小姐這樣自己在福島縣內的其他非警戒地區租屋的「縣內避難」者，而且在縣內租屋可以獲得補助。次多的是搬到福島縣外生活的，約佔三成。

仲山小姐避難時因為帶有寵物，不能留在避難所，剛好又有親友願意讓他們一家借住一段時間，所以最後落腳於親友家。回憶起當時的情況，同樣都是離開家鄉開啟「避難生活」的人，有的人除了避難所外無處可去，也有像仲山小姐這樣剛好可以借住親友家的災民，他們彼此之間難免就會出現比較心態：可以住在親友家多好，哪像我們無處可去，只能住在避難所。仲山小姐説，借住親友家才不像大家想像的那樣有床、有房間可以好好休息，其實他們是睡在親友家的地板上簡單地用紙板搭起來的「床」上。縱使是留在避難所內的，這種比較心態還是存在：你來自那個町啊，你們那個町和我住的町比起來受到的輻射影響還輕／重呢。明明同是天涯淪落人，但因為比較心態而產生的酸葡萄心理卻無

所不在。[11]

　　民眾回了家後還要時刻警惕輻射，隨身帶着輻射計量器，滿大街也都是輻射計量表。提心吊膽地生活在面目全非的家鄉，心裏當然很不是滋味。有小孩的家庭更是要擔心更多的方面，首先就是一日三餐。日本小學生多半會在學校吃營養午餐，而且政府推行當地食材自產自銷的政策——這本來是非常值得肯定的，但在福島縣卻增加了父母的憂慮。據《產經新聞》和《朝日新聞》報道，福島縣在核事故發生之後，營養午餐中使用福島縣農產品的比率一度降到18.3%，但2019年1月公佈的報告書顯示，2018年福島縣內學生營養午餐使用福島縣農產品的比例上升到了40.8%，甚至高於2010年的36.1%。福島縣教育廳表示，這是因為營養午餐當中，福島縣產的水果和一次加工食品的食材增加了。《朝日新聞》指出，日本政府鼓勵各地方政府在2020年度營養午餐中使用超過30%的當地食材，福島縣還單獨推出補助：福島縣的二級地方政府如果想要針對營養午餐進行放射性物質的檢查，可以委託福島縣政府實施，而且只要在營養午餐當中使用八成以上福島縣產的食材，福島縣政府就會提供每一名學童500日圓的補助。

　　一方面是政府大力鼓勵福島農業「正常化」，另一方面則是民間的擔心。由於先生工作的關係不得不帶着孩子回到福島縣磐城市居住的高橋小姐，上街採購食材時都會特別留意產地，盡可能不採購福島縣產的食材，至少要讓孩子吃得安心。雖然學校並沒有強制規定所有學生都必須吃學校的營養午餐，但班上只有高

11　張郁婕：《再訪福島二：富岡町鐘錶店的仲山小姐》，日文新聞編譯平台，https://medium.com/kyosei-in-fukushima/nakayama-89bd02862603。

橋小姐的孩子一個人自備便當，難免會引來同學的側目，最後高橋小姐不得不讓孩子轉學到其他有比較多孩子自備便當的小學。按高橋小姐的說法，其實有不少家長和她一樣擔心孩子吃下的食物的安全性，但像她這樣給孩子自備便當的家長很少。多數家長會以「孩子對牛奶過敏」為由，讓孩子可以和其他同學一起吃營養午餐，但至少不用喝福島產的牛奶。就高橋小姐的觀察，現在「對牛奶過敏」的學生有很高的比例，其實不是真的過敏，而是家長拜託醫生幫忙開診斷證明書，讓孩子在學校不用喝牛奶。[12]

　　媽媽們的擔心也並不是毫無道理。福島二本松市離核電站35—70 千米，從 2011 年 11 月到 2017 年 12 月，市政府邀請市民把自家吃的自種、山裏採集或本地市場購買的食材送樣本去檢驗，由市政府受訓人員幫忙檢測銫 -134 和銫 -137 的含量，檢測結果反饋給市民。日本政府在 2011 年 3 月 17 日頒佈的蔬果肉奶等食品的可接受輻射量是 500 貝可勒爾 / 千克，在公眾反對聲中，2012 年 4 月 1 日標準改為 100 貝可勒爾 / 千克。二本松市在長達六年的量度後，發現超標最厲害的是野生蘑菇，其次是山裏的野菜。土豆、蔬菜、牛奶等在 2015 年後基本沒有超標，可是板栗、白果等種子類的食物，2014 年後的輻射含量卻增加了。[13]

　　「為了支持福島重建，我會買福島產的農產品，但是我不想讓自己的孫輩去吃，建議年輕人最好少買福島及附近的農產品。」一名年過七旬的日本人對人民網的記者如是說。[14] 回到故鄉生活

12　張郁婕：《再訪福島三：地方媽媽的擔憂：福島還是那個適合孩子成長的環境嗎？》，日文新聞編譯平台。
13　https://www.ncbi.nlm.nih.gov/pmc/articles/PMC6210092/
14　《日本東北災區重建路漫漫（第一現場）》，人民網，2019 年 3 月 20 日。

64 歲的菅野宗夫是少數幾個回到飯館村進行恢復性農業生產試驗的農民。他每天白天回村勞動，晚上開車回伊達市裏的臨時住宅睡覺。以前，菅野宗夫家裏生產的豆腐特供東京銀座的高級餐館。核事故發生後，祖孫四代七口人在外避難。92 歲的老父親在鄰近的宮城縣租了一塊地，把收穫的糧食分給他人。不為賣錢，只因耕作一生離不開土地。兒子一家去了外地。妻子在村裏的養老院照顧 40 多個走不了或不願走的老人。

在明治大學農學院老師的幫助下，菅野宗夫在家門口搭起了一個白色塑料大棚，試着用以色列的無土栽培技術種一些生菜、小松菜。「耕種最重要的是水源，現在水和地被污染了，再按過去的方式種菜行不通了。」

即使對回鄉抱着堅強信念的菅野也承認，村裏的行政、醫療、學校等基礎設施處於停運狀態，社區已完全癱瘓。許多年輕人在外面找到了工作，開始了新生活，不願再回來。在菅野眼裏，政府除了搞幾個樣板工程，並不真正關心飯館村的未來。環境省和農林水產省各自為政，拿不出重建的具體計劃。

菅野告訴記者，支撐他回到家鄉的是父親在田裏耕作的背影。事故發生後，政府下令不准觸碰土地、待在家裏不要外出，但父親仍然習慣性地跑去後院伺弄蔬菜。那一刻他明白了土地對農民的意義。菅野仍在重建的路上堅持，但他知道，回到過去的生活已不可能，更不清楚明天會是怎樣。

——《日本福島核輻射區飯館村：大部份農田長滿雜草》，
載《人民日報》，2015 年 7 月 23 日

她叫靜香。在福島事件之前，她是個主婦，她是個奶奶，沒有學歷沒有文化。

那次事件之後，她的整個人生改變了。她哭了半年，每天哭。她恨了東電一年，每天和東電的人吵架。她每天都不知道該做甚麼，每天都在想明天去哪裏避難。

她恨了一年之後，決定不能再這樣下去，覺得要幫助人。她去做志願者了。她決定要為回到自己原來的生活而努力。她不想離開自己的家，住了四十幾年的家。

她的家在核電站 20 公里區域之內。20 公里區域內分三塊，離核電站最近的區域，國家永遠不允許人們再回去住。住在這個區域的一家四口可以從東電拿到一億日圓（2012 年大約港幣 950 萬元）的賠償金。稍微遠一點的區域規定五年不能回去住，可以拿到六千萬日圓賠償金。她的家稍微遠一點，屬於第三區域，第二年之內可以住人，可以拿四千萬日圓（約港幣 380 萬元）。每個月東電給他們匯十萬日圓（約港幣 9,500元），有人戲稱他們為十萬圓戶。〔註：東京電力公司在 2017 年度末停止向「居住限制區域」和「避難指示解除準備區域」的居民支付精神損失費（撫慰金）。〕

有了這筆錢，他們的生活發生了改變。她變得有錢，不用擔心自己老後的生活，東電給的錢夠他們活得很自在了。有的人開始買奢侈品，有的人開始去海外旅遊，有的人整天出入遊戲機房。

有些家庭的矛盾也隨之出現了。因為不簽字就不能拿錢，兄弟出現了矛盾，子女和父母也發生了矛盾。剛發生事件的時候，所有的人都同情他們，你們真可憐。知道他們開始有錢後，親戚變得酸溜溜了，半開玩笑地說你們從東電拿錢，就是東電的員工了，真好。她還有一次被朋友指著鼻子罵說他們全家偷納稅人的錢。朋友也開始疏遠起來。她不敢太花錢，因為花錢的時候知道這是東電的錢，是曾經恨了一年的東電每個月給他們匯的工資。

現在她是一個非營利組織的理事長了。三個主婦建立的團體現在在全國也變得有名。她的生活也變得規律了，工作，做飯，睡覺。她決定盡一切可能回到自己的家。自從事故以來每個人都拿著測輻射儀器生活。當她決定要回家的時候她決定再也不看儀器，不看的話哪裏都一樣，她

想要的只是正常的生活。

　　現在的她對輻射的知識瞭如指掌。雖然是個主婦，卻知道多少單位以下是正常的，多少以下對人體是沒有影響的。

　　來福島的志願者、參觀者絡繹不絕。她想要告訴大家，不要覺得他們很可憐，因為他們現在生活得很富裕，甚至比參觀者當中的很多人還要富裕。他們的生活發生了巨大的改變，是好是壞他們也不知道，也沒有時間和精力去想。他們只是想回到自己的家，不想再去過「第二天到哪兒去避難」的生活。有的人選擇了新的家，有的人選擇回到自己以前的家。到這裏來的人們請你們用自己的眼睛和身體了解一下現狀就好了，回去後珍惜自己現在的生活，知道自己比很多人都幸福就足夠了，她說。

　　過一會兒她又要去和環境省奮戰了。環境省改變了標準，不幫這些地區除污染了，她覺得這不公平。

　　我們和她都分在一個普通的住宅區。雖然沒有被指定不能住，但是這裏的人都選擇不回到福島。乾淨整潔的街道上沒有一個人。夕陽照射在街道上顯得有些淒涼。電線杆、指示牌上到處都綁着粉紅色的絲帶，綁着這些帶子的物品都是將來要被除污染的。

——Chavin:《福島核洩漏多年後的現在》

的原因有很多，但離開的原因只有一個：擔心輻射。無形的威脅讓人們就算回到家鄉，也無法安居樂業。政府的保證也好，東電的「撫慰金」也好，都無法撫慰這片受傷的土地上為核能神話付出沉重代價的人們。

七、奧運火炬點燃希望？

在各種細節上，日本政府精心設計，力圖通過 2020 年東京奧運會推廣「福島復甦」的主題。此屆奧運會被稱為「重建的奧運」，而奧運火炬則被直接命名為「復興之火」。福島 J-Village（日本村）綜合體育館被定為東京奧運會火炬傳遞的首站。建於 1997 年的 J-Village 是一個體育訓練基地，在福島第一核電站以南僅 20 千米。「3・11」災難發生後，它成為處理核洩漏的救災人員的集結場所，每天數千名身穿輻射防護服、戴着防毒面具和計量器的工作人員，從 J-Village 前往第一核電站工作。J-Village 運動場被用作直升機停機坪、淨化中心、工人的臨時房屋，也是裝甲車和消防員駐紮的停車場。計劃中，J-Village 將會引來全球關注：在希臘採集奧運聖火後，運到日本，從 J-Village 出發，由一萬名火炬手傳遞 121 天，最後到達舉行奧運開幕式的東京新國立競技場。

其他為福島縣帶來的「新機遇」包括：棒球、壘球等部份奧運賽事放在福島舉辦，帶動住宿、觀光；使用福島木材建設奧運場館；賽期內採購、使用福島生產的食材和氫能源；將福島特色手工藝品製成奧運特許商品；等等。

這些安排似乎在日本國內起到了轉移群眾注意力的作用：據日本 2019 年 12 月的民調顯示，86% 的民眾「認為舉辦東京奧

運會對日本是一件好事」[1]，但國際上對此有不少非議。比如，計劃向參加奧運會的各國代表團提供產自福島的餐飲食材，引起了國際社會的擔憂。日本政府宣稱，2015 年以後福島出產的大米輻射量沒有超標，「僅僅河魚和野菜被發現超標」；[2] 前首相安倍晉三宣稱自己每天都在吃福島災區生產的大米。但這並不能讓公眾釋懷。韓國曾經針對福島水產品進出口問題在世貿組織勝訴，這次又強烈要求日本政府承擔讓世界了解東京奧運會暗藏的放射性污染問題的責任，並揚言韓國代表團會自帶食物和飲用水。國際環保組織「綠色和平」稱，2019 年 10 月 26 日檢測了 J-Village 附近數個區域，包括傳遞聖火的福島飯館村、郎江町、大熊町，發現輻射讀數偏高：地面監測顯示 J-Village 輻射水平高達 71 微希沃特／小時，比 2011 年 3 月核事故發生前高出 1,775 倍；離地 10 厘米是 32 微希沃特／小時；離地 50 厘米是 6 微希沃特／小時；離地 1 米是 1.7 微希沃特／小時。而日本全國安全標準是 0.23 微希沃特／小時。「綠色和平」認為，短期暴露在這些輻射中不會致命，但按照人體每年可承受最大輻射量 2,000—3,000 微希沃特計算，在 J-Village 附近待上兩天就要超過這一極限。[3]

然而來勢洶洶的新冠疫情改變了一切計劃。

在全球各地為抗擊新型冠狀病毒疫情而採取封鎖隔離措施，以及各項體育賽事和公眾活動先後延期或取消的背景下，東京奧運會在 2020 年 3 月宣告延期一年舉辦。

---

1 《籌備投入巨大，疫情二次來襲：延期的東京奧運還能順利舉行嗎？》，載《人民日報海外版》，2020 年 8 月 15 日，第 6 版。http://paper.people.com.cn/rmrbhwb/html/2020-08/15/content_2003482.htm。
2 《讓運動員睡「紙板床」、吃福島米：東京奧運創造節儉神話》，載《第一財經》，2019 年 11 月 27 日。https://www.yicai.com/news/100418111.html。
3 https://www.greenpeace.org/hongkong/issues/climate/update/14474/ 輻射威脅未除 %e3%80%80 奧運聖火如何照亮核災陰霾 %ef%bc%9f/。

上：韓國街頭嘲諷東京奧運會的海報

下：「新國立競技場」2012 年成功中標的設計圖。最初計劃建設成本為 10.5 億美元，其後估算成本攀升至 20 億美元。2015 年被撤，重新招標。

右頁：2019 年竣工的「新國立競技場」，使用來自全日本 47 個都道府縣的木材，花費 1,569 億日圓（2019 年約港幣 111.4 億元），是日本首座造價破千億日圓的體育場。

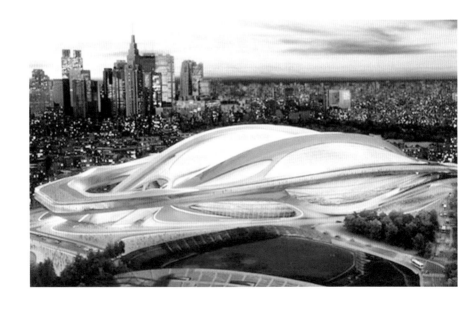

福島／輻島

如果説奧運會是集體育精神、民族精神和國際主義精神於一身的世界運動盛會，象徵着世界的和平、友誼和團結的話，那麼，核輻射也是不帶歧視地、「平等地」影響全世界的——無人能置身事外。或許福島已經無可奈何地成了陸上孤島，而福島核事故遺留下來的輻射物則將長遠地影響地球上所有的生命。

八、污染物何去何從

　　2019 年 9 月 19 日，東京地方法院就東電三名高層人員（前董事長勝俁恒久、前副社長武黑一郎與前副社長武藤榮）是否因業務上的過失造成福島第一核電站事故引發死傷一事做出判決。一審判決結果是，這三個人無罪。判決結果出爐後，東電領導層與三名被告向社會及福島縣民鞠躬致歉。東電表示，「公司方面不會就本次訴訟結果發表評論，東電會以『復興福島』作為原點，誠心誠意全力地進行損害賠償、廢堆與消除輻射污染工程，並強化核電站的安全，絕對不會臨陣脫逃背棄社會大眾」。[1]

　　東電真的在全心全意地幫助福島「復興」嗎？

　　核事故發生後，現場及周邊所有的一切都成了必須清理的輻射污染物：堆芯熔毀後形成的核燃料殘渣以及儲存中的廢棄核燃料棒；核電站爆炸直接產生的大量核污染的瓦礫和各種建築廢料；為了避免堆芯熔毀後核燃料殘渣繼續升溫，必須用水進行冷卻，導致數以百萬噸計的核廢水產生；核電站方圓十幾千米範圍內被污染的大量土壤和樹枝等雜物；大批核污染清理人員每天廢棄的大量防護裝備，包括受到核污染的防護服、鞋子；等等。怎麼放？放在哪裏？都是「細思極恐」的問題。核事故只是個開始，善後問題才是大頭，而人類對這個問題所能採取的解決方式相當原始

1　張郁婕：《福島第一核電廠事故後，東電高層一審獲判無罪：完全解說日本首件核電廠事故刑事訴訟》，日文新聞編譯平台。

粗暴。國境線阻擋不了放射性物質，這也不止是日本自己的問題，這是全球生命要共同面對的問題。

日本經濟產業省聲稱，完全將現場清理乾淨需要半個世紀！到那時大多數危險的放射物質已衰變。但是，由於日本沒有永久的核廢料存儲場所，所以致命的核燃料碎片將要儲存在何處還沒有明確的答案。

所有這些不斷儲存起來的被核輻射污染的物質，是人類親手製造又親手埋下的一顆顆定時炸彈。

從 89 公頃植被中砍伐下來的樹枝和樹幹 [2]

核電站周圍曾經栽滿樹木，其中一部份樹林甚至被指定為鳥類保護區。由於核爆炸的輻射污染，工人需要砍掉約 89 公頃的樹木植被。核電站附近還有一條出名的賞櫻大道，無數的櫻花樹也只能被砍伐。

2015 年 7 月，福島公園裏的輻射監測儀。藍原寬子攝。

2018 年 12 月，浪江町，鼓鼓的除污的垃圾袋，對照着一排果實纍纍的柿子樹。藍原寬子攝。

2　Motoko Rich：《震後六年，福島的核廢料困局仍然無解》，《紐約時報》中文網，2017 年 3 月 13 日。

3,519 箱放射性污泥[3]

　　淨化核廢水的過程中所殘留的放射性污泥留在了過濾器中，並被存儲在 3,519 個大小不同的容器裏。東京電力公司表示，它無法估算放射性污泥的總量，但公司正在根據放射性污泥的處理方案進行試驗，其中包括將放射性污泥摻入水泥或鐵中，然後再決定之後的存儲問題。

20 萬立方米的放射性瓦礫[4]

　　堆芯熔毀事故期間發生的爆炸讓現場充滿了瓦礫。工人和機械人正在慢慢地試圖清理廢墟中混雜的混凝土碎石、管道、軟管和金屬。

　　東京電力公司估計，到 2017 年為止，共清理了超過 20.04 萬立方米的瓦礫（均含有放射性），這些瓦礫被存儲在定製的鋼箱中，總量相當於 3,000 多個 12.2 米寬的標準規格海運集裝箱。

　　還有因為地震產生的其他瓦礫。現行的「廣域處理」辦法是將瓦礫送到災區以外的地區進行處理和存放，憂心輻射污染問題的民眾對此高度關注。然而，環境省卻以閉門會議的方式召開相關的研討會，不但不讓民眾旁聽，連會議記錄也不公開。2011 年起的兩年內，單單震災瓦礫處理這一項的預算就高達一萬億日圓。

廢棄的防護服

　　每一天，約 6,000 名清理工人在現場穿戴上新的防護裝備。

3　　Motoko Rich：《震後六年，福島的核廢料困局仍然無解》，《紐約時報》中文網，2017 年 3 月 13 日。
4　　同上。

上：工作人員在清理福島核電站周圍的樹木
下：用來裝載瓦礫的「集裝箱」。圖：Ko Sasaki /《紐約時報》。

左：核事故後工作人員清理瓦礫等雜物
右：一名員工正在穿工作保護服

PODNIESINSKI.PL

鋪天蓋地的核輻射污染物。
波蘭記者 Arkadiusz Podniesinski 於 2015 年拍攝[5]
（註解見頁 108）。

在每個班次結束後，這些防護工作服、口罩、橡膠手套和鞋套會被扔掉。被廢棄的防護裝備被壓縮和存儲在 1,000 個鋼製箱子裏，堆放在核電站附近，截至 2017 年，已經達到 6.47 萬立方米。[6]

由於數量巨大，日本政府決定讓各個都道府縣幫忙，把這些放射性垃圾分配到全國各地去，然後由各地焚燒處理。為了讓各地有判斷依據，政府臨時出台了一項標準：焚燒後的灰燼，每千克含放射性物質不超過 8,000 貝可勒爾就算合格。但是政府並沒有公佈焚燒時的標準，而焚燒是直接接觸空氣的，這不啻是一個全國性的人為污染計劃。

1,400 萬立方米的核污染土壤

核事故後，大量的放射性物質（碘 -131、銫 -134、銫 -137 等）外洩到大氣中，隨風飄散，遇到山嶺和降雨，落到地表，土壤很容易吸附這些放射性物質，因此受到輻射污染。所以除污的第一步就是要把這些受到輻射污染的土壤集中起來。用甚麼盛放？不是甚麼高科技的神物，而是我們並不陌生的塑料袋。

這些裝滿含有放射性的土砂等廢棄物的塑料袋，被匯集起來，存放地點由各市、町、村決定。協調過程並不順利，迫不得已最終只能放在「臨時」的儲存場，如學校、公園、居民家的庭院中「暫時」保管。[7] 從 2015 年開始，受到核污染的土壤再次被搬運到福島第一核電站所在地的大熊町和雙葉町的儲存場，到 2019 年 3 月已存了約 235 萬立方米，預計到 2021 年

5　https://www.podniesinski.pl/portal/fukushima/
6　Motoko Rich：《震後六年，福島的核廢料困局仍然無解》，《紐約時報》中文網，2017 年 3 月 13 日。
7　《福島核污染土壤難以處理，日本政府稱 99％ 可二次利用》，載《環球時報》2019 年 2 月 26 日。

上：一袋袋核污染土壤被存儲在堆積場，觸目驚心。

下：臨時存儲核污染土壤的中轉場大門口的輻射水平

達到 1,400 萬立方米。[8] 計劃 30 年後再送往福島縣外儲存，但要送到何處至今未定。在福島的馬路上會看到很多綠色的卡車（正式名稱是「中間儲藏輸送車輛」），車上裝滿這種大塑料袋，出發地和目的地都是「國家機密」。

2019 年 10 月，颱風「海貝思」給日本帶來的大雨引發了洪水，導致福島縣田村市都路町岩井澤核污染物臨時放置場受災，裝有去污工作中產生的放射性物質等廢棄物的 2,667 個集裝袋，最大的每袋重 1.3 噸左右，被沖入當地的河流古道川；古道川又與高瀨川合流，在浪江町流入太平洋。[9]

按日本政府的說法，政府徵收在福島第一核電站周邊放射線量值高的民有和公有土地作為輻射污染土的「中間儲藏地」，直到銫 -137 的半衰期（約 30 年）過後，再進行最終處理。聽起來不可思議——因數量龐大，人類無法處理的問題，就留給時間來解決吧。那 30 年後怎麼進行最終處理呢？哪裏是「最終儲藏地」呢？尚不可知。雖然說是除污，實際上要完全清除污染是不可能的。多數情況只是移動污染物而已。

在此情況下，負責此項工作的環境省「另闢蹊徑」，在 2016 年 6 月確定了將放射性元素銫活度在 1 千克 5,000 至 8,000 貝可勒爾或以下的核污染土壤用於全國道路及防波堤等公共設施工程中。然而，因為各地居民的抗議及作為「試驗場」的福島縣南相馬市民眾的強烈反對，方案實施受阻。2017 年 3 月 27 日，環境省又確定了新的核污染土壤處理方案，計劃將污染土壤用於填埋因工程取土等形成的窪地並建造綠地公園。與 2016 年的方案引

8　《日本擬循環再利用福島核污染土》，生態環境部核與輻射安全中心，2019 年 3 月 6 日。
9　日本共同社 2019 年 10 月 14 日報道。

起日本民眾強烈反對一樣，此次出台的方案再次在民眾中掀起軒然大波，各地民眾紛紛抗議，抵制將核污染土壤擴散到自己居住的區域。

日本民眾對於環境省前後兩次方案的擔憂主要集中在以下幾個方面。首先，日本相關法律規定，對於核電站拆除後產生的廢棄物的再利用，放射性元素銫的濃度不得高於每千克 100 貝可勒爾，但無論是環境省 2016 年設定的用於建設防波堤和道路路基的核污染土壤放射量不得高於 8,000 貝可勒爾，還是 2017 年下調後的 7,000 貝可勒爾的標準，都遠高於法律規定；其次，使用核污染土壤建設的綠地、防波堤、道路路基可能遭受洪水、海嘯和地震等自然災害的侵襲，造成核污染擴散的危險；再者，用於建設綠地、防波堤、道路路基的核污染土壤的核放射值在大自然

中衰退至法律規定的安全值最少需要 170 年，而在這一過程中核污染將通過地下水或植物吸收、蒸發循環到河流、空氣中，對環境造成污染；最後，因為核污染土壤將被用於日本各地的綠地、防波堤、道路路基建設，這意味着核污染將被擴散至日本全國。[10]

2020 年 7 月，福島公園裏的輻射監測儀。藍原寬子攝。

10　《福島核污染土壤將用於建綠地公園》，http://news.eastday.com/eastday/13news/auto/news/china/20170401/u7ai6652313.html。

2017 年 9 月，南相馬市，土壤輻射測量儀在閃爍中。藍原寬子攝。

2018 年 4 月，奈良哈鎮，除污的垃圾袋堆積如山，被稱為黑色金字塔。藍原寬子攝。

福島／輻島

九、黑暗之心——熔毀的堆芯

2011 年 12 月 16 日，日本政府聲稱反應堆已達到低溫停止狀態，恬不知恥地宣佈：「核電站的事故已經結束了。」且不論核電站周邊地區仍然是「返鄉困難區域」（多麼委婉的詞），只要看看核電站內部的嚴峻情況，就知道這是睜着眼撒彌天大謊。拖到 2012 年，對事故負直接責任的東京電力公司才姍姍來遲地宣佈，對受到巨大損毀的福島第一核電站的 1 號至 4 號反應堆實施報廢。彷彿在 2011 年 3 月 11 日這樣的災難發生之後，他們還冀望反應堆起死回生。

時任首相的安倍晉三在 2012 年 12 月訪問福島第一核電站時說：「關停拆除核電站的工作是人類歷史上前所未有的挑戰。」這一點他倒是說對了。十年後的今天，福島核災仍未落幕。

事故後的福島第一核電站是一個定時炸彈。要拆除，必須清除裏面的核燃料、核廢料及不斷生成的輻射物。這個任務被證明是超乎想像的困難。潘多拉的盒子打開了，十年後，東電才剛剛觸及問題的表面。

人們甚至很長時間看不到甚麼有關福島第一核電站廢堆的消息，因為要在這裏取得進展實在是太難了。見諸報端的多是可見的裝滿污染土的成堆的黑色垃圾袋，或是存儲輻射污水的排列整齊的巨型鐵罐；同時，公眾的注意力被轉移到以奧運復興福島的舉措上。核電站的內部，是鎂光燈照不到的黑暗。

用於存儲廢棄核燃料棒的冷卻池

　　我們到現在才帶讀者一窺究竟，並不是因為發生爆炸的核電站不是重點，而是因為它太沉重了，沉重到讓人難以呼吸。

　　核廢料清理的最終目標是冷卻以及——如果可能的話——清除這三個反應堆內部在事故發生時所含有的鈾和鈈燃料。日本經濟產業省和東電 2019 年 2 月 25 日在東京舉行聯合記者會，介紹福島第一核電站報廢工作進展情況。東電福島第一核電站廢堆工作負責人小野明介紹，1 號至 4 號反應堆全都處於低溫停止狀態，5 號、6 號機組由於備用電源未被摧毀，受損較小，已於 2014 年 1 月做報廢處理（東電原本不想報廢 5 號和 6 號機組的，是在 2013 年首相提出後，經過「內部認真研究」才不情不願地決定報廢）。事故發生時沒有運轉的 4 號反應堆乏燃料池中的 1,535 根燃料棒已於 2014 年底全部取出。

　　就是說，4 號至 6 號機組的問題已經基本解決了。可是，發

生堆芯熔化的 1 號至 3 號反應堆乏燃料池中還保存着 1,600 多根燃料棒。

　　廢棄的乏燃料棒被存儲在反應堆的冷卻池中。乏燃料棒仍會釋放出很強的輻射，若不持續進行冷卻，會因高溫而發生熔融。東京電力公司希望在清除了足夠的放射性瓦礫後，可以開始清理乏燃料棒。

　　取出乏燃料棒的作業非常困難，然而更大的挑戰是清除熔毀事故發生時反應堆堆芯正在使用的燃料。根據國際廢堆研究開發機構（IRID）的研究，福島共有 257 噸核燃料發生堆芯熔毀，熔毀後的燃料棒和壓力容器內的其他金屬物質混合起來，總重達到 880 噸[1]，比 1979 年美國三哩島核反應堆局部熔融後取出的殘渣多將近六倍。問題是，沒有人知道這些極具輻射性的熔化核殘渣的情況和準確位置。按照計劃，這些容器將被完全密封，注滿水，然後使用機械人來查找並清除熔化的燃料碎片。但受到污染的瓦礫廢墟、致命的輻射水平和輻射洩漏的風險，使處理工作以比蝸牛爬行更慢的速度展開。

　　下面讓我們逐一檢視每個機組的狀況。

1 號機組

　　1 號機組目前仍處於調查階段，內部殘存燃料棒 392 根。由於發生核事故時發生了氫氣爆炸，導致 1,500 多噸被炸毀的屋頂碎塊和鋼筋散亂覆蓋在乏燃料池上和周圍，阻礙了從乏燃料池中取出核燃料棒的進度。

1　《除了福島核污水，日本還面臨着一個人類未曾經歷過的挑戰……》，瞭望智庫駐東京觀察員，2020 年 11 月 2 日。

2017 年，東電修改廢堆進度表，把原定於 2018 年開始取出核燃料的任務推遲三年，計劃在 2021 年底之前將 1 號機組的瓦礫清除完畢。1 號機組廠房屋頂已坍塌，為了防止燃料棒取出時造成放射性物質飛散，須設計一個大型防護罩覆蓋整個廠房頂部，但防護罩預計在 2023 年才能完工，燃料棒取出作業也就隨之順延到 2023 年再開始。

又據日本共同社 2019 年 12 月 20 日報道，1 號機組之燃料池燃料棒的取出作業，由於工程上面臨諸多問題，東電和日本政府決定，在原計劃 2023 年啓動作業的基礎上，再推遲約五年，到 2027—2028 年再開始。[2]

至於熔化的堆芯，東電此前推斷，1 號機組堆芯中大部份核燃料「應該」已穿透反應堆壓力容器，掉入安全殼內，「很可能」堆積在安全殼底部。至於掉到了哪裏，因為輻射太強，只能靠機械人去一探究竟。東電於 2017 年 3 月 18 日通過自動行走機械人，對 1 號機組反應堆安全殼內部實施了調查。這款蠍型機械人配備了測量儀和防水相機。機械人在距離安全殼底部約 30 厘米的污染水中，測得輻射值最高為每小時 11 希沃特；在距離安全殼底部約 1 米的污染水中，測得輻射值為每小時 6.3 希沃特。因為在距離安全殼底部越近的地方，輻射越強，這說明堆芯熔化後的核殘渣可能落在了安全殼底部。但各種推斷都沒有提到一個更為可怕的可能性，就是核殘渣已穿過了安全殼底部。

2019 年 3 月 28 日，日本「國際反應堆報廢研究開發機構」（IRID）展示了將調查 1 號機組反應堆的六種船型機械人。這些

2　《防放射性物質飛散　福島核電站推遲取出兩個機組燃料棒》，https://baijiahao.baidu.com/s?id=1653573397773351647&wfr=spider&for=pc。

機械人具備潛水功能，可進行全方位拍攝。

日本政府和東電宣佈於 2020 年制訂取出 1 號機組內核殘渣的方案，並計劃於 2021 年內，即福島核事故發生十年後，開始取出熔化的核殘渣。預計徹底完成反應堆報廢工作需要 30—40 年時間，即到 2041—2051 年才有可能完成。[3]

2 號機組

2 號機組內部殘存着 615 根燃料棒，一度被認為是形勢最嚴峻的。

2017 年 2 月 16 日，由東芝企業特別設計的機械人（前後搭載攝像頭，可如蠍子一般後部翹起變換拍攝角度），進入 2 號反應堆安全殼中，根據其傳回的數據，發現殼內輻射劑量達到驚人的每小時 530 希沃特，是之前測得的最大數值的七倍多。人類若暴露於此處數十秒即會死亡。特製的機械人「蠍子」原來設計可以在安全殼內工作十多個小時，但在極高的輻射下，沒撐過兩個小時，就無法正常工作了；回收時，又因被雜物卡住，無法行走，最後陪葬在安全殼內。此次正式調查宣告失敗。

東電對拍攝的影像進行了分析，推定了輻射數值，「部份」確認了 2 號反應堆內部的一些狀態。比如壓力容器正下方存在疑似熔化核燃料的堆積物。格柵狀支架平台也有部份脫落穿孔，孔長寬各約 1 米，推測是因高溫核燃料掉落而熔化變形造成的。這次拍攝到一個大洞，意味着核燃料已經穿透了壓力容器。也就是說，核物質已經突破了第一、二層防護，從壓力容器底部向第三層防

---

3 《推遲 4 年多，日本今天開始取出福島核電站 3 號機核燃料棒》，https://www.guancha.cn/internation/2019_04_15_497695.shtml。

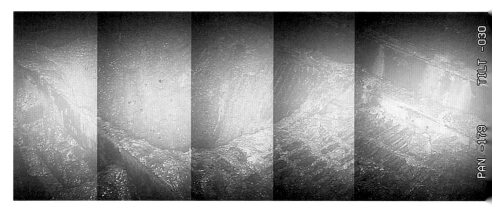

2 號機組壓力容器下方的支架平台出現大洞，四周附着大量疑似核燃料。

護侵蝕。無人知曉第三層防護是否已被侵蝕。

　　2019 年 2 月，東電聲稱調查迎來轉機，對外詳細描述了這次操作：調查於 2 月 13 日上午 7 時至下午 3 時進行，由於安全殼內輻射量極高，使用了可遠程操作的使用兩根「手指」開閉的裝置，從位於反應堆壓力容器正下方的網格狀作業踏板脫落部份，用纜繩把導管前端裝置垂吊至安全殼底部，在六處觸碰堆積物，其中五處確認有數厘米大的小石狀堆積物與棒狀構造物可以移動，一部份最高可拿起至 5 厘米。這些堆積物均有一定硬度，沒有坍塌或變形。

　　東電負責公關的大山勝義在記者會上表示：「通過實現移動，證明了能夠取出燃料碎片。然而對於無法夾住取出的物體，還需研發相關設備。」就是說，未能取出呈黏土狀的堆積物。記者會給出的印象，是清理工作有大進展，高科技的機械人完成了任務。可是，細想一下，大書特書的機械人的成就，是把一個數厘米大的粒狀碎片拿起至 5 厘米。堆積在 2 號機組裏的核殘渣有多少噸？這本來是理所當然要問的問題，可是鎂光燈照

機械人拿取福島 2 號機組內的類似卵石的核燃料殘渣

着的卻是機械人小英雄。

東電説，要先建燃料棒的收納設施，因此實施取出作業還需要一定的籌備期。按照政府 2019 年 12 月宣佈的計劃，2 號機組原計劃在 2023 年啓動處理作業，推遲一至三年到 2024—2026 年。

3 號機組

據日本廣播協會 2019 年 4 月 15 日報道，3 號機組第一次燃料棒取出工作比最初的計劃推遲了四年四個月。取出 3 號反應堆乏燃料池中 566 根燃料棒的計劃一再延期，主要原因是 3 號機組廠房頂部輻射量未降至預期水平。同時，東電要在 3 號機組上方加蓋頂罩，以防止取出乏燃料棒時放射性物質飛散。一切順利的話，3 號機組未使用過的 52 根燃料棒將在 2021 年 3 月前全部取出。

東電 2017 年 7 月 19 日公佈了首次使用水下機械人拍攝的 3 號機組內部的狀況。機械人 30 厘米長、12 厘米寬，取名「小太

陽魚」。僅僅是把「小太陽魚」機械人及其支持裝置送入核反應堆所在的混凝土建築內就用了兩天時間。四個獨立的團隊輪流設置控制面板、電纜捲筒和機械人需要的其他設備，即使是穿着全套防護服，每組工作人員也只能在建築物內待幾分鐘。當一個團隊達到每日最大輻射劑量時，就會被其他團隊取代。在進入反應堆內部的第二天，「小太陽魚」記錄到了反應堆內鈾燃料棒熔化的第一個跡象。機械人拍攝到的水下畫面顯示，3 號機組受損嚴重，但並未發現熔落的核燃料。

又據日本《福島民報》2019 年 12 月 2 日報道，日本政府當天公佈了計劃表，首次設定結束時間：移除反應堆堆芯燃料碎片的工作將從 2021 年開始，預計 2031 年結束。4 號機組目前已經清理完畢，但 1 號到 3 號機組內仍有 4,741 份核燃料殘渣。這些核燃料殘渣被取出後，將被放置到核電站其他建築物內的公共水池內。可是，公共水池目前只能容納 666 份殘渣。

有些人認為，放射性物質可能無法被安全地清除，因此建議讓它原地保留，然後像當年切爾諾貝爾事故一樣，修建一個混凝土和鋼製的石棺，將整個福島核電站徹底封閉起來。但到現在為止，還沒有掌握反應堆裏面的情況，也不知道堆芯熔化後未完全冷卻的核廢料殘渣在哪裏。所以，像切爾諾貝爾核電站那樣用水泥封存根本不可行。

估計所有輻射污染固體廢料，加上反應堆的核殘渣，到 2030 年總共將達 77 萬噸。日本政府説，處理方案要等到 2028 年才能完成。[4]

4　"Japan revises Fukushima cleanup plan, delays key steps"，2019 年 12 月 27 日，https://apnews.com/d1b8322355f3f3.1109dd925900dff200。

經過改進的、用於進入反應堆探測情況的機械人，看起來有點像玩具。

東京電力公司在 2019 年曾誇口說，在 350 萬平方米的廠區裏，只要穿上一件標準的連體衣，戴上一次性面罩，就可以抵達 96% 的區域。其餘的 4% 高輻射區，指的就是三個被毀的反應堆。然而即使在輻射量最小的 3 號反應堆，就算裝備齊全也不能在裏面待超過十分鐘。因此所有的希望被寄予在機械人身上。日本核能機構甚至在核電站附近建立了一個研究中心，模擬核電站內部的情況，讓來自全國各地的專家嘗試設計新的機械人來清理廢墟。一個小時車程外還有一個機械人試驗場。

不過，因輻射太強，連機械人也會「罷工」，自動關閉。機械人還會在意想不到的地方被變形的障礙物卡住，所以必須足夠靈活。前文提到的機械人「蠍子」執行了兩個小時的任務後，就是被熔化的金屬塊卡住，無法回收，葬身 2 號反應堆。為開發這款機械人，日本東芝花了兩年半的時間，具體花費不詳。

研究公司 ABI 的分析師萊恩・惠頓（Rian Whitton）表示：「福島事件是一個令人羞愧的時刻。」「這顯示了目前機械人技術的局限性。」[5]

前面提到，機械人「蠍子」跑進 2 號機組把一個數厘米大的粒狀碎片成功拿起 5 厘米。那麼，堆積在 1、2、3 號機組裏的核殘渣總共有多少？答案是約有 250 噸，且位置不明。如果有人問：要多少機械人工作多少年，才能把這 250 噸輻射極強的黏土狀和粒狀的熔化核殘渣取出？取出後儲存在哪裏？如何儲存？這些問題似乎顯得有些不合時宜。

日本政府和東電沒有答案。看來全球最棒的科學家，也沒有答案。

東京電力公司高級顧問萊克・巴雷特（Lake Barrett）說：「這相當於把人送上月球。」巴雷特曾在美國能源部民用放射性廢物管理辦公室擔任代理主任，還負責過三哩島核事故的清理工作。他所說的「這」，指的就是研發機械人來進行福島第一核電站的報廢工作。在科學如此「昌明」的今天，人工智能似乎可以隨時取代人力，然而面對像福島這樣的核災難殘局，人類幾乎束手無策，只能裝扮成有進步，走一步算一步，但一着不慎，就會滿盤皆輸。輸贏的代價是全球的生態環境和人類的存活。

---

5 Roger Cheng: "For Fukushima's nuclear disaster, robots offer a sliver of hope", CNET, 2019 年 3 月 9 日。

我的鼻子忽然很癢。這讓我本能地伸出手去撓，但被身上的整套裝備擋住了。我的手指被三副手套包裹着，一副是布做的，兩副是乳膠做的，它碰到的是罩住整張臉的透明塑料面罩。

　　我的手笨拙地握着筆記本和筆。我穿着白色的杜邦特衛強工作服，全身包裹得嚴嚴實實，頭上戴着一頂亮黃色的安全帽。除此之外，我還穿了兩層襪子和笨重的橡膠靴。穿着這套裝備想要四處走動並不容易，讓人感覺像是身處一部關於殭屍災難的驚悚片。

——Roger Cheng: "For Fukushima's nuclear disaster,
robots offer a sliver of hope", CNET

圖：James Martin / CNET

十、「要是當初⋯⋯就好了」：重回現場

　　面對這麼一個大爛攤子，長嘆之餘，可能不期然會像小學生一樣造句：「要是當初⋯⋯就好了。」要是當初把防洪堤建 15 米高就好了。要是當初把 1 號機組及時除役就好了。要是當初立刻用海水冷卻堆芯就好了——就不會有天文數字般的清理費用、賠償費用，就不會有幾萬人有家不能回，就不會有令人頭疼的輻射污染物的處理問題，就不會有影響到萬物生靈、江河湖海的核污染。可是當初為甚麼就是沒有這麼想，這麼做呢？

　　當海水砌出一堵黑色的牆，怒吼着湧向陸地後，東京電力公司原副社長榎本聰明對着日本教育電視台的鏡頭喃喃自語：怎麼會發生這樣的事？我們這一代人甚麼地方出了錯？我們一直覺得這種事是不會發生的。日本國會獨立事故調查委員會負責人船橋洋一也發出同樣的質問：「我們怎麼會走到這一步？這樣一個擁有先進技術的國家怎麼會如此措手不及？」事後的錯愕與不解，不僅在日本本土，也在全世界回響。

　　日本廣播協會曾獨家採訪了一百多名現場工作人員和指揮人員，收集了大量第一手文字資料、圖片和音像資料，聽取了許多專家的意見，努力再現當時的情景，以盡可能還原事故的真相。[1]

1　《日媒還原福島核電站事故全程：2 次機會被浪費》，https://news.qq.com/a/20120310/000096.htm?emfhe4。

通過採訪人們才知道，事故現場指揮人員把挽救機組功能的希望都押在所謂的「自動啓動應急冷卻機」上。其實，它並不是甚麼非常先進的新鮮玩意兒，它是任何核電機組都有的「事故冷卻系統」。在一般情況下，外部電源全部失效以後，它可以自動冷卻反應堆，但因為它的水量有限，只能對反應堆做短暫的冷卻，所以需要等待應急柴油發電機的啓動。應急柴油發電機的投入，可保證堆芯的冷卻，直到全場電源恢復，或堆芯被冷卻到冷停堆。而在福島核電站當時的情況下，應急柴油發電機的功能在大海嘯中喪失殆盡，冷卻機就算運作，也只能延緩堆芯熔毀，根本起不到保全機組功能的作用。

在日本廣播協會的採訪中，1 號機組負責人福良昌敏大談「兩個機會」，好像要是抓住了這「兩個機會」，福島核電站放射性外洩就可以避免似的。這完全是誤導。坦率地說，福良昌敏他們也許並不是真的認為，「冷卻機」能夠挽救核電機組。在這緊急時刻，他們失去了判斷力，他們懷抱僥幸心理：這個「冷卻機」沒準兒真能保住機組功能。

福良昌敏所說的「機會」之一：因為現場輻射太高，無法確認冷卻機是否在工作。但令人難以置信的一個大烏龍是，福島第一核電站對策本部一直以為冷卻機是開着的，而實際上並沒有。美國康涅狄格州莫斯頓核電站使用的設備是馬克 -1 型輕水反應堆，其冷卻機設在核電站的四樓，電源喪失的情況下冷卻機會自動關閉，需要手動把它打開。美國核能發電事故對策專家艾德・達克說，不管發生甚麼意外狀況，冷卻機必須而且要盡快打開。核電站通常會專門訓練人員快速爬上四樓手動將藍色閥門打開。福島核電站 1 號機組使用的反應堆也是馬克 -1 型，遺憾的是，福島事故現場技術人員對最為基本的手動操作規則沒有理解和認

識。日本廣播協會的記者在查看當時的現場記錄時，幾乎找不到關於完全斷電後冷卻機狀態的確認記錄。這說明現場人員沒有注意到連接閥門已自動關閉，處於非工作狀態。[2]

核電事故調查報告中指責福島核電站 1 號機組人員對於冷卻機的使用「訓練教育不夠，東電對策本部和發電所對事故現場沒有正確把握，對冷卻機誤認，對其機能理解不充份、操作不熟練，這對於核電站來說是非常不合適的」。

「機會」之二：隨着海嘯退去，被海水淹沒過的蓄電池功能暫時有所恢復，中央控制室的部份顯示器獲得了電源。現場指揮者當場決定，立即電動打開冷卻機閥門。入堆的冷卻水接觸核燃料棒後立刻就蒸發為水汽；他們看到水汽誤以為原子爐處於安全狀態。但是幾分鐘後，水汽就沒了。現場指揮者陷入迷惘：肉眼看不到水汽的話，就意味着冷卻機的冷卻水可能已經乾涸。為了防止冷卻機無水空燒被燒壞進而引發爆炸，現場指揮者決定，立即關閉冷卻機，並馬上向東京電力公司對策本部報告。福良昌敏對記者說，當時我們覺得，核電機組還處於安全狀態，所以在那個時間點，我們沒有認識到這是一個錯誤的判斷。這完全是自欺欺人：已經失去了包括應急柴油發電機在內的場內外電源的核電機組怎麼會是安全的呢？

所謂「機會」，是一種轉移注意力的說法。煞有介事地大談無關緊要的「機會」，目的就是要把人們的注意力從追問他們的失誤引開，完全是誤導。

在接受日本廣播協會採訪時，他們大談所謂「機會」「判斷錯誤」，卻閉口不提向反應堆灌注海水的事。這關乎處理核事故

2　離原、王選：《謊言與自負：日本核災難真相》。

的重中之重：冷卻堆芯。後來證明，灌注海水是當時降低反應堆溫度最有效、最直接的辦法。可是如前文所述，為了保全自身利益，東電一直拖延着不願向三個機組注入海水，否則，反應堆的溫度可以較早地降下來，堆芯的熔化可以較早地得到制止，也許爆炸就不會發生，放射性物質外洩就不會發生，一場嚴重的環境災難就可以幸免。

是否第一時間灌注海水，是這場核災難是否會發生的關鍵。人們可根據這一點，來確定這場核災難的責任。當事者深知，對環境造成的損害是他們為了保住公司利益的結果，是他們對日本公眾和國際社會犯下的罪行。盡談與「灌注海水」「放射性外洩」無關的話題，只是掩蓋真相、轉移注意力、逃避責任。這就是日本公眾和國際社會感到真相越來越模糊的原因。

據事後披露的消息，東京電力公司出於利益考慮對是否採用各種阻止事件擴大的方法猶豫不決，導致事故越來越嚴重。多國核專家表示，核電站出現問題之後，控制人員沒有在第一時間對核電站機組採取停機、冷卻、封閉等措施，從而錯過了事故的最佳解決時間。在核電站發生爆炸最初的幾個小時裏，社長清水正孝非常擔心花費巨資建立起來的核電站會毀在自己手裏，於是一直猶豫是否要引入海水對反應堆進行冷卻。因為注入海水之後，設備儀錶會因海水腐蝕而使得核反應堆永久報廢，直接影響東京電力公司的長期投資回報和既得利益，所以在缺乏淡水的情況下沒有第一時間使用海水冷卻。

1號機組氫爆之後，工作人員開始給它灌注海水，效果不錯，反應堆溫度有所下降。誰都以為，他們會立即對2號、3號的機組採取同樣措施；但他們沒有，而是繼續等待「奇蹟」出現。然後3號機組發生爆炸，也是在爆炸後才開始灌注海水。但仍不給

2 號機組灌注海水，直至它的安全殼也發生爆炸。可以推算，他們並非慌亂無序、無所作為。他們執行既定方針的目標很明確：堅定執行公司高層決定，力爭保住各機組的功能，只要沒有反應堆熔毀的信息傳來，決不放棄等待。就是説，他們絕不改變不灌注海水的決定。

其實福島核事故在 20 世紀就在法庭裏預演過了。日本愛媛縣伊方核電站設立之初，就遭到當地居民的堅決反對，因為他們以捕魚為生，建了核電站，他們就要另謀生路。然而像在無數個地方無數次發生過的那樣，當地政府漠視居民的訴求，與電力企業達成協議，核電站在居民的反對聲中開建。於是 1973 年愛媛縣伊方居民將當地政府告上法庭，要求對核反應堆最壞的情況——堆芯熔化的可能性給出一個説法。官司從地方法院打起，一直打到日本最高法院。

在法庭上，伊方居民始終追問一個核心問題：「核電是否安全？」政府方面出動了一大批推進核電發展的核心人物出庭作證，全國的報紙都在講核電的安全性，電力企業花大價錢為核電做廣告，還暗地裏出錢收買原告，要他們放棄訴訟。

原告方是不懂核知識的百姓，在一次關於伊方是否在地震斷層上、地震是否會引發核電安全事故的法庭辯論中，政府方面的證人説，政府的核反應堆安全審查測定書沒有提到伊方在地震斷層上。日本地震研究第一人松田時彥指出政府證人撒謊——他們早已將伊方附近的地震斷層報告上交了政府。

「讓我們來幫助你們。」一些科學研究者加入訴訟為原告作證，從而使伊方訴訟成為日本歷史上第一個科學大訴訟。訴訟歷時 19 年，核電安全辯論也進行了 19 年。

原告辯護團長：最壞的事態是堆芯熔化，難道不會發生核洩漏嗎？

被告方代表：不會的。有可能會變熱，但會注水降溫。

原告辯護團長：如果冷卻設備不起作用了，怎麼辦？

被告方代表：不會的。水泵動不起來的發生率是萬分之一。

原告辯護團長：即使百萬分之一也不是零。

東京大學教授藤本一陽作證：冷卻設備是有可能失靈的，注水設備不起作用也是有可能的，從科學上講是不可能保證不發生這樣的事故的。

今天看來，當年法庭辯論中的幾個關鍵假設，都在福島一一成為現實：停電—核燃料棒發熱—注水—熔毀—洩漏。然而訴訟最終的結果是原告敗訴。[3]

要是當初……就好了。

3　離原、王選：《謊言與自負：日本核災難真相》。

十一、缺席的監管

　　2007 年 7 月，黎克特制 6.8 級地震襲擊了距離日本新潟縣不遠的柏崎刈羽核電站，該核電站設計時設定可抵抗最高震級為黎克特制 6.5 級的地震，而其中一座核反應堆所受到的衝擊超過其抗震能力約 2.5 倍。幸運的是，柏崎刈羽核電站四座核反應堆全都自動關閉，沒有洩漏放射性物質。

　　事情發生後不久，2007 年 8 月，日本著名戰略家大前研一在《「產業猝死」時代的人生論》一書中，提及震級超過設計預期而沒產生大災難，是「不幸中的萬幸」。他呼籲日本盡快檢查核電站安全狀況，但這些建議並沒有引起日本政府的重視，「不幸中的萬幸」反而打消了日本原有的顧慮。核安全神話講久了，連編造神話的人都相信它是真的了 [1]——儘管自 1966 年 7 月日本第一座核電站開始運轉以來，各種事故頻發。事故的背後是日本核能行業數十年來偽造安全報告、隱瞞死亡事故和對地震危險性估計不足等監管漏洞。福島第一核電站危機有其偶然性和必然性，是板塊運動這個天災碰上了人禍的結果，是日本核電事業發展弊端的一個縮影。

　　事故前的福島第一核電站有六個機組，是世界上最大的核電站。日本在福島核電站專門建立了災難應急反應中心，但設計的

1　離原、王選：《謊言與自負：日本核災難真相》。

福島／輻島

標準僅僅是對抗 7 級地震。東京電力公司內部文件也顯示，東電對福島第一核電站所做過的抗震測試中，從來沒有進行過黎克特制 9 級的地震預測。這種自以為是的輕忽在開工之前就已經主導了核電界。原本福島海岸有高達 35 米的崖壁，如果電站建在崖壁上面，福島核電站會躲過此次 15 米高的海嘯。但是當年若把引進的美國設備放在 35 米的高處，就不符合設備建設標準，如果讓美國修改設計，又要花一大筆錢。於是，東電選擇了少花錢辦大事，硬生生將崖壁削去了 25 米，來將就美國的設計。[2]

　　20 世紀 60 年代，日本大力推進核電，美國的核能發電技術被囫圇吞棗地引進，於是就有了 1966 年與美國通用電氣被稱為「turn-key」的合同，也就是從設計到製造全部由美國通用電氣負責，直到設備開始啟動，日本只需要轉動鑰匙開啟即可。福島核電站正是這樣建起來的。在當時的日本眼裏，馬克 -1 型輕水反應堆核燃料心小，反應堆小，容易建，成本低，日本政府甚至大幅度減少了此後投入核電研發的預算，認為這種技術穩定的設備不需要操甚麼心了。因為相信用了美國的設備一切都「OK」，所以根本就沒有注意到緊急發電機設在地下的危險性。不是一個人沒想到，而是所有人都沒有想到。[3]

　　削足適履，硬穿上的鞋還不願意脫下。東芝核電站設計師後藤政志曾指出：「福島第一核電站事故，除了核電站抗震能力不足外，設備老化是主因。」一般來說，核電站的生命週期為 40 年，1971 年建造的福島核電站到了 2011 年已處於退役階段。在地震前的 2 月 7 日，東京電力發佈了一份分析報告，指出福島核電站存在壓力容器中性子脆化、壓力抑制室腐蝕、熱交換區氣

2　　離原、王選：《謊言與自負：日本核災難真相》。
3　　同上。

體廢棄物處理系統老化等問題。

但是，福島核事故前，東京電力和日本政府都沒有重視這一報告。東京電力為慶祝福島核電站運行 40 週年，狂言「核電站生命週期可以延長為 60 年」，原子力安全保安院也予以認可。於是，福島核電站的正式退役時間被「人為地」延長至 2031 年。其實，不管是抗震設計預期過低還是設備老化，實際上都是可控的問題，為甚麼這些問題遲遲得不到解決？最根本的原因還是日本核電監管存在缺失。最突出的表現為「政官財勾結」、媒體集體失語和「自我監管」模式。

平井憲夫曾聽一位技術官員說：「我們的部門怕遭輻射污染，害怕去核電站檢查，所以從不派自己人去現場檢查，總是找些農業部的職員去監督。昨天在教人養蠶、養魚的人，隔天就被派去當核電檢查官了。福井縣美濱核電廠的檢查總長，在上任之前是個負責檢查稻米的。」

福島發生重大核事故時，負責監督該核電站的檢查總長竟然通過隔天的報紙才知道這件事。其實這也不能怪電力公司。在十萬火急的事故現場，排除事故都來不及了，誰還有空去打報告呢？所以官員永遠是在狀況外。[4] 即使是貴為首相的菅直人，也是通過電視報道才知道福島核電站發生爆炸的。

誠如《朝日新聞》主編船橋洋一所言：「日本的核安全監管體系名存實亡。監管者假裝在監管，核能企業假裝受到了監管。」體制監管漏洞包括以下方面。

第一，監管缺乏獨立性。《核安全公約》要求締約國的核能安全管制和推進核能利用這兩個部份有效分離。然而，日本的原

4　平井憲夫：《核電員工的最後遺言》。

子能安全保安院隸屬於經產省，原子能安全委員會隸屬於內閣府，均為行政機關。原子能安全保安院與資源能源廳在人事上經常流動，後者就是推進核電開發的中樞機構，安全監查功能因此大打折扣。原子能安全保安院還陷入了「操縱民意」的醜聞：有核電站運營商承認，保安院授意其尋找核能支持者參加政策研討，以「平衡」反核聲音。

2013 年年底，日本國會通過《特定秘密保護法》，依據該法，有關核問題方面的信息，都能以「國家安全」「特定秘密」的名義被掩蓋。

第二，對核電企業缺乏有效的監管。從法律體系看，日本學者西脅由弘列舉了九個方面的問題：核電站設置許可的「許可要素不分明」；設置許可的標準不明確；工程計劃認可偏重於規範結構強度，未包含品質保證；機能和性能規範過於簡單；設置許可審查與工程認可計劃審查的關係不清，安全規定均為運轉管理方面的內容，基本設計要求和運轉管理要求混淆；採取分級管制結構，管制缺乏約束力；安全檢查種類過多且重複，不能開展機動性檢查；對燃料體加工的檢查形同虛設。

日本的核安全監管程序是先由核電企業提供自查報告，再由監管機構評估。切爾諾貝爾核電站爆炸事故發生後，日本原子能安全委員會對核事故對策進行了長達五年的討論，結論居然是「『嚴重事故對策』國家不做規定，企業要自覺承擔自己的安全責任」。把安全責任建立在「企業自律」上，大大削弱了安全監查的效力。

事實證明，在利益面前，職業操守淪喪。2007 年，東京電力公司公開承認，始於 1977 年的對下屬三家核電站的 199 次定期例行檢查中存在擅自篡改數據、隱瞞安全隱患的重大責任過失，

福島第一核電站歷年事故

1976 年 4 月 2 日，區域內發生火災，但沒有對外公開。然而內部有人向記者田原總一郎舉報，外界才得知此事。被舉報後一個月，東京電力公司承認了這一事故。

1978 年 11 月 2 日，3 號機組發生日本首次臨界事故，不過該事故直到 2007 年 3 月 22 日才被披露。

1990 年 9 月 9 日，3 號機組發生國際核事件分級表中的第二級事件。因主蒸氣隔離閥停止針損壞，反應堆壓力上升，引發「中子束過量」信號，導致自動停堆。

1998 年 2 月 22 日，4 號機於定期檢查中，137 根控制棒中的 34 根在 50 分鐘內全部被拔出 1/25（缺口約 15cm）。

——維基百科

光是福島第一核電站 1 號機組反應堆主蒸氣管流量計測得的數據就曾在 1979 年至 1998 年間先後遭到 28 次篡改。

自由媒體人廣瀨隆 1987 年曾推出轟動一時的著作《危險的話》，他在書中以虛構的手法描繪了核電站爆炸時令人窒息的場景，引發日本社會對「廣瀨現象」的關注。福島核事故出現後，廣瀨隆在 *Diamond* 雜誌上再次撰文《破局可以避免嗎？——福島核電站的真相》，痛批核電問題上的「政官財勾結」。廣瀨隆指出：「在自民黨政權時代，一系列的核能政策受到電氣事業聯合會、日本經團聯等的莫大影響，而這些經濟團體的負責人，電力行業出身者眾多。如經團聯評議員會議長或副議長就經常是由東京電力出身的人擔任。」[5]

5　《南方能源觀察：日本核電啟示錄》，2011 年 4 月 26 日。https://news.qq.com/a/20110426/000530.htm。

日本經濟部門一方面大力推動核工業產業發展，借以振興經濟，另一方面擔任核安全監管體系的中堅力量。由於這樣的制度缺陷，核安全部門「既當裁判員，又當運動員」，受到利益驅使，與擁核政黨、大財團形成利益共同體，沒有對核設施進行有效監管，造成危險頻發。

福島核事故發生以來，世人看不到日本核能界有甚麼深刻的反思和自責，反而在掩蓋真相和轉移話題，進行各種拖延，試圖用時間來消磨日本民眾的耐心和注意力，企圖低調處理、蒙混過關。

2018 年 12 月，地震和核事故發生後，浪江町一家日本酒廠，破敗不堪。居民疏散後，沒人回去酒廠，時間猶如凝住了。

藍原寬子攝。

十二、將輻射污染擴散到全球的威脅——核污水

　　2020 年 10 月，日本政府打算拍板把福島核電站存儲的 123 萬噸核污水排入海中，又一次引起國內外嘩然。「福島核災難」重新登上國際新聞版面。

　　核電站的存在離不開水，而且用量巨大。不論是在運行中還是已經停擺，為了冷卻核燃料，核電站要用到大量的淡水。就算是正常運行中的核電站，也在每時每刻地向環境中持續排放核污水，雖然對放射性流出物的總量和濃度有上限控制值，但對水體的污染依然存在。

　　福島核危機發生後，為控制反應堆溫度，東京電力公司注入冷卻水，因而產生了大量含有核輻射物質的污水。又由於核電站西側地勢較高，每天有約 200 噸地下水自西向東流入反應堆所在建築的地下，變成放射性污水。

　　為了減少污染水，東電嘗試了不同的方法。乍聽起來，人們會對它使用的高科技肅然起敬。為阻擋不斷滲入反應堆下的地下水，日本政府耗資 350 億日圓（港幣 24.5 億元）建立凍土壁，於 2017 年動工，在福島第一核電站 1 號至 3 號反應堆四周 1.5 千米的地層中，埋入 30 米深的凍結管，通過循環冷卻液體在地下構建凍土壁。可是，凍土壁有 1% 洩漏。東電 2018 年 3 月 1 日的報告指出，凍土壁每日只能減少 80 噸的核污廢水，單獨使用的成效遠遜於預期。因此，除了凍土壁外，當局還使用了其他

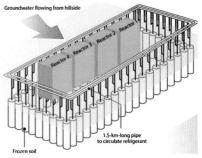

在四周 1.5 千米的地層埋入 30 米深的凍結管，把泥土冷凍。

方法，包括「豎井」，及從西側井取地下水迂迴排入大海，以及建成多種核去除設備（ALPS），改用淨化水冷卻堆芯等方式，最終使日均產生的污水由 2014 年的 540 噸減至目前的 110 噸。

在核事故發生後个久，2011 年 4 月，東京電力公司將福島第一核電站廢棄物集中處理設施內低放射性污水直接排入海中。東電的解釋是，由於來不及設置儲備高放射性污水的臨時水罐，只能先把廢棄物處理設施內存儲的 1.15 萬噸「低放射性」污水排入海中，為高放射性積水騰出存放空間。然而這些所謂「低放射性」污水的放射性依然超過法定標準的 100 倍！

這種不負責任的做法，招致世界多國和日本本國漁業從業者的強烈不滿和批評。德國海洋科學研究機構 Geomar Helmholtz-Zentrum 在 2012 年對福島核污染在海洋中的擴散情形建模，結果顯示：57 天內，輻射將擴散至太平洋大半區域；只需三年，美國和加拿大就會遭到污染。

在強大的輿論壓力下，東京電力公司不得不停止向海中排放「低放射性」污水這一飽受爭議的行動，並開始對福島第一核電

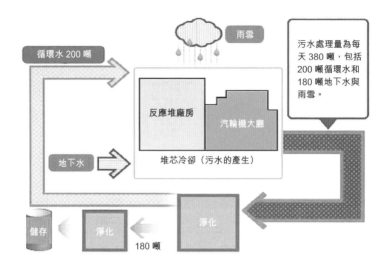

福島核污水的來源示意圖。https://www.tepco.co.jp

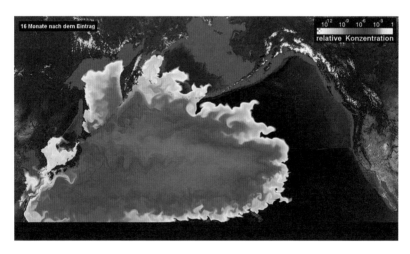

核事故發生 16 個月後,單單從福島核事故洩漏到海洋中的污水所造成的污染的模型。從藍色到黃色,輻射值從低到高。https://www.geomar.de/en/news/article/fukushima-the-fate-of-contaminated-waters

福島核電站核污水的存放處。《今日日本網》圖片。

站 2 號機組附近的高輻射性污水實施轉移工作。最後只能是建造巨大的鋼鐵儲水罐。

現在，核廢水被存儲在地面上 1,000 多個灰色、藍色、白色的罐體中。截至 2020 年 9 月，東電在廠區建立了 1,044 個儲水罐，儲存的污水量高達 123 萬立方米。但儲水罐的建設將於 2020 年底結束，總儲水能力最高只能達到 137 萬立方米。據日本時事通訊社報道稱，在 2019 年 8 月召開的政府小委員會會議上，東京電力公司曾預測，福島第一核電站含有放射性物質的污水最多還能再存三年，該公司存放污水的容器將於 2022 年被裝滿。

裝滿後怎麼辦？

東電曾提出五種處理方案：增加儲水罐及容量、在其他地方

設置儲水罐、固化後進入地下、處理後排入大海、以水蒸氣形式排入大氣。後來，解決方案集中到兩個：排入大海和排入大氣。福島廠區的儲存能力已近極限，再增加儲水罐難度太大。若繼續修建大型儲水罐，需要佔用福島第一核電站外的土地——這就不光是日本經濟產業省、環境省、原子能委員會、東京電力公司「四方拉鋸」能夠解決的事情，就連日本地方都有話語權「參一腳」，阻止儲水罐對「私有土地」的佔用。此方案涉及多方利益，難以達成共識。至於埋入地下，且不論成本如何，也很難保證不洩漏。一個受政府委託進行研究的專家組表示，這些儲水罐會給當地帶來洪水和輻射風險，並阻礙福島核電站的「退役」工作。東京電力公司和政府官員計劃從 2021 年開始移除熔化的燃料，並希望騰空目前被佔用的部份儲水罐，為熔化的燃料碎片和其他污染物建造存儲設施。於是只剩下向大海或大氣排放的方案，但無論哪一種，都在挑動着公眾的神經。

　　排入大海的構想是，將污水經過兩次處理，除了氚（氫的放射性同位素）以外，其他放射性元素的濃度可降低到符合標準；隨後與大量未污染的水混合稀釋，將氚濃度降到每升 1,500 貝可勒爾。但稀釋的同時要排放的水量也大大增加，估計總重將達近 7 億噸。因此排放的時間也拉長至大約 30 年。東電不太喜歡「核污水」這個詞，他們把經過 ALPS 淨化的水稱為「處理水」——國際環保組織「綠色和平」指責這個說法會給不明就裏的公眾造成污水很乾淨、只剩下氚的錯誤印象。實則不然，「即使經過處理，污水中也不可能只含有氚，還會有碘 -129、鍶 -90、釕 -106 等放射性元素，其中一些是最嚴重的放射性元素，濃度過高的話可能危及生命」（「綠色和平」德國辦公室核問題專家肖恩．伯尼）。據日本共同社 2020 年 2 月 18 日報道，在福島第一核電站處理

水的儲罐中相繼發現沉澱物。東電公司 2019 年 8 月至 9 月向一個被二度使用的儲水罐中投放水下機械人進行了調查，發現其底部覆蓋着與污水儲水罐中相同的沉澱物。後來又在非二度使用的一個普通儲罐中也發現了沉澱物。

當時外界譴責東電發現殘留但卻未積極進行說明的姿態，而沉澱物如何處理依然不透明。據稱，東電公司只是表示，今後若其他普通儲罐也相繼發現沉積物，或需要進行追加調查及在排放入海等前進行大規模再淨化處理。

向大氣排放的方案也大同小異，只是將處理後的水加熱蒸發，使水蒸氣中的氚含量不超過每立方米 5 貝可勒爾，然後排出，隨風飄散。顯然，排入大氣並不如排入大海方便，而且有一種讓人直接呼吸放射性空氣的恐懼感。因此，東電主推的是排入大海方

福島舉行反對將福島第一核電廠的核廢水排放海洋的遊行示威。藍原寬子攝。

案。在 2020 年之前，東電不斷放出要將污水排入海洋的風，不停地試探公眾的接受程度，雖然每年反對聲都很大，但「狼來了」的次數一多，慢慢地，人們似乎也見怪不怪了。[1] 日本原子能規制委員會委員長更田豐志在 2018 年 8 月就曾發表聲明說「這是唯一可行的方法」；2019 年 9 月 10 日，日本環境部前部長原田義昭在卸任前一天的新聞發佈會上，面對記者的採訪，表示自己認為福島第一核電站的「處理水」除了釋放進海洋之外，印象中沒有其他辦法。

這等於說，反正我無能為力，該怎麼着就怎麼着吧。

這種在眼前看來又快又便宜、不管不顧、哪怕我死後洪水滔天的處理方式，正是眼光狹隘、自私貪婪的資本主義最擅長做的選擇，也反映了核電本身所具有的反人類、反生態的特性。日本市民團體「原子力市民委員會」座長代理、國際環保組織 FoE Japan 事務局長滿田夏花女士近年來在福島見證了許多漁民生活的變化，她對「澎湃新聞」的記者坦言：「福島漁民在核事故發生後一直拼命努力恢復漁業發展。然而，政府和東電卻一再嘗試說服他們接受核污水入海的方案，絲毫不在乎漁民反對的理由究竟是甚麼。」[2]

輻射污水會對環境和人體造成甚麼影響呢？

2020 年 8 月，美國《科學》雜誌發文稱，福島核污水中含有多種放射性成分，其中的氚，難以被清除，含量非常高。另外一種同位素碳 -14，很容易被海洋生物吸收，碳 -14 在魚體內的

1　人馬座 A：《百萬噸福島核污水要倒進太平洋，還能愉快地吃海鮮嗎？》，果殼網，2020 年 10 月 30 日。
2　澎湃新聞，2020 年 10 月 25 日，http://www.heneng.net.cn/index.php?mod=news&action=show&article_id=60692。

生理濃度可達到氚的五萬倍。這些放射性物質對人類同樣具有潛在的毒性。而且，碳 -14 的半衰期長達 5,370 年。《科學》雜誌同時指出，核污水一旦排放入海，將會對海洋環境造成嚴重污染，放射性物質還會擴散到整個太平洋海域甚至全球海洋環境中。[3]

國際環保組織「綠色和平」也反對這種做法，他們在 2020 年 10 月 23 日發表的報告指出，污水一旦排放入海洋就將損害人類的 DNA。

日本《讀賣新聞》的民調顯示，50% 的日本國民不同意將「核污水排放入海」的方案，當地環保人士和漁業界代表更是極力反對。日本民間組織「原子能市民委員會」2020 年 10 月 20 日發表公開聲明，抗議向海洋排放核污水。聲明指出，現在儲存罐保存的核污水中，含有氚以外的多種放射性物質。儘管東京電力公司表示將進行「二次處理」，但「二次處理」的結果如何，仍然會殘留哪些放射性物質及對人體的危害性都不得而知。聲明表示，核污水問題從 2011 年事故發生後就引發了公眾的普遍擔憂，日本政府和東京電力公司卻一直沒能拿出有效對策，導致問題不斷拖延。[4] 福島漁民向日本共同社表示：「我們非常擔心，一旦污水被排入海洋，如果有任何魚類達不到安全標準，對於我們這個行業都將是災難性的打擊。」[5] 日本全國漁業協會會長岸宏在東京與多位日本政府內閣成員會面並提交請願書，表示漁業從業者一致反對核污水入海，「如果排放到海洋裏的話，漁

3　《如果福島百萬噸核污水入海，將污染環境或損害人類 DNA》，鳳凰網，2020 年 10 月 26 日，https://m.us.sina.com/gb/international/phoenixtv/2020-10-26/detail-ihacfivy33.11289.shtml。

4　《日本福島核污水排放計劃引擔憂》，載《人民日報》，2020 年 10 月 23 日。

5　《如果福島百萬噸核污水入海，將污染環境或損害人類 DNA》，鳳凰網，2020 年 10 月 26 日，https://m.us.sina.com/gb/international/phoenixtv/2020-10-26/detail-ihacfivy33.11289.shtml。

2020 年 6 月，當地 TARACHINE（福島非牟利母親輻射實驗室）母親，在福島第一核電站海洋區進行海水輻射測量。藍原寬子攝。

業者迄今為止十年的努力將化為泡影」。

日本前首相鳩山由紀夫在社交媒體發文批評日本政府的計劃，表示政府應該多傾聽民間企業的聲音。由日本共產黨福島縣委員會等機構組成的福島復興共同中心向經濟產業大臣提交請願書，堅決反對將核污水排入海洋，強調應繼續在陸地上保存核污水。

日本媒體指出，東京電力公司稱沒有土地修建新的儲水罐，但福島第一核電站周邊有大量因輻射量過高而不宜居住的區域，這些閒置的土地可以用來新建存儲設施。「原子能市民委員會」認為，「大型儲存罐在陸地上保管」或「用灰漿凝固處理」是現有技術下解決核污水問題的最佳方式，可以確保核污水在陸地上妥善保管。[6] 小出裕章在 2011 年核事故發生後不久也曾提議，將核輻射污水儲存到日本可以儲存 10 萬噸石油的運油船上。「如果我在政府任職而且有決策力的話，我一定會立即這麼做。」[7] 只可惜日本政府十年來一直聽之任之，喃喃唸着「拖」字訣，核污水量從一開始的十噸拖到現在的上百噸，越來越難處理。

無論日本政府和東電多麼信誓旦旦地保證污水會符合排放標準，我們仍然有理由擔心：一、就算真符合標準了，那標準也是人定的，關於輻射物對海洋生物的影響，人類其實仍然一知半解，只要是對人體無害就將污水一股腦兒倒入佔全球面積 70% 的水體中去是完全不負責任而且自私的做法；二、在核事故的後期處理上，東電已經有過不按規章辦事、出錯了不上報或謊報的多次前科：2013 年被暴露出來的污水洩漏事故就有四次，其中 8 月的事故被定為國際核事件分級表中的第三級嚴重事件。同年 9 月 19 日，為了東京申奧，前首相安倍晉三親自視察福島核電站並

---

6 《日本福島核污水排放計劃引擔憂》，載《人民日報》，2020 年 10 月 23 日。
7 小出裕章專訪，香港電台，2012 年 5 月 4 日。

且做出指示，稱要專心處理污水問題。政府並不打算收回「福島核危機已經得到控制」的說法，在視察中他要求東電在 2014 年 3 月底之前解決污水問題。但就在當年的 10 月 9 日，由於工作人員操作失誤，10 噸污水再次洩漏；2014 年有一個儲水箱洩漏了近 100 噸迄今為止輻射濃度最高的污水，原因竟然是「工作人員忘記關掉閘門」。2015 年，東京電力公司還曾向日本全國漁業協會做出「不輕易向海洋排放」的書面保證，[8] 現在又要「理直氣壯」地出爾反爾。

「日本如果一方面標榜自己為環保大國，一方面又想將核污水排放至大海，是不利於日本國際形象的。」中國社會科學院日本研究所外交研究室主任呂耀東在接受《人民日報》採訪時說道，「在這個問題上，日本應該優先考慮全球環保問題，而非僅著眼於本國利益。」

一直以來，位於日本海另一側的韓國對於日本如何處理核污染問題保持高度關注。在 2020 年 9 月舉行的第 64 屆國際原子能機構大會上，韓國科學技術信息通訊部第一次官鄭炳善對日本考慮將福島核污水排入大海的做法表示擔憂，並強調日本應與國際社會進行透明溝通。鄭炳善表示：「核污水排放關乎全球海洋生態環境，應充份評估方法的適當性以及中長期環境危害，並加強與有關國家及國際社會的合作。日本在制訂福島核電站污水處理方案之前，有義務基於《聯合國海洋法公約》等國際法規與包括韓國在內的國際社會進行公開透明的溝通，使國際社會能夠充份了解並接受相關風險。」[9] 針對福島核污水入海的計劃，《韓國

8　《日本福島核污水排放計劃引擔憂》，載《人民日報》，2020 年 10 月 23 日
9　《日本福島核污水排放計劃引擔憂》，載《人民日報》，2020 年 10 月 23 日。

時報》以「便宜卻危險」為題，批評日本政府這一計劃，指出這是一場「破壞海洋生態系統環境的災難」。報道指出，福島核污水中的氚元素會導致細胞的損壞和變形，如果長期積累在人體內，最終會導致癌症的發生。[10]

在洋流作用下，放射性物質的污染將擴散到整個太平洋乃至全球海洋環境中，影響到全球魚類遷徙、遠洋漁業、人類健康、生態安全等方方面面，因此這一問題絕不僅僅是日本國內的問題，而是涉及全球海洋生態和環境安全的國際問題。2020 年 6 月，聯合國人權專家公開呼籲日本政府不要忽視核廢料處理領域的人權義務，希望日本等待新冠疫情危機結束，展開適當的國際磋商之後，再決定是否要將福島第一核電站核反應堆的核污水排入大海。專家表示，核廢料如何處理「將對人類和地球產生持續幾代人的深遠影響」，關乎「日本當地漁民的生計，以及日本之外其他民族民眾的人權」。[11]

全球現有 455 個運行中的核反應堆，分佈在 32 個國家和地區（統計至 2020 年 11 月，國際原子能機構），此先例一開，不難想像會有其他核電站循例而行，為降低成本，將所謂「低濃度」的輻射污水直接排入大洋。

在這樣的全球威脅面前，只關心糧食和蔬菜，只關心日本進口的海產品還能不能吃，是一種無知的自私。放在科幻小説裏，這樣的情節完全可以作為末日的開端：無知的人類把大量充滿輻射的污水排入大海，多種海洋生物發生基因突變，逐漸波及整個

---

10 《如果福島百萬噸核污水入海，將污染環境或損害人類 DNA》，鳳凰網，2020 年 10 月 26 日，https://m.us.sina.com/gb/international/phoenixtv/2020-10-26/detail-ihacfivy33.11289.shtml。

11 《日本福島核電站污水入海計劃引發的擔憂》，BBC 中文網站，2020 年 10 月 26 日，https://www.bbc.com/zhongwen/trad/world-54675012。

食物鏈，反噬人類……諸如此類的情節在文學、電影或電子遊戲中並不罕見，為何當它在現實世界中正式上演時我們卻如此麻痺，如此盲目，如此冷漠？

十三、誰來保護除污工人、核電工人？

　　除污工作應該是由中央政府或市町村政府負責，但實際上都委託給大型建築公司與土木工程業者代辦。當地業者市町村層面的同業聯合會，希望能借承包除污工作來帶動當地的重建，但由於大部份的承包商是福島縣以外的大企業而處境艱難。只有再次承包的時候才會輪到當地的中小企業和工人，而且真正在現場作業的大多則是從全國各地招募而來的工人。

　　這種多層轉包現象並非除污工作特有的，而是日本土木建築業廣泛存在的傳統結構。核電站廢堆作業中也有同樣的狀況。除污或廢堆雖然都有遭受輻射的風險，卻是必要的工作。然而，由於報酬被層層抽成，到最後基層作業人員的待遇與工作的重要性及危險性完全不成比例，不管在經濟上或精神上都沒有得到充份的回報和保障。作業人員中有許多是以小時或日來計算工資的非正式工人，由城區人才派遣公司派到福島的工人中，還有無家可歸的人。

　　相反，因為核電發展而獲利至今的企業，卻在層層外包的過程中因為給核電事故擦屁股而再度獲利。

　　比如運送污染土壤卡車的司機，他們把自己在福島的工作稱為「出差」。每天工作八小時，中間沒有午餐休息時間，因為沒有地方停車，也沒有地方可以買午餐吃飯。為甚麼同意去福島「出差」呢？回答是：「雖然開在路上不時會看到輻射劑量值指示牌，

身上也佩戴着輻射計數器，但輻射又看不到，卡車開到現在身體也好端端的沒有甚麼異常，所以也不會在意輻射。」[1]

　　大部份除污工人毫無經驗，只能在實際工作中摸索。除污工人的基本工作包括沖洗以及鏟除被污染的表土。一開始他們以高壓沖洗機沖刷掉放射性物質，污水混雜着放射性物質都流進了河川，最後入海。市民批判此舉將使得放射性物質更加擴散，後來政府才更改了作業流程，下令必須回收沖刷後的污水。

　　現場清理工作由 2013 年最初的每天 3,000 人，增至高峰期時的每天 8,000 人。由於勞務外包，在除污工作人手不足、政府監管缺失的狀況下，一些日本企業近年開始打起外籍勞工、難民和無家可歸者的歪主意，一些人甚至被騙到福島從事大多數日本人不願意做的「除染」作業。截至 2016 年，官方數據顯示約有77,000 人曾做過除核污的工作，當中既有重建家園心切的居民、求職選擇寥寥的當地年輕人，還有更多的弱勢社群、露宿者，為了力保飯碗，面對剝削，他們有口難言。[2] 聯合國人權專家巴什庫特・通賈克、代紐斯・普拉斯和烏爾米拉・布拉 2018 年 8 月16 日在瑞士日內瓦發佈了一份聯合聲明，呼籲關注福島「除染」工人的狀況。

　　「受僱參與『除染』作業的工人據說包括外籍勞工、申請避難者和無家可歸者，」聲明說，「我們對他們可能因為受騙而遭受剝削深感擔憂，這些剝削包括暴露在核輻射風險下、因為經濟窘迫而被迫接受危險的工作環境以及培訓和防護措施的不足。」

　　2018 年 7 月，日本法務省的一項調查顯示，四家建築企業

1　張郁婕：《前進福島第一核電廠（二）》，福島取材日記網站，https://medium.com/kyosei-in-fukushima/fukushima-driver-103cecf03c9f。

2　綠色和平組織：《核災八年，福島勇士血汗蒙塵》，2019 年 3 月 19 日。

僱用外籍勞工參與福島除污作業，其中一家企業隨意剋扣政府發放的每人每天 6,600 日圓（約合港幣 469 元）的特別補貼，工人拿到手的僅 2,000 日圓（約港幣 142 元）。[3] 除核污工人的賬面日薪約為 17,000 日圓（包括 7,000 日圓薪金及 10,000 日圓危險工作津貼，折合約港幣 1,207 元），卻絕不等於他們的薪酬優厚。無償加班及週末工作、拖欠津貼、擅自扣除食宿費等個案時有所聞（有個案日薪僅得約港幣 80 至 374 元）。有外包商更涉嫌偽造健康證明強迫工人簽署，以及偽造僱員身份，讓政府無從履行監管責任。[4]

工人在惡劣環境下工作，身上亦會積累輻射污染劑量，患癌的風險增大，不少有經驗的除污工人患病後只能辭職。受僱於轉包企業的工人很多都沒有加入工會，也沒有醫療保險。工人一旦受傷或生病，僱主總以不要給上游承包公司添麻煩為由，不讓工人申請工傷補償，致使隱瞞工傷的現象氾濫。1975 年，日本首次有人申請因放射線造成疾病的工傷補償，但並未被認定為職業工傷。到 2013 年為止，也只有 16 人被認定。[5]

「綠色和平」德國辦公室資深核問題專家肖恩·伯尼指出：「聯合國早前警告日本政府，指清除核污染的工作環境違反人權。工人幾乎沒受培訓，就在高核輻射環境中工作，而且薪酬微薄。他們的工作環境惡劣，所處地區的輻射水平甚至相當於核電站進入『緊急狀態』，卻因害怕失去工作而有口難言。」[6]

3　《聯合國專家警告日本福島「除染」工人受剝削》，新華網，2018 年 8 月 18 日，http://www.xinhuanet.com/world/2018-08/18/c_129935033.htm。
4　綠色和平組織：《核災八年，福島勇士血汗蒙塵》，2019 年 3 月 19 日。
5　福島手冊委員會編：《福島十大教訓——為守護民眾遠離核災》。
6　《綠色和平揭日本政府誤導聯合國　罔顧兒童和除核污工人安危》，綠色和平組織，https://www.huanbao-world.com/NGO/90216.html。

「綠色和平」日本辦公室在 2019 年 3 月發表調查報告《福島核災最前線：除核污工人與兒童》，揭露日本政府刻意誤導國際人權組織及專家，當中包括違反勞工權益及兒童權利等相關協定。曾任職除核污工人的池田富先生在報告中親述自己曾遭受的不人道待遇。

　　他表示：「有人甚至會將除核污工人與奴隸相提並論。我希望將親身經歷公之於世，借此呼籲日本政府尊重勞工權益，停止派員做這些高危的工作，並應為工人提供適切的支援。」

　　如果說所謂的「輻射外圍」除污人員沒有受到應有的保護，被像可以隨時被替代的奴隸一樣對待，處於「內圍」的核電站除污人員更是被置於危險境地。當我們責備東京電力公司時，不能以偏概全，而忽視了底層的核電站工人其實也是受剝削的一環，在核電站發生事故時也是受到最直接傷害的受害者。

　　事故發生前，媒體就不大報道核電站的工人受輻射問題。雖然民間團體持續給予諸多支援，但在電力公司的信息管控下，現場工作人員也不太對外揭露實情。總的來說，越是下層的轉包工人接受的輻射劑量越高，97% 的輻射劑量集中在這些工人身上。

　　東京電力公司表示自己不清楚核電站清理是否缺乏勞動力，建議由承擔核電站報廢作業的幾十家建築公司自行招募外籍員工。目前每天平均有 4,000 名工人在現場工作。從事故發生到 2014 年 3 月為止，有 174 個工人的累積受輻射劑量超過 100 毫希沃特，其中最大值為東電員工，受輻射劑量高達 678 毫希沃特，協作公司的作業人員的最高值為 238 毫希沃特。這當中還不乏竄改數據的事例。

　　受曝量的基準，不僅是為了健康危害的預防而設定，也關乎職災認定，以及是否適用保險範圍的問題。日本厚生勞動省在

池田富來自東京，2014 年曾在距離福島第一核電站 20 千米的浪江町任除核污工人三個月，與另外六人受聘於外包公司，負責清除堤岸雜草。

開工前有半天的入職簡介。他記得輻射風險僅被輕輕帶過：「我曾收到遠離輻射源頭、別工作太久之類的『溫馨提示』，但在除核污的工作環境中，四周都是輻射，這些忠告其實毫無意義。」

除核污工作看似在「核心外圍」，各種防護措施的疏漏卻把工人安危置於「核心內圍」。他們沒有全身保護裝束，每天上下班都穿著自己的衣服、鞋子，只有口罩、橡膠手套和一個簡陋的輻射探測儀可供依賴。有時讀數忽然歸零，記錄員便隨意抄寫「5 微希沃特」「10 微希沃特」或其他工人的數據，而它們就是當局對外宣稱「除污完成」的數據來源。

池田離職後才收到一本記錄簿，得知自己在浪江町遭受輻射的劑量，其中 3 月共計高達 0.44 毫希沃特，與每年約 5 毫希沃特、會使人患上白血病的「工傷標準」相若，「現在回看，才發現當時置身於這麼高輻射的環境，真的會讓你停下來反思」。

在池田眼中，除核污工人猶如棋局中的「兵」，隨時可被取代，或者又像希臘神話中推石頭的西西弗斯。他們工作的河岸上游、較鄰近山林的地區根本沒有除污，或者當雜草隨春風吹又生，輻射恐怕會再次上升，而當局卻會宣稱除污工序已經完成，居民可安心回家。「我不禁認為，像我這樣的核除污工人，未來數十年甚至一百年，只會一直為福島核災善後。」

2011 年 3 月 16 日即核事故剛發生後沒幾天，就將核電站工作人員容許暴露的輻射量法定上限，從原先的 100 毫希沃特升至 250 毫希沃特。對超過 50 毫希沃特者，每年實施一次白內障檢查，對超過 100 毫希沃特者，每年實施一次癌症檢查。然而，參與編寫《受輻射勞動的自我防護指南》（福島核電事故緊急會議編寫）的專家指出，廣島、長崎的受輻射者可領取受輻射者健康手冊，

無償接受醫療服務，而受輻射工人卻沒有獲得任何保障，應依據勞動安全衛生法的規定，發放健康手冊並給予終生保障。

另外，為了控制輻射劑量，核電站工作人員的實際工作時間比其他「普通」工作時間短。如果是在高放射劑量區，一天的實際勞動時間可能只有 10 分鐘、20 分鐘。所以，即使勞工們知道輻射可能引起遲發病症，但很難實際感受到受輻射的危險性。正因如此，更應該進行嚴格的輻射管理。[7]

2011 年 3 月 24 日，來自東京電力公司合作企業的兩名搶險工人在 3 號機組渦輪機房地下室架設電纜時，由於受污染的冷卻水進入靴子，他們腳踝以下的皮膚受到 2 希沃特至 6 希沃特輻射。即便按照日本政府上調後的安全標準，這兩名工人所遭受的輻射量也達到了全年承受量的 24 倍。而這並不是個例。

日本新聞網指出，早在 2011 年 3 月 18 日，3 號機組就已經檢測出高放射性物質；3 月 24 日作業前，1 號機組也檢測出超高輻射量，但東電方面並沒有及時將這些信息據實告知現場作業員工。日本原子能安全保安院 3 月 25 日表示，搶險員工中，已有 17 人遭受了 100 毫希沃特以上的核輻射。

在核電事故發生時，堅持留在現場善後的員工不乏為大我犧牲小我之人。如果不是直接接受致死量的核輻射，正常來說，一般的重輻射潛伏期有二三十年。這就是福島「老年敢死隊」的由來。東京電力公司請年老退休的志願者來充當死士，並不是因為他們的生命不珍貴，不是因為他們更有經驗，也不是因為他更熟練，而是因為即使他們受大劑量輻射，他們或許也能夠安享晚年，等

---

7 《綠色和平揭日本政府誤導聯合國　罔顧兒童與除核污工人安危》，綠色和平組織，
https://www.huanbao-world.com/NGO/90216.html。

不到癌症被誘發出來就自然去世。2011 年 7 月，一支由四百餘名退休核電專家和技術人員組成的「老年敢死隊」宣告成立。在日本參議院會館，72 歲的山田恭暉隊長宣佈，將不惜用自己的生命來阻截核洩漏。「我們都已經是老人，不再擔憂核輻射問題，我們將盡自己的智慧和技術，為撲滅福島第一核電站的核洩漏問題做最後的貢獻。」在多次進入危險中心執行任務之後，山田恭暉隊長並沒有熬過所謂 20 年的潛伏期，三年不到就在 2014 年因過量的輻射而致癌去世。

電影《福島 50 勇士》的原型就是當核電站事故發生時，堅守崗位的 69 位員工，他們必須面對黑暗、輻射、海嘯和地震的恐懼，在核電站內繼續工作，不斷為反應堆注入海水冷卻。 據日本厚生勞動省介紹，每一名留守的工作人員都要受到 100—250 毫希沃特的輻射，大約是美國核電站規定工作人員所受到最大輻射的 5 倍。其中表現央勇的吉田廠長也因為暴露於高濃度輻射環境時間過長，身上很快起了癌變，2013 年 7 月 9 日死於食道癌，終年才 58 歲。

直到 2018 年，日本才首次承認輻射致死的案例。一名參與福島核電站核洩漏善後工作的 50 多歲的男性工人因在工作中遭受核輻射致肺癌死亡。據《衛報》報道，該工人於 1980 年 6 月起一直在日本各核電站從事輻射管理業務，2011 年 3 月福島核電站事故發生後至少兩次參與該核電站的監測工作。該男子於 2016 年 2 月被診斷患有癌症。此前，厚生省已認定有 4 名福島核電站工人因核輻射而患病，其中有 3 例為白血病、1 例為甲狀腺癌，而因肺癌死亡者尚屬首例。

不僅僅是在核電站出現事故時，核電工作人員才會在清理核廢料和垃圾的過程中遇到危險。在運行正常的核電站工作中，一

樣不太平，一樣得不到足夠的醫療保障。核輻射對工人的危害由來已久，只不過此類消息向來被既得利益集團所壓制，直到發生事故後，這些邊緣群體的苦難才被暴露了出來。

事故發生前，福島第一核電站工人的受輻射率已是大問題。有報告指出，比起在全國各核電站工作的電力公司的正式員工，福島第一核電站的轉包工人接受的輻射劑量高出三倍，未發生事故的平時，一年的劑量也高達 8 毫希沃特。

日本龍谷大學名譽教授萬井隆令說，在混凝土包圍的又黑又熱的核電勞動現場，悶在機組裏的這些外包工，是日本核電不可缺少的一環，沒有這些人，日本核電站是運轉不了的。堀江邦夫 1979 年寫的一本書《原發吉卜賽──被曝下包工的記錄》給了這群人「原發吉卜賽」的名字。這本書在福島核災難後爆熱，連

2013 年英國廣播公司的記者好不容易採訪到一位在事故發生時留守核電站的員工。這個不願面對鏡頭的年輕人在第一次氫爆後被要求進站搶修。他說：「叫我們進去的負責人沒有給我們任何解釋。感覺就像是要去完成一個亡命任務。」記者說你們做的事情很英勇，你們應該為自己感到驕傲。對方卻搖了搖頭，一臉憂慮：「在災難過後，我從來沒有自我感覺良好過。就連和我的朋友一起出去玩的時候，我也很難感到高興。當人們一提起福島，我就覺得很沉重，自己應該對此負責。」

——整理並翻譯自 Rupert Wingfield-Hayes: "Why Japan's 'Fukushima 50' remain unknown", BBC 新聞

續再版四次。

堀江邦夫為了了解這群人的生活，應聘去核電站工作。他在書中寫道：「百聞不如一見，每天都讓你吃驚連連。難道世界上還有這樣非人道的勞動現場？」

作為一名僱工，堀江邦夫經常要到反應堆下的水槽裏挖污物。這裏的污物和一般河裏、水溝裏的髒東西看上去差不多，但它們是反應堆建築裏的廢水、廢物，用化學物品處理成泥狀。「這就是放射能的『果汁』，不光是空氣裏有放射物，溝裏濃稠的髒物，只要碰到皮膚上，你就被曝了。」

進入作業場要穿幾層防護服，袖口、領口都要用膠帶封上，橡膠手套要戴兩三層。整個人就像潛水員一樣，嘴裏含一根管子，靠人工空氣呼吸。「你的嗓子會很乾，缺氧造成腦袋劇烈疼痛，你需要一刻不停地工作，好早一分鐘逃出去。」

在作業現場，再累也不能坐下來，不能靠在牆上，因為到處是放射性物質；出汗不能擦，因為手套污染；口渴沒水喝，因為沒有喝水的裝置；想上廁所時，只能忍。如果鬧肚子實在來不及，有人就找一個地方躲起來，脫了衣服，明知皮膚暴露在到處都是輻射的地方很危險，也沒辦法。

核電運轉中排出的輻射量相當驚人。平井憲夫提到這麼一次經歷：有一次，運轉中的核電機組裏有一根螺釘鬆了。為了鎖緊這根螺釘，他們準備了 30 個人。這 30 人在離螺釘 7 米遠的地方一字排開，聽到「預備，跑！」的號令後輪番衝上去操作，一到那裏只要數三下，計量器的警鈴就會「嗶嗶」響起。時間實在太過緊迫，甚至有人衝上去後還沒找到扳手，警鈴就響了。這個螺釘才鎖了三轉，就已經花費了 160 人次的人力、400 萬日圓的費用。或許有人會覺得奇怪，為甚麼不把核電站停下來修理？因

為核電站停一天就會帶來上億日圓的損失，電力公司才不會做這種虧本的事。在企業眼中金錢比人命重要。[8]

2011 年 8 月 4 日，日本律師協會貧困問題對策本部公佈了調查，通過三個原發勞動者的經歷，揭示了這個行業的黑幕。為了保護勞動者，三個人分別以 A、B、C 來代稱。

A，高中畢業就到核電站幹活，30 年後成了一個包工頭。他説，這個行業的最高層是東京電力等大核電企業，每當核電站定期檢修或者出現故障的時候，他們會把項目發包給東電工業、東電環境、日立、東芝等企業，東京電力給每個勞動力的價格是 5 萬—10 萬日圓。接下來承接的是 A 所在的企業，一個勞動力變成 2 萬日圓，再往下承包，一個勞動力變成 15,000 日圓，再承包，變成 12,000 日圓，最底層的「黑工」每日是 6,000 到 8,000 日圓。

B，30 歲，高中畢業後在工廠幹了 15 年，一個月能到手的收入是 14 萬日圓（日本平均收入是 20 萬日圓），後來到福島核電站工作，從 2011 年開始一直到 3 月發生事故，一天 8,000 日圓。

C，50 歲，是一個有經驗的單幹戶，2001 年開始在福島幹活，每天可拿到 15,600 日圓。他層級比較高，幹活時可以穿東京電力的制服。在工作現場經常有切手、破皮等輕傷，他一般都隱瞞下來，因為如果這樣的事出得多了，僱方就會對他有看法。

通過三者的經歷，日本律師協會認為他們是日本最末端的勞動者。在多重轉包之後，原本給出的高危高污染工資被大大剝削。核電勞動者都是短期的臨時工，沒有各種社會保障，隨時會被解僱。

電影《潘多拉》裏陰差陽錯最後成了英雄的男主人公就是不

8　平井憲夫：《核電員工的最後遺言》。

情不願地在核電站工作的員工。如果可以，他寧願離家兩年到遠洋捕魚船上做苦工，也不願意做這份工作；但在小鎮上除了到核電站上班，沒有其他選擇。他痛恨這份工作的原因還在於他的父親和哥哥也都曾在核電站供職並且因為意外而殉職。他拿着撫恤金試着自己做生意，卻不敵壟斷的惡性競爭而以失敗告終，只好又回到核電站。就像電影裏一樣，現實中的核電站大多開在窮鄉僻壤，徵地便宜，萬一出了事也比較好「處理」。而且到核電站做一線工作的人，大抵都不是出於熱愛，而是為生活所迫，不得不在身體健康和經濟收入之間做出迫不得已的取捨。

十四、生態之殤

　　核洩漏發生後，核電站方圓 20 千米內的居民被緊急疏散。倉皇之間，人們顧不上原來一起生活的貓狗牛馬。原居所被列為禁區後，居民也沒法回去。於是，出現了慘不忍睹的景象：有些牛被拴在牛棚裏，活生生餓死。

　　影片《家路》裏的情景，有現實中相應的故事。福島縣富岡町距離福島第一核電站 12 千米，居民全撤走了，唯獨松村直登先生拒絕離開，堅持留下照顧他的貓、狗、牛，也照顧區內被遺棄的動物。攝影師太田康介先生在 2011 年 6 月，獨自前往核電站方圓 20 千米的地域，去給被遺棄的動物投放食物，遇上了松村直登先生。攝影師一邊照顧流浪動物，一邊給牠們拍照，2011年出版的《被留下來的動物們》、2012 年出版的《繼續等待的動物們》、2015 年出版的《小白、小寂和小松》，記錄了與流浪貓一起生活的松村先生的日常。[1]

　　同樣地，因為捨不得遺棄 360 頭牛，雙葉郡浪江町的雅美吉澤女士，冒着風險回來照顧牠們。雅美吉澤女士的牛在核事故之後，身上開始出現奇怪的白點，她推測是因為食用了被核輻射污染的牧草，導致基因產生突變。令她氣憤的是，把這一狀況告知政府後，政府並未給予適當的協助，取走一些血液樣本後，事情

1　太田康介的網站：http://ameblo.jp/uchino-toramaru/。

農場裏的鴕鳥屍體。人類離開後，鴕鳥活活給餓死了。大橋正明攝。

奶牛到處流浪，因為主人把奶牛釋放了。後來，這些奶牛都被抓獲及屠宰。大橋正明攝。

上：長谷川建二提供照片

中：野池元基攝影

下：疑似受核污染影響的牛。Arkadiusz Podniesinski 拍攝。

就不了了之了。

　　從人類中心的視角出發，可能只關心自身安危，只關心來自災區的蔬果魚肉能不能吃，可是，災難的始作俑者是人類，愚蠢的人類自作孽不可活，卻牽連了大批無辜的鳥獸蟲魚、花草樹木，它們的健康被輻射侵害，棲息地被輻射污染，誰給它們賠償、道歉、照料呢？相信看過美國 HBO 製作的電視劇《切爾諾貝爾》的觀眾，無法忘懷災區動物被射殺的殘忍場景。人類犯下的錯，卻要動物以生命來承擔。

　　在福島，由於樹林沒有得到清理，棲息其中的動物蒙受了巨大的傷害。法國國家科學研究中心的生態學家 Anders Møller 和南卡羅來納大學的 Timothy Mousseau 曾對放射性污染程度各異的 400 個地區的 57 種鳥類進行計數統計，他們的記錄表明，污染程度較重的地區鳥類數量和多樣性銳減。Mousseau 說，他們團隊在有相似生態環境的切爾諾貝爾進行的研究，應該可以解釋為甚麼會出現這種現象。那裏許多鳥類會出現「白內障、大腦變小、腫瘤和生育力減弱（尤其是雄性）」的狀況，這一切都削弱了牠們的生存能力。

　　日本琉球大學的科研人員野原千代，儘管與福島毫無關聯，但因感到對後代負有責任，在核災發生兩個月後克服重重困難前往福島研究酢漿灰蝶（日本常見的一種蝴蝶）的輻射變異。研究發現，雄蝶翅膀的尺寸變小，後代出現遺傳異常，有的出現三根觸角，行動緩慢，死亡率比其他地區高。[2] 另一些研究人員發現，在污染嚴重的地區，幾乎所有冷杉樹都有生長缺陷。另外，核電站附近的蚜蟲出現畸形，而水稻則激活了 DNA 修復機制來應對

2　《日本福島核事故的「蝴蝶」效應》，瑞士資訊 swissinfo.ch。

輻射。然而，除了這些零散的發現之外，還沒有人對陸生生態系統在大劑量輻射下發生的變化進行綜合評估。

日本福島大學 2016 年的一項研究發現，在福島核事故後的福島縣疏散區域內，受過輻射的野豬迅速繁衍，數量從 2011 年的 3,000 隻，激增到 2016 年的 13,000 隻。產生變異的野豬，被獵殺之後無法食用，屍體大量堆積。

浣熊等野生動物也猛增三四倍。由於居民長期疏散在外，野生動物獲取食物和藏身變得容易。進行這項調查的福島大學特任助教奧田圭指出：「這不僅會影響居民返家後的生活，還可能妨礙居民返家。」至於野生動物在接受過量輻射後會產生甚麼健康問題，鮮見報道。

福島大學一個研究團隊，經過長達六年的調查，發現核電站周邊河流的鱒魚體內含有的輻射量超標六倍。放射性物質洩漏到河流中，隨着食物鏈，進到魚的體內。在距離核電站 15 千米的前田川，在櫻鱒體內測得了最大的輻射量，平均是 657 貝可勒爾，遠遠超過日本政府規定的 100 貝可勒爾的標準。此外，香魚平均 438 貝可勒爾、鯉魚平均 136 貝可勒爾，都超標。這表明前田川的生態已經受到明顯的輻射污染。

除了直接對核事故發生地的陸生和水生動植物產生輻射危害，輻射物質也隨着受污染的土壤、地下水甚或直接排放海洋裏的污水進而影響到全球海洋生態。

2011 年，美國石溪大學的費舍爾（Nicholas Fisher）發現，距日本海岸 600 千米的浮游生物和小魚體內普遍有放射性元素銫。2011 年，另外一項研究發現，福島附近 30 千米的海岸線內沒有了岩殼海螺的蹤影。

德國海洋研究所 2013 年 3 月在權威期刊《環境研究》上發

上：產生變異的野豬

下：野生動物猛增三四倍

表報告指出，除儲存的核污水外，每日至少會有 500 噸污水直接排入海洋，北太平洋一半海域的海水中，都將被檢驗出放射性物質；2013 年的秋季，輻射污染將延伸至夏威夷；2015 年將到達美國西部太平洋海域，太平洋海水將會陷入死滅狀態，逾半生物會在未來 20 年內死亡。遺憾的是，這個推斷正在逐步被證實。2019 年 3 月 27 日，阿拉斯加大學的研究人員在 2018 年於白令海峽的聖勞倫斯島附近收集的海水中發現了高於正常值的放射性元素銫 -137。[3]

值得注意的是，關於福島核電站事件對於海洋生態系統影響的研究很少，雖然這場災難排入海洋的放射性物質是有史以來最多的。儘管被太平洋海水稀釋後，海水中銫的濃度已經下降到法規限度以下，但距福島數千米遠的海水中，銫依然高於事故發生前的水平。雨水和河流持續地將陸地上的放射性元素沖刷入海，是其中一個原因。此外，2011 年大規模洩漏的銫，大約有百分之一被海底的黏土吸附了。「它們一直留在日本附近不會移動。」美國伍茲霍爾海洋研究所資深研究員布埃斯勒（Ken Owen Buesseler）博士說。因此，福島核電站附近海域以沉積物為食的六線魚，體內的銫保持着高水平。

另一個值得關注的是放射性物質鍶。核電站附近海水中的鍶含量並沒有減少，這可能與儲水池的反覆洩漏有關。「每當這些儲水池洩漏時，你就會看到海水中鍶 -90 的濃度出現一個峰值」，布埃斯勒博士指出。銫在生物體內的作用與鉀類似，吸收和代謝相當快，而鍶的化學性質與鈣類似，會在骨骼中積累。因此放射

---

3 《白令海峽首次發現福島核事故污染物》，新華網，2019 年 3 月 29 日，http://www. xinhuanet.com/world/2019-03/29/c_1210094415.htm。

性元素鍶可能會在一些魚類體內長期存在。澳大利亞核科技組織的約納森（Mathew P. Johansen）預測，至多在事故發生後的三年，某些棲息地離核電站很近的魚類（如六線魚）的繁殖能力會由於受到高劑量的銫和鍶的輻射而減弱，並可能發生基因改變。約納森呼籲，應該對福島周圍受污染沉積物的生態系統進行調查。可惜的是，因不夠重視，人們對核事故給海洋生物帶來的影響仍知之甚少。

福島第一核電站事故中洩漏的鈾元素換算值相當於切爾諾貝爾核輻射洩漏事故的六分之一，放射性物質銫 -137 則比廣島原子彈所釋放的同類物質多 500 倍。1953 年，美國總統艾森豪威爾在聯合國提出了「和平利用核能」的口號。將近 70 年過去了，人類在這場以全球的生物圈為籌碼的核試驗中屢戰屢敗，無知和狂妄所一手造成的爛攤子，無從收拾。

十五、從核武到核電，從核電到核武

　　日本的核發電能力僅次於美國和法國，是世界第三大核電強國。儘管政府不懈地宣傳日本需要核能源，但「3．11」核災難發生後，日本全國 54 座核電站全面關閉，日本能源的供給卻能維持所需。因此，我們要問，核反應堆等於在自己家裏放上高危炸彈，更不用説日本處於地震帶。日本為甚麼要大力發展核能呢？

　　應該沒有人那麼天真，以為發展核能單純為了發電。核能直接出於「二戰」發展出來的核武器。日本前首相菅直人下台後，2013 年 9 月在公開演説時表示，全球發展核電一開始不是為了發電，每個國家的動機都是為了製造原子彈，是為了取出鈈，而鈈的半衰期達兩萬多年。[1]

　　一廂情願地以為這是個軍事工業轉用於科技發展和平用途的浪子回頭的故事，是無可救藥的無知。

　　在「和平」利用核能的權利上，日本的情況十分特殊。在《核不擴散條約》（NPT）規定的無核武器國家中，日本是唯一具備商業規模後處理能力的國家。以國際核能機構定義的「可直接用於製造核武器的核材料」為標準，日本擁有 47.8 噸敏感度極高的分離鈈，其中有 10.8 噸存於國內。20 世紀 90 年代初，日本曾宣佈實施「無剩餘鈈」政策，但 20 餘年來，日本分離鈈的

1　BBC 中 文 網，2013 年 9 月 13 日，https://www.bbc.com/zhongwen/trad/china/2013/09/130913_japan。

總量不減，反而增長了一倍。日本的鈈儲量在全球 230 噸民用鈈中佔了五分之一。日本還擁有約 1.2 噸用於科學研究的高濃鈾；2010 年開始，美國反覆敦促日本歸還美方「冷戰」期間提供給日本的鈈材料，這批 331 公斤的大多數為武器級的鈈，理論上能夠製造出 40—50 件核武器。日本多次拒絕美國的催要，理由是需要這批鈈用於快中子反應堆研究。[2]

　　歷史的弔詭就在於，日本核能研究開發的禁止和重啟都與美國關係極深。1945 年日本戰敗後，美國主導的聯合國曾全面禁止日本發展任何與核有關的事業。七年後，美國操縱 49 個國家與日本簽訂了至今影響亞洲政治的「怪胎」——《舊金山和約》，和約在 1952 年 4 月 28 日生效後，日本的核事業得以全面解禁。

　　美國之所以改變立場，開始在其他國家大力扶持核電工業，離不開當時的「冷戰」背景。1949 年 8 月 29 日，蘇聯成功試爆第一顆原子彈，美國的核壟斷地位被打破。1953 年 12 月，美國總統艾森豪威爾在聯合國發表題為「和平利用核能」的演講，明確表示美國不反對和平利用核能，但建議非核國家和平開發核能的前提是不發展核武器。艾森豪威爾希望藉此阻止其他大國發展核項目，除非它們接受國際規則和檢查。作為交換，美國提供核裝備、原料和技術給那些同意和平利用核能的國家。在 60 年代，美國同樣大力支持印度的核電發展，為的是制衡社會主義蘇聯和中國。[3]

2　《分析日本重視發展核能的深層原因及其面臨的挑戰》，http://www.china-nengyuan.com/news/113187.html。
　《日本為何難以放棄核電》，澎湃新聞，2017 年 7 月 11 日，http://m.thepaper.cn/kuaibao_detail.jsp?contid=1729659&from=kuaibao。
3　吳彤、張利華：《美國與印度進行核合作的動因》，載《國際政治科學》，2009 年 4 月。

1954 年 3 月，隸屬日本改進黨的中曾根康弘、齋藤憲三、川崎秀和稻葉修等國會議員，根據「鈾 -235」這一元素名，向日本國會提交了 2.35 億日圓的核能研究開發預算案，而 1945 年投擲到日本廣島的也正是杜邦公司製造的鈾 -235 原子彈，日本在歷史的反諷中開啟了戰後核電事業。

　　這一核電預算案的突然拋出，在當時震動了日本學術委員會的眾多學者。但是學者們的陳情遭到國會議員們的拒絕，中曾根康弘更是輕蔑地說道：「這些書呆子們，除非用大把的鈔票砸在他們臉上，他們才會清醒過來。」

　　日本對待核能的態度是矛盾和曖昧的：表面上在《核不擴散條約》框架內積極標榜核裁軍和核不擴散，在日美安保框架下接受核保護傘，私底下卻始終不放棄發展、製造核武器的能力。

　　1968 年 11 月 20 日，外務省召開「外交政策企劃委員會」會議。國際局科學科科長矢田部厚彥提交的報告指出：「隨着核能的和平利用，製造核武器的大門已打開。重水堆是製造原子彈材料鈈的副產品，輕水堆是開發核潛艇的結果，研發理想的反應堆——高速增殖堆，就要了解鈈的性質與臨界狀態，這與掌握原子彈的秘密近乎同義。《安保條約》不可能永久持續下去，若沒有《安保條約》，國民若說退出《核不擴散條約》，製造核武器，我們就可以造。」國際資料部部長鈴木孝強調：「一邊保持立即可以進行核武裝的狀態，一邊推進和平利用。」

　　日本在戰後確定了無核三原則：不擁有、不生產、不引進核武器，但是，卻與美國締結了「核密約」。默許美國搭載核武器的船艦不經「事前協商」即可進入日本港口的第一次密約和到緊急事態發生時許可美國核武器運進的第二次密約，都折射出了日

本隱蔽的「核訴求」。[4]

2012 年 6 月日本政府修改《核能基本法》時，有德國專家指出，日本核電背後深藏着「國家安全鏈」，該法提出「核能要為國家安全服務」的詞句，表現出日本的這種曖昧。《沖繩時報》當時也稱，這是含有開發核武器意圖的重大語言修改。對此，韓國媒體指出該表述可解讀為「為發展核武器做準備」，韓國外交通商部發言人稱，韓方將密切關注日本政府的意圖及相關表述的變化，努力掌握相關內容。

十多年前，日本核能研究機構情報室專家高木仁三郎面對媒體時曾高調地說：「日本現在就如同擁有了核武器。」他指出，有八千克「鈈」就能造出原子彈，如果鈈的純度高，四千克也就可以了。國際原子能機構曾估計原子彈製造時間為一個月，但實際上只要掌握技術，或許不到半個月就能製造出來。[5]

「核訴求」加上核能力，將核能定位為國策，在地震多發地帶大力推動效率低下、不便宜、不環保也絕對不安全的核電，能掩蓋背後的野心嗎？據統計，2020 年，全世界核彈頭儲備量約為 13,500 枚，其中美國、俄羅斯各擁有 5,800 枚和 6,375 枚，佔比 90% 以上，其餘的彈頭分佈在英、法、中、印、巴、以等國。[6]一旦發生核戰爭，人類可能活不過核寒冬。但是，即便沒有核戰，也同樣有危險：全世界目前有 455 個正在運行中的核反應堆，還有更多的正在建設中；核反應堆發生類似福島的災難，後果不亞於核戰。

4　1974 年 7 月 5 日，沖繩縣選出的嫩長龜次郎公佈了「美軍在沖繩縣伊江島的射擊轟炸靶場進行了投擲核模擬炸彈」訓練的消息，這是日本政府默許的。到後來，日本還同意讓載着核武器的美國第 7 艦隊進入日本港口。
5　《被原子彈炸過的國家，很想擁有原子彈：日本的核門檻有多低？》，《每日頭條》，https://kknews.cc/military/mlrq5v2.html。
6　https://www.armscontrol.org/factsheets/Nuclearweaponswhohaswhat。

為甚麼日本前首相菅直人下台後站出來反對核電站？是因為他屬於民主黨，要處處跟執政的自民黨過不去嗎？他在演說裏談道，福島發生核災時，他作為首相，聽取了日本核安全專家的建議，專家說，一旦核外洩，善後計劃是撤走方圓 250 千米範圍內的居民，包括首都東京的居民，就是說，撤走 5,000 萬人。[7] 當時不可迴避的可能夢魘，是日本社會的崩潰，何復有家有國？也因此，他在任時，2011 年 7 月 13 日，提出「建立無核電社會」的目標。後任首相野田佳彥領導制定了日本新能源及環境戰略，明確到 2030 年日本對核電的依賴度為零。儘管 2012 年 12 月就任的自民黨首相安倍晉三於 2014 年出台了新的《能源基本計劃》，將核能定位為「重要的基荷電源」，逆轉了日本全面廢除核電的路徑，可是，這也表示，全面廢核並非沒有可能，而且已經被明確提出來了。

7　BBC 中文網，2013 年 9 月 13 日，https://www.bbc.com/zhongwen/trad/china/2013/09/130913_japan。

十六、民間自救

　　禍兮，福之所倚；福兮，禍之所伏。在日本「二戰」後最大的危機發生後，人們開始拒絕被勒索，揭開製造核電安全神話的政府與只追求利益罔顧他人性命的電力企業狼狽為奸的內幕，暴露肇事方信息混亂、層出不窮的瞞報謊報行徑，把炸開的核電光鮮亮麗的外殼底下的醜陋暴露出來。

　　事故發生後，很多人從一開始的錯愕、恐懼、憤怒中醒悟過來，意識到只依賴日本政府的救助是沒有用的，必須自己組織、自己行動起來，只是認命認栽，乖乖接受賠償和所謂「道歉」的話，是不能防止災害再次發生的。日本民間的反核聲音終於被世人聽到、正視。

市民社會

　　日本京都清水寺每年都會通過公眾投票選出年度漢字，由住持揮毫寫在特大幅的和紙上。2011 年 12 月以高票獲選的漢字是「絆」，在日語中意為「聯結」。「3‧11」事故發生後，大批志願者從日本各地以各種交通方式前往福島賑災，自費自願，自帶食物和帳篷，風餐露宿，在條件險惡的福島各區清理海嘯、地震垃圾，清理雜物堵塞的街面，疏通佈滿淤泥的水渠。然而就連這些志願者也沒有得到政府關於輻射方面的保護或培訓，要自備防輻射器具，或者只收到叮囑，「減少皮膚與空氣直接接

觸」。由於 6 月天氣炎熱，再加上從事大量體力勞動，不少人也就赤膊上陣，對輻射疏於防備。[1] 截至 2012 年 2 月中旬，通過官方途徑報名到「3‧11」地震和海嘯災區從事志願服務的人超過 93 萬。還有不少人通過民間組織開展志願服務，因此，實際的志願者數量遠超百萬。[2]

各類互助的市民組織如雨後春筍般冒了出來。在困難面前，人與人之間的互助聯結更為可貴也更為重要。災前擁核的日本軟銀集團創始人兼董事長孫正義，在災後轉為反核人士，捐獻了 100 億日圓救災，後來又捐了 10 億日圓研發綠色能源。

因為不信任政府數據，有些民眾購買了監測空間放射劑量的儀器，開始自行測量周邊環境。檢測食品所含輻射劑量的核輻射劑量計、檢測體內輻射的全身檢測裝置價格昂貴，數個民間團體獲得了外界支援的儀器，有的募集捐款而購得這些儀器，其後在各地設立了輻射檢測所。磐城市的 Tarachine 診所設有伽馬射線及 β- 射線的檢查項目，以及健康診斷服務。宮城縣大河原町的「大家的核輻射檢測室」定期召開農市，售賣經檢測核輻射量合格的蔬菜，也給市民提供交流的機會。[3] 福島市成立的民間組織「30 年計劃」，除了針對飲用水、蔬菜水果，也對土壤及人體內部進行核輻射暴露值檢查。

在福島縣外，日本各地市民踴躍伸出援手。比如東京的非營利組織新宿代代木市民測定所，除了檢測一般市民的食品、土壤、尿液或母乳樣品，還為從福島縣到東京都避難的孩子們提供免費

1　《日本留學那幾年，我的公益行動（一）：福島行》，Design Travel，https://zhuanlan.zhihu.com/p/162450250。
2　《闖入「鬼城」警戒線的日本人》，載《國際先驅導報》，2012 年 3 月 12 日。
3　福島手冊委員會編：《福島十大教訓──為守護民眾遠離核災》。

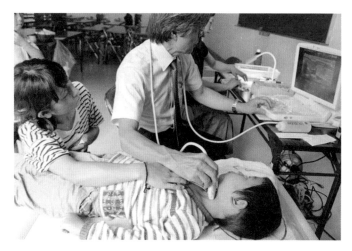

磐城市的非政府組織 Tarachine 診所，為兒童檢測甲狀腺癌隱患。

圖：日本《新華僑報》

檢測尿液的服務。

雖然政府做了土壤測試，而且測試取樣比民間的核輻射測試多很多，可是最引人詬病的是「測試地中並沒有市民想知道的地點」。因此，各地的市民核輻射測試室對市民關心的道路、公園等生活周邊場所進行測量，並以地圖形式標示。比如 2018 年底，20 個民間核輻射測試室在各地進行了土壤污染測試，並把地圖彙輯成書，再讓資訊科技公司在互聯網上公佈。這樣，在美國三哩島和蘇聯切爾諾貝爾所沒能做到的公共場所污染檢測情況，被「現代核事故的市民活動」記載了下來。[4]

守望兒童

不論是切爾諾貝爾還是福島的事故，政府、電力企業或國際原子能機構（IAEA）等與核電有利害關係的機構，均低估了放射線對健康的危害，最終受害的是普通民眾，尤其是兒童。除了更容易受放射性物質影響外，出乎意料地，在核事故發生之後，福島縣的孩子變成了日本全國兒童各年齡組的肥胖冠軍，原因是在 2001 年 3 月 11 日之後因擔心輻射危害，孩子們不能在戶外運動，因而導致肥胖問題嚴重。

比如位於福島核電站以西約 55 千米的郡山市，市政府於核災後建議 2 歲以下兒童每日的戶外活動時間不要超過 15 分鐘；3歲到 5 歲兒童，不要超過 30 分鐘。這些限制於 2013 年 10 月解除，但許多幼兒園和託兒所應父母要求，繼續遵守這類限制。郡山一家幼兒園的園長平栗說：「有的小朋友非常害怕，在吃每樣東西前都會問『這有輻射嗎』，我們必須告訴他們：沒問題，

---

4   藍原寬子：《核事故至今 8 年：福島的現況及課題》，張怡松譯。

可以吃。有些小朋友真的真的很想到戶外玩，他們說想去沙池玩，要去玩泥巴。我們卻得拒絕他們，說只能在室內沙池玩。」[5]

切爾諾貝爾核事故後，烏克蘭、白俄羅斯實施了一個為促進受影響的兒童健康成長的休養項目，主辦單位在一定時期內把孩子們帶到無須憂心放射線的地方，讓他們充份地玩耍與休息。烏克蘭、白俄羅斯及俄羅斯至今仍動用國家經費，讓孩子們實施三週左右的「休養」，比如 2012 年 8 月就有 200 名來自烏克蘭受影響地區的兒童來華休養、交流。然而，這種由國家或行政機構主導的長期性休養活動尚未在日本實現。於是有市民團體借鑒了這一經驗，發起日本的孩童休養項目[6]，讓福島的孩子們可以利用寒暑假到外縣市休養，接觸大自然，呼吸新鮮空氣——儘管這些本應為無憂童年裏必有的活動，對受核災影響的小朋友來說卻成了奢侈品。

此外，當地很多小型的基層社區項目，為福島災區兒童和民眾提供了活動條件。[7]

長野縣的家庭活動：為期四天的活動，在長野縣伊那舉行，提供安全地享受大自然樂趣的機會。

熊本夏令營：每年一次的夏令營，讓兒童在熊本的自然環境中玩樂，重現笑臉。

到香川旅遊：在長假期間舉辦遊戲活動和寄宿體驗。每年推行三個「歡迎之家」寄宿計劃協助避難家庭，提供教育活動和講座讓人們了解福島現狀。

5　路透社：《生活在輻射中 福島兒童最想到戶外玩》，2014 年 3 月 10 日。
6　福島手冊委員會編：《福島十大教訓——為守護民眾遠離核災》。
7　以下項目是嵐舒（Lush）的慈善基金援助對象，資料整理於其網站：https://hk.lush.com/sc/article/who-youre-funding-japan-1。

岡山學生支援計劃：由岡山縣的學生領導，為受核災地區提供可持續性的支援。

福島幼兒日間託管服務：提供幼兒日間託管服務，選址於貼近大自然和較少輻射影響的地區。

山梨縣無核計劃：此公民團體決心創造一個沒有核電站的未來，為受災地區的市民舉辦娛樂活動，例如電影放映會、集體活動、工作坊等。

東京遊樂計劃：籌辦東京遊樂團，讓兒童外出玩樂。

和平船計劃：和平船與和平船賑災志願服務中心聯合籌辦，讓福島的兒童從有趣的活動及國際交流中尋覓夢想。

東京地球日：每年有十萬人參與「東京地球日」活動，將環境保護的概念付諸行動。福島的學前班幼兒、小學生和初中生受邀參加活動，經過三天的巴士遊到達位於青梅市和飯能市的活動場地，學習關於大自然和實踐環保的知識。

中野公民反核計劃：自 2012 年起，在春假和暑假期間為福島兒童舉辦營地活動，與南房總市的公民團體「露營地」合作，在未來十年為兒童籌辦活動。

福島兒童保護計劃：2011 年一群家長在福島災難後自發到達現場，呼籲當地家庭進行安全撤離。他們繼續於福島工作，評估當地土壤的受污染程度，並於社區會議上發表調查結果。

戲劇項目：在日本東北地區（包含福島縣在內）舉辦關於環保議題的戲劇表演，並與國際組織合作舉辦聯合活動。許多活動在學校裏舉行，讓當地兒童能參與其中。

兒童及青少年康樂計劃：通過規劃和管理空間，扶助兒童健康成長，設有一個流動的兒童遊戲基地，可以移至缺乏遊樂場所的地區，讓孩子們享用設施內的遊戲素材、圖畫書、捐贈的玩具

和樂器等。

「未來的森林」戶外學習計劃：為兒童和青少年提供戶外學習的機會，提供疏導情感的安全網。

社交促進項目：籌辦娛樂活動，促進社區聯繫及社交互動。

福島兒童資源項目：委派志願者前往輻射指數高的地區，幫助籌備和舉行不同類型的活動，包括觀察大自然和星象、煙火和篝火晚會、燒烤活動等。

東京青梅市項目：推廣天然和可再生能源，定期舉辦開放給大眾參與的會議，放映關於環境的電影。

東京町田市「蜂蜜音樂會」項目：來自東京町田市的志願服務團體，為福島的孩童和母親們提供娛樂活動，到戶外營地玩樂，讓孩子們了解野生動物，行程中安排家長們參與烹飪班和享受腳底按摩等。

兒童教育項目：由日本東北大學社會服務與科學學系籌辦，為福島核事故而被迫撤離的學生成立一所小學，也在暑假期間，邀請大學生與兒童一起玩樂，共同創造美好的暑假回憶。

快樂藝術創作計劃：此志願團體由學生、藝術家和在職人士組成，專門為居住在受影響地區的兒童的生活環境注入快樂色彩。他們認為孩子們只有通過感受快樂，才能從災害的陰影中恢復過來。他們以受到影響的年輕一代為對象，到處舉行工作坊，例如模型設計和藝術創作等，希望促進孩童的全面發展。

津市營地活動：2014 年在津市美杉村舉辦，藉着與自然界的互動接觸，令兒童恢復活力、重整思緒；同時帶領他們短暫離開居住地區。

東日本青少年志願服務活動：志願者與國內外各個組織合作，為青少年開設學習週、探訪寄宿家庭、滑雪旅行等。

我最初以為（使用核能而產生的）放射能只有十種左右，原來有 200 種以上，我實在非常驚訝，我希望……放射能能夠消失，好讓我在戶外嬉戲。

我有一個疑問，為何要在福島發電供東京的人使用呢？

我擔心將來結婚後能否如普通人一樣生下健康的嬰兒，我媽媽讓我不要在戶外上體育課，還購買一些盡量遠離災區的縣府或國家生產的食物給我，事事為我操心，但是由於我身體內已滲入了一點放射能，相比於普通人的身體來說，我覺得身體已被污染，所以將來生出來的嬰兒或帶有缺陷。假如運氣不好的話，子宮受損可能導致不能生育，因此從現在開始我已做出不能生育的最壞打算。

——香港核能輻射研究會在 2012 年暑假邀請福島兒童到香港休養，
讓小朋友在遠離核污染的環境中愉快無憂地生活。
以上是福島小朋友對核電、核災的一些感想。

室內公園項目：建設一個室內公園，讓生活在福島的孩子們進行走繩、滑板和攀岩等活動。另外，針對福島縣的兒童肥胖問題，舉辦如衝浪和獨木舟等戶外活動，減輕兒童的壓力，鼓勵他們保持積極的生活方式。

守望土地

學習切爾諾貝爾經驗，福島核電站附近的廣野町 36 畝的廢棄空地上，種上了 2,000 多株向日葵，用於吸取土壤中的放射性

物質銫。[8]

　　福島農業在核災中受到重創。事故發生後有很多已採收的蔬菜被檢測出含放射性物質。行政機關雖對農產品的放射劑量進行抽樣調查，但樣本數少，且試樣來源不明，這使得農民無從判斷自家農田裏的作物能否食用。行政部門始終未進行充份的調查，但它們儘管沒有科學數據，還是強調了作物的安全性，試圖給予外界福島核災危害不大的印象。這於事無補，相反，很多人認為行政部門根本無法信賴。後來，在縣外、國外的民間團體、民間企業與大學的支援下，市民開始學習相關知識，並且着手進行檢測。

　　可是，即便農民採取了上述措施，擔心輻射污染的消費者或流通業者，仍不太願意購買福島的農產品。儘管農產品來自非避難指示區，檢測結果也遠低於政府設定的危險標準，仍無法消除消費者的顧慮，這就是所謂的「傳言之害」。在福島核事故發生後，有一個四字熟語在日本大為流行，叫作「風評被害」。人們擔心來自災區的蔬菜、肉製品、海產品乃至工業品受到污染，寧可信其有，不可信其無，採取敬而遠之的態度。有的餐廳甚至還打出「不使用福島原料」的廣告。為了克服這個難關，農民與城市居民組成的生活協同組合，共同出資組成提供送貨上門服務的組織；此外，農業協同組合，即從事農業的機構或個人組成的組織，與福島大學合作，努力消除市場疑慮，重新建立消費者的信心。[9]

　　離核電站 15 千米左右的雙葉郡浪江町曾經畜牧業發達，約有 3,500 頭牛和 3 萬頭豬。核事故發生後，該區被劃為禁止進

8　http://sputniknews.cn/video/20200821103205457/
9　福島手冊委員會編：《福島十大教訓——為守護民眾遠離核災》。

福島縣磐城市堅持採用自然農法的「白石農場」,自 2011 年開始接受農產品
輻射物質檢測,從未超標。圖:Matcha。

《希望的牧場》

《菠菜在哭》
作者：鎌田實
繪者：長谷川義史
譯者：林真美

　　隨着公眾在核事故發生後對核能、環境等相關議題的關注提高，此類出版物也增多，包括面向兒童的教育繪本。

　　小小菠菜背負着農夫的期待，在細心照顧下長大，可是長大了，卻不能吃！乳牛努力地吃草，可是生產出來的牛奶卻不能喝！農夫辛苦地插秧，可是收穫的稻米卻不能吃！所有東西都不能吃，所有的努力都白費了……日本福島核災後，當地居民們經歷了一段難以想像的艱苦歷程。人們究竟該如何和環境共處呢？鎌田實以充滿情感的文字，搭配繪本大師長谷川義史樸拙的筆調，共同完成了一個值得省思的故事。

入警戒區，估計有超過一半的牲畜活活餓死或在野外流浪。農場主吉澤正巳先生不是激進的動物保護分子——畢竟他原本養牛也是為了宰殺供食用，但他不願意牛僅僅因為「沒人買」「沒用處」就被政府以所謂「人道主義」之名滅殺。他認為動物和在外避難的數萬人一樣，都是受害者。因此儘管牧場附近的輻射量是政府撤離標準的 1.5 倍，牛也肯定賣不出去，他卻毅然回到荒廢的村莊照料自己的牛和被遺棄的動物，並將自己的農場改名為「希望牧場」。年過 60 歲的他，希望大家不要忘記福島發生過的事，說：「這些牛是人類在福島所幹的蠢事的活生生的證據。」希望農場裏只有一半的動物原本屬於他，其餘都是被遺棄的。他的故事廣為人知，在 2014 年出版了一本關於他的書。2017 年浪江町解除避難指示後，有人組團到農場參觀或當志願者。吉澤先生經常到處演講，想讓大家了解福島的現狀，希望大家對福島的印象不要停留在遭輻射污染的時候，也不要認為核災事不關己，只是福島一個地方的事，因為這是全日本和全世界都應面對的課題。

2018 年 10 月，吉澤正巳乃福島浪江町距離第一核電站 14 公里希望牧場的主人。他認為對沒有希望的土地懷抱希望，是那些倖存的生命（奶牛）。藍原寬子攝。

本書前面介紹了富岡町的松村直登先生，這裏細説他的故事。2011 年 4 月在富岡町被劃入警戒區域後，他看到養牛場裏餓得皮包骨頭的牛，剛剛出生連眼睛都睜不開卻已奄奄一息的小狗，便下決心留下來照顧這些動物。當時，通往富岡町的交通幹道已經被拉上了警戒線，自衛隊、警察嚴防死守，許出不許進。怎麼辦？松村先生開始走鮮為人知的山間小道進入。幾次以後，山路也被堵上了兩噸多重的防護礅。好不容易繞道上山的松村先生嚥不下這口氣，從附近村民家借來一些工具，愣是將兩噸多重的障礙物翹起挪開，等自己的小卡車通過後，再將障礙物挪回原位。

這一招還是被警察發現了。當松村先生想再次進「鬼城」時，警察已經守候在此。「我就是住在富岡町裏的居民，我憑甚麼不能回家？況且，我也沒有損害障礙物，只是移動了一下。」松村據理力爭。

再後來，警察拿他沒辦法，松村先生取得了進入警戒區的「特別通行證」。

在這個無人城內，松村先生生活的主要內容就是照顧動物。大概兩到三天，他就能將富岡町的動物們餵個遍。動物們飽了，松村先生自己呢？他主要吃從城外便利店買的方便麵，還有臨時回到富岡町的鄰居們送來的方便食品。

每天晚上，松村先生就着蠟燭的燈光，喝幾杯日本清酒。他説，生活幾乎沒甚麼娛樂，但他很樂觀。他的朋友幫他開了一個網站，介紹他在警戒區內保護動物的點點滴滴，很多外國友人為他捐款，不到一年就捐贈了 500 萬日圓。松村先生説，每一筆錢都是大家對核污染重災區內動物的關愛，他不敢亂花。[10]

10　《闖入「鬼城」警戒線的日本人》，載《國際先驅導報》，2012 年 3 月 12 日。

榊裕美在魚攤。圖:《讀賣新聞》。

福島／輻島

除了留守的本地人，也有懷着復興福島的志向而來到此地的外地人。現年 30 歲的榊裕美女士來自青森縣，2017 年搬到了磐城市，和當地漁民一起開了家魚店。她和磐城市的不解之緣是在核災後支援災區的志願服務中結下的。當時她幫忙把各地捐助的二手自行車送給磐城市的受災民眾。2011 年核事故前，該地曾有七個海鮮市場和四家海產品加工廠，但她搬過去的時候只剩下一個流動的魚攤檔。她的願望很單純：「我希望能夠讓孩子們看到漁民的工作是怎麼樣的，將來也能有志參與其中。還希望能讓大家吃到這裏所出產的鮮美的魚。」[11]

反核運動

　　這場災禍刷新了人們的認知，也終於使迷信科學的民眾從昏睡中驚醒。曾榮獲奧斯卡獎的音樂人坂本龍一先生在參加反核遊行活動時說：「在福島事故之後保持沉默是个人道的。」任福島核災時擔任日本首相的菅直人，説他在福島核災前對核電沒有任何懷疑，在被告知核電站出事的時刻「背脊發涼」。劇毒的核廢料是要留給子子孫孫的。他形容説，媽媽一般是把好吃的留給孩子，自己吃難吃的東西，而核電則是媽媽吃好吃的，把難吃的留給孩子。核專家確信沒有百分之百安全的核技術，而他認為防止核災發生的唯一方式，是要靠人們的力量讓全世界零核電，這是最根本的方法。[12]

　　作為一個擁有 17 座核電廠、54 個核電機組的國家，日本民間其實一直都有各種反核活動，只不過在出了大事後才真正引起

11　Adrian David: "Young woman leads revival of Fukushima's fishing industry", *New Straits Times*, 2020 年 2 月 9 日。
12　BBC 中文網站，https://www.bbc.com/zhongwen/trad/china/2013/09/130913_japan。

彩虹獨木舟隊。攝影：東條雅之。

關注並壯大。

　　最知名的應該是祝島居民持續近三十年反對興建核電廠的抗爭。祝島位於山口縣瀨戶內海，人口只有五百多，島上居民大都以捕魚和耕種為業。1982 年電力公司在山口縣籌建核電廠，廠址選在祝島對岸 3.5 千米外的上關町浦田港。祝島居民知道，一旦興建核電站，周遭自然環境將受到破壞，他們也會失去生計，從此反核抗爭成為祝島居民生活的一部份。

　　每個星期一黃昏，祝島居民都會放下手中的活計，繞島遊行一周，以示他們堅決反核的立場。每逢電力公司派人在附近海域調查或施工，居民都會用自己的漁船圍堵和攔阻，並且佔據預定用來興建核電站的地盤，阻止施工。

　　祝島的抗爭一次又一次迫使電力公司擱置建造計劃，抗爭的隊伍也日益壯大。留在祝島的居民，大多是中老年人和婦女，但

不少外來的年輕人加入了抗爭行列。一群玩獨木舟的青年組織了「彩虹獨木舟隊」，跟祝島居民一起在海上抗爭。當地和海外的環保組織也經常聲援祝島的抗爭。簽名支持祝島停建核電站的人數已超過一百萬。祝島成立了「千年建島基金」，計劃發展太陽能，將祝島建成無核家園。[13]

　　和祝島類似，日本多個地方的反核民眾以示威、請願、簽名運動、直接行動、訴訟、拒絕出售土地等方式，抗衡核能村，數次成功地將核電拒之門外。直至 2011 年，日本一共有 22 處預定建設核電站的地方因居民反對而未動工，另外有五個地方最終取消了有關計劃，其中包括三重縣蘆濱核電站、石川縣珠洲核電站和新潟縣卷町核電站。前文提到的「電源三法」，就是日本政府在 1974 年為了消弭地方上的反對聲音而出台用來收買人心的，它也的確一時分化了民眾。甚至在福島第一核電站所在的雙葉郡，70 年代就有一個居民組織四處宣傳，說為了建立繁榮美好的雙葉郡，當地應該建造核電站。

　　幸而金錢只能收買部份利慾熏心的人。同樣在福島，就有一個成員大部份是女性的「廢堆行動 40 年計劃委員會」，原本準備在 2011 年 3 月下旬舉辦大型活動呼籲廢堆，可是活動未及舉辦便發生了核災難。核災難發生後，委員會成員四散各地，但仍成功聚集起 200 多名福島婦女在 2011 年 10 月底於東京舉辦了三天的靜坐示威，呼籲政府立即疏散福島的兒童和懷孕婦女，擴大疏散區的範圍，立即制訂保障市民免受輻射污染的措施等。[14]

　　《朝日新聞》在日本全國進行的意見調查顯示，從 2011 年 4 月到 6 月，日本反對核能的人由 32% 增加到 42%，而 6 月 11

---

13 《「脫原發」——日本反核運動回顧》，獨立媒體，2011 年 11 月 30 日。
14 同上。

2011 年 10 月在東京參加靜坐示威的
福島婦女（來源：majiroxnews）。

日至 12 日進行的調查，近四分之三的人贊成逐漸減少使用核能
並最終完全停用核能。日本廣播協會 10 月進行的意見調查也顯
示，七成的人認為應減少或完全停用核能。[15]

地震剛發生後的反核遊行，還只是大學生和退休工人的簡單
示威。一年後，普通市民已經成為反核運動的主體，其訴求是要
避免福島核事故重演，捍衛子孫的生存環境。

最有名的是由日本著名作家大江健三郎發起的「再見核電站」
遊行，活動希望通過居民投票來實現「脫核」。該組織向東京都
政府提交了 32 萬人的反核簽名，2012 年 2 月第一次集會時匯集
了上萬人。

「3·11」之前，日本電力的 30% 由核電提供，但在福島
事故後，所有核電站緊急關停進行檢查，日本 42 年來首次沒有

---

15 《沒有核電的日本還能運轉嗎？》，德國之聲，2012 年 3 月 7 日。

上：大江健三郎（左二）率領反核遊行。攝影：Alfie Goodrich_Japanorama。
下：攝影：Kimimasa Mayama / European Press Photo Agency。

核電供應。日本的電力供應並沒有如先前以為的那樣崩潰，用電高峰期的夏季也安然度過，各行各業均能正常運轉。根據日本商務部門公佈的數據，2011 年 12 月的日本的工業產值甚至增長了 4%。但在各方利益的博弈下，2012 年 6 月，當時的日本首相野田佳彥單方面決定重新啓用核電站，這激怒了許多日本人，並促使反核陣營再次行動起來。[16]

2012 年 7 月 16 日，東京再次爆發「再見核電站」大集會。據主辦方統計，約有 17 萬人頭頂烈日參加了此次活動，是歷年來參加人數最多的一次。集會者呼籲關閉日本所有核電站，實現「無核化」。日本人出名地熱愛並遵守秩序，就連在遊行示威中也一樣：組織者鼓勵父母帶着孩子參加活動，但劃定家庭專屬區，以警戒線隔離；要求示威者配合當地警方工作，晚上 8 點準時回家。還發放小冊子，告訴大家應該攜帶哪些物品（濕熱天氣應攜帶飲品和濕紙巾），性格靦腆或者第一次參加活動的人士應該注意甚麼問題（不需要説話），以及如何應對同行示威者失控的情況（客氣地要求他們冷靜下來）。[17]

同具日本特色的是，這次反核運動的領導者之一是名為文殊君的毛茸卡通。它在社交網站上用兒童都能理解的簡單語言反對政府的能源政策，並因此受到了大量的關注，極具號召力。在集會上，穿着鼓鼓囊囊彩色服裝的文殊君也露面了，它説：「政府重啓核電站，我好傷心呀！」粉絲們高舉海報，激動地尖叫，其中包括很多帶孩子參加活動的家庭。5 歲的中島理音（Rion Nakajima，音譯）手裏拽着印有文殊君微笑圖案的氣球説：「要

16　截至 2020 年，日本的 54 座核電站還有 9 座在運行。
17　《東京舉行大型反核集會》，《紐約時報》中文網，2012 年 7 月 18 日，https://cn.nytimes.com/world/20120718/c18japan/zh-hant/。

是不小心，就會再發生一場核事故，就像火災。」「我們決定參加，是因為想讓日本政府意識到他們現在所犯的任何錯誤都會給後代造成嚴重影響。」理音的媽媽中島一木（Kazuki Nakajima，音譯）説。[18]

此外，「首都圈反核電聯盟」每週五在首相官邸前進行反核遊行，也有市民長期在日本經濟產業省外示威，全國各地也持續有反核集會和遊行。2011 年 11 月中，在東京西南的濱岡有 3,500 人以人鏈方式包圍了核電站，在福岡縣福岡市，也有 15 萬人進行了集會和遊行。

2012 年 7 月 28 日，以「立刻廢除全國的核電站」為口號的日本版「綠黨」在東京正式組建。日本的反核力量已經從街頭政治出發，開始走進國會。

不論是靜坐還是遊行，不論是簽名還是示威，只要發出聲音，作出行動，無論政府是否能明智地聽取意見，都強過做逆來順受的、沉默的大眾。反核 50 載的小出裕章教授很遺憾地説，政府不會聽從反核的勸告，明知核電站危險還是會建起來的，就像他在這 50 年裏所見證的那樣，但他不會放棄為民眾發聲、為人類的未來發聲，因為他要堅持做正確的事。涓涓細流匯聚成大川，螻蟻集聚也能撼動大象。

---

18 《東京舉行大型反核集會》，《紐約時報》中文網，2012 年 7 月 18 日，https://cn.nytimes.com/world/20120718/c18japan/zh-hant/。

2012 年 8 月，日本經濟產業省大樓外，反核運動佔領紮營的帳篷。藍原寬子攝。

結語：大地點燃的共鳴

奄奄一息的土地，仍然煥發着生機。電影《家路》中令人感動的一幕，或許能帶給觀眾些許安慰：濛濛細雨中，回到家鄉的母親，彎着腰和兒子在田裏插秧。不用言語，配合默契。這是他們以及祖祖輩輩曾經做過的再自然不過的事了——種稻。突然，母親因為老年認知障礙而忘了痛苦的核災（這是福氣），直起腰來困惑地問兒子：怎麼這麼安靜呀？兒子看着遠方的村落，聽着淅淅瀝瀝的雨聲，良久才輕輕地說：學校放假了。

農業是人類生命的根。母與子，養肯水土，延續生命，儘管作為最後的耕種人，不知自己的生命何時會結束。

藍原寬子說，福島還沒過去，我們不是要銘記福島，而是要想像福島、凝視福島。

在同樣遭受「3·11」大地震和海嘯雙重打擊的岩手縣有一個靠海的小村，村裏住的都是老人，卻沒有人傷亡。他們堅守了山丘半坡上一個立於 1896 年的小石碑上的訓詞：「此處以下不要蓋房子。」[1] 就這麼直截了當。經驗告訴他們，發生洪災、海嘯時，水位可以升到這裏。房子建到下面去，後果自負。歷史已經不止一次告訴我們，核電站會出事，而且出了事很難收拾。若掩耳盜鈴，後果自負。

1　陳弘美：《日本 311 默示》。

你或許不記得自己在 2011 年 3 月 11 日做了些甚麼。但是，這一天，卻是人類現代文明的轉折點。如果我們豎立石碑，訓詞該寫甚麼？

　　被野心、利祿蠶食的精英集團，為了私利犯下滔天錯誤，毀滅大片生機，破壞大地健康，還迫使人們遷徙和接受所謂人道援助。

　　但是，大地給予了我們不同的啟示。

　　大地的韌力，生命的創造力，總能從不可能中闖出可能，不怨天尤人，步伐不止，綠油油的生命固執地生長。從堅持回到災區生活的居民身上，我們看到對這啟示的共鳴。不因他們生活的地方、養育他們的土地受到侵蝕變得不一樣了，便輕易放棄，因為在泥土裏，他們的生活扎了根；一切讓生活有意義的羈絆，也扎根在心。放棄這些猶如放棄生活。

　　他們不是倖存者，不是難民。他們不願命運被擺佈，不願消極等待救援。他們要回到生活中，追隨大地的步伐，在相互扶持學習中，一天一天地闖下去。回到生活中，就是新生活的開始。輻射污染無處不在，接觸空氣、水土、草木、禽畜、衣物⋯⋯無不讓他們反覆詰問：我們是誰——我們不是倖存者，我們不讓肇事者拿我們做遮羞布。我們是生活者。

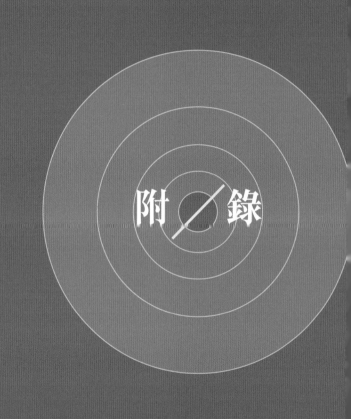

附／錄

對核能的反思與民間自救

　　在福島核事故發生之前，日本主流社會打着「和平利用核能」的旗號，刻意營造某種「核安全神話」，普通民眾受此輿論的忽悠，放鬆了對核能危險的警惕。事故發生前，學校不教授有關放射線防護的相關知識，大部份人也沒有主動學習了解的動力。核事故發生時，面對緊急情況，民眾幾乎不知所措，而此時政府的核防護指令也難以及時下達到基層。災後有諸多來自各方的專家造訪污染地區，傳授放射線對人體影響的相關知識。但每個專家說法都不同，民眾因為不知道該相信甚麼而感到混亂。

　　受核災影響的民眾，開始擔心家庭健康的問題，比如衣服是否能晾曬在外面，如何獲取無輻射的食物，如何照顧好孩子，等等。在這個時候，大部份人都是通過網絡或書本進行自主學習的；當然，也有不少民間團體組織大家共同學習和討論。由於對政府發佈的數字的不信任，民間還自行成立了核輻射偵測所。

　　同時，在進步知識分子的影響下，越來越多的日本人開始反思核能發展與核武器之間的關係，以及核能與國家政治和地緣戰略的關係。人們希望了解戰後日本國家核能發展的歷史，由此對政府的核能政策進行反思，提出更好的建議。

　　這一部份收集了多位日本學者和中國學者的文章，部份文章

寫於「3‧11」核災難發生後不久，呈現了民眾當年受到的衝擊和思考，部份文章追本溯源，帶領讀者審視核能和核武的歷史與現狀。

歷史上發生的重大核事故

一、國際核事件分級標準

「國際核事件分級表」於 1990 年由國際核能機構和經濟合作與發展組織核能機構（經合組織 / 核能機構）開發，是一個用於向公眾通報核和放射性事件的工具。

國際核能機構成員國在自願的基礎上利用「國際核事件分級表」對其領土上發生的事件進行分級和通報。這不是一個用於應急響應的通報或報告系統。

「國際核事件分級表」涵蓋涉及輻射源的設施和活動中的各種事件，用於對造成放射性物質向環境的釋放及對工作人員和公眾造成輻射的事件進行分級，也用於沒有造成實際後果但所實施的預防措施沒有發揮預期作用的事件。分級表還適用於涉及放射源丟失或被竊以及在廢金屬中發現不受控制的放射源的事件。「國際核事件分級表」不用於對作為醫療組成部份對人進行的輻射照射程序所導致的事件進行分級。

「國際核事件分級表」旨在用於非軍事應用，並僅涉及事件的安全層面。成員國利用「國際核事件分級表」提供表示核或放射性事件嚴重性的數值分級。事件分為七級。分級為對數分級——也就是說，分級每增加一級，事件的嚴重性約增加十倍。

對事件的考慮着眼於以下幾個方面：對人和環境的影響；對放射性屏障和控制的影響；對縱深防禦的影響。在輻射或核安全

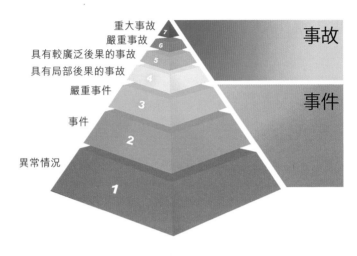

重大事故 7
嚴重事故 6
具有較廣泛後果的事故 5
具有局部後果的事故 4
嚴重事件 3
事件 2
異常情況 1

事故

事件

國際核事件分級表

方面無安全意義的事件被定為「分級表以下級別／0級」，不進入分級表。

近 80 個核能機構成員國已指定「國際核事件分級表」國家官員。鼓勵成員國通過核能機構支持的網基核事件系統分享被定為 2 級或 2 級以上的事件以及引起國際公眾關注的事件的信息。該系統公開列出過去 12 個月報告的事件。[1]

具體的分級標準和案例可參考下表：[2]

1　國際原子能機構網站：https://www.iaea.org/zh/zi-yuan/guo-ji-he-he-fang-she-shi-jian-fen-ji-biao-guo-ji-he-shi-jian-fen-ji-biao。
2　《國際核事故分級》，百度百科。

級別		説明	準則	實例
偏差	0 級	偏差	安全上無重要意義。	2008 年斯洛文尼亞科斯克核電站事件
事件	1 級	異常	超出規定運行範圍的異常情況,可能由於設備故障、人為差錯或規程有問題引起。	2009 年法國諾爾省葛雷夫蘭核電站事件
	2 級	事件	安全措施明顯失效,但仍具有足夠縱深防禦,仍能處理進一步發生的問題。導致工作人員所受劑量超過規定年劑量限值的事件和 / 或導致在核設施設計未預計的區域內存在明顯放射性,並要求糾正行動的事件。	卡達哈希核電站事件
	3 級	嚴重事件	放射性向外釋放超過規定限值,使用照射最多的站外人員受到十分之幾毫希沃特量級劑量的照射。無須廠外保護性措施。導致工作人員受到足以產生急性健康影響劑量的站內事件和 / 或導致污染擴散的事件。安全系統再發生一點問題就會變成事故狀態的事件,或者如果出現某些始發事件,安全系統已不能阻止事故發生的狀況。	1989 年西班牙范德略斯核電廠事件 1955—1979 年英國塞拉菲爾德核電站事件 2011 年日本福島第二核電站事件(其中 1、2 和 4 號機組均發生不同程度的核事件)
事故	4 級	具有局部後果的事故	放射性向外釋放,使受照射最多的站外個人受到幾毫希沃特量級劑量的照射。由於這種釋放,除當地可能需要採取食品管制行動外,一般不需要站外保護性行動。核裝置明顯損壞。這類事故可能包括造成重大站內修復困難的核裝置損壞。例如動力堆的局部堆芯熔化和非反應堆設施的可比擬的事件。一個或多個工作人員受到很可能發生早期死亡的過量照射。	1980 年法國聖洛朗核電站事故 1983 年阿根廷布宜諾斯艾利斯臨界裝置事故 1999 年日本東海村 JCO 臨界事故 2006 年比利時弗勒呂核事故

級別		說明	準則	實例
事故	5 級	具有較廣泛後果的事故	放射性物質向外釋放。這種釋放可能導致需要部份執行應急計劃的防護措施，以降低健康影響的可能性。核裝置嚴重損壞，這可能涉及動力堆的堆芯大部份嚴重損壞，重大臨界事故或者引起在核設施內大量放射性釋放的重大火災或爆炸事件。	1952 年加拿大恰克河核事故 1957 年英國溫思喬火災（溫茨凱爾反應堆事故）1979 年美國三哩島核電站事故 1987 年巴西戈亞尼亞醫療輻射事故
	6 級	嚴重事故	放射性物質向外釋放。這種釋放可能導致需要全面執行地方應急計劃的防護措施，以限制嚴重的健康影響。	1957 年蘇聯基斯迪姆後處理裝置（現屬俄羅斯）事故（克什特姆核事故）
	7 級	重大事故	大型核裝置（如動力堆堆芯）的大部份放射性物質向外釋放，典型的應包括長壽命和短壽命的放射性裂變產物的混合物。這種釋放可能有急性健康影響；在大範圍地區（可能涉及一個以上國家）有慢性健康影響；有長期的環境後果。	1986 年蘇聯切爾諾貝爾核電站（現屬烏克蘭）事故 2011 年日本福島第一核電站事故

二、全球十大核事故簡介

2011 年 3 月日本福島核事故爆發時，人民網根據 INES 等級列出的史上最為嚴重的十大核事故如下。[3]

1. 2004 年日本美浜核電站事故（INES1）

Webecoist.com 網站的世界最嚴重核事故排行榜是從 2004 年 8 月 9 日發生在日本美浜核電站的蒸氣爆發事故開始的，其 INES 等級為 1 級。

美浜核電站坐落於東京西部大約 320 千米的福井縣，1976 年投入運營，1991 年至 2003 年曾發生過幾次與核有關的小事故。2004 年 8 月 9 日，渦輪所在的建築內連接 3 號反應堆的水管在工人們準備進行例行安全檢查時突然爆裂，雖然並未導致核洩漏，但還是導致五名工人死亡，數十人受傷。2006 年，美浜核電站又發生火災，導致兩名工人死亡。

2016 年 2 月 12 日下午，日本關西電力公司向核能管理委員會提出申請，請求批准美浜核電站 1、2 號機組的廢堆計劃。預計該項作業將於 2045 年完成。

2. 2002 年美國戴維斯 — 貝斯反應堆事故（INES3）

戴維斯—貝斯核電站坐落於美國俄亥俄州橡樹港北部大約 16 千米，1978 年 7 月投入運營，原計劃於 2017 年 4 月關閉。運營期間，這座核電站曾多次出現安全問題，最嚴重的事故發生在 2002 年 3 月，當時出現的嚴重腐蝕情況導致核電站關閉了兩年

3　《盤點十起最嚴重核事故：日本福島核電站上榜》，人民網，http://pic.people.com.cn/GB/14166864.html。

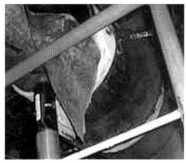

水管爆裂導致五名工人死亡，數十人受傷。

左右。

維修期間，工人們在碳鋼結構反應堆容器上發現一個 6 英寸（約合 15.24 厘米）深的腐蝕洞。遭腐蝕後的容器壁的厚度只有 3/8 英寸（約合 9.52 毫米），恐怕難以防止災難性的爆炸和隨之而來的冷卻劑洩漏。如果附近的控制棒在爆炸中受損，關閉反應堆和避免堆芯熔毀將面臨相當難度。

3. 1961 年美國國家反應堆試驗站事故（INES4）

1961 年 1 月 3 日發生在美國的核事故是最早的大型核電站事故之一，當時的蒸氣爆發和熔毀導致 1 號固定式小功率反應堆的三名工人死亡。這座反應堆位於愛達荷州瀑布市西部大約 64

嚴重腐蝕導致核電站關閉了兩年左右

千米的國家反應堆試驗站，採用單一大型中央控制棒結構，現在已經廢棄。

在對反應堆進行維護時，工作人員需要將控制棒拔出大約 4 英寸（約合 10 厘米），但這項操作最終出現了可怕的狀況，控制棒被拔出了 26 英寸（約合 65 厘米），導致核反應堆進入臨界狀態，隨後發生爆炸並釋放出放射性物質，共造成三名工人死亡，其中一名工人被屏蔽塞釘在反應堆所在建築的屋頂上。當時釋放到環境中的核裂變產物放射性活度達到 1,100 居里左右。雖然地處愛達荷州偏遠的沙漠地區，但輻射造成的破壞並未有所緩解。

4. 1977 年捷克斯洛伐克波鴻尼斯核電站事故（INES4）

1977 年，捷克斯洛伐克（今斯洛伐克）的波鴻尼斯核電站發生事故。當時，該核電站最老的 A1 反應堆因溫度過高導致

美國國家反應堆試驗站

福島／輻島

上：1961 年美國國家反應堆試驗站事故

下：起重機正從安全殼建築中吊出遭到破壞的反應堆芯

事故發生，幾乎釀成一場大規模環境災難。A1 反應堆也被稱為
「KS-150」，由蘇聯設計，雖然獨特但並不成熟，從一開始就種
下了災難的種子。

　　A1 反應堆的建造開始於 1958 年，歷時 16 年完成。未經驗
證的設計很快就暴露出一系列缺陷，在投入運轉的最初幾年，這
個反應堆曾 30 多次無緣無故停止運作。1976 年初，反應堆發生
氣體洩漏事故，導致兩名工人死亡。僅僅一年之後，這座核電站
又因燃料更換程序的缺陷和人為操作失誤發生事故，當時工人們
居然忘記從新燃料棒上移除硅膠包裝，導致堆芯冷卻系統發生故
障。事故後排除污染的工作一直在繼續，預計要到 2033 年才能
徹底結束。

5. 1993 年前蘇聯托姆斯克 -7 核燃料回收設施事故（INES4）

　　西伯利亞化工聯合企業旗下擁有眾多工廠和核電站，坐落於
俄羅斯謝韋爾斯克市。這裏曾經是前蘇聯的「秘密之城」，1992

捷克斯洛伐克波鴻尼斯核電站（Bohunice Site）

1977 年捷克斯洛伐克波鴻尼斯核電站事故

年前一直被稱為「托姆斯克 -7」，這個代號實際上是一個郵箱號。雖然俄羅斯前總統葉利欽放寬了對謝韋爾斯克的限制，但直到今天，政府仍不允許公眾進入這座城市。

托姆斯克 -7 核燃料回收設施是謝韋爾斯克市的「企業」之一。1993 年 4 月 6 日，這座核設施登上了頭版頭條。這一天，工人們用具有高度揮發性的硝酸清理托姆斯克 -7 鈈處理廠的一個地下容器，硝酸與容器內含有痕量[4]鈈的殘餘液體發生反應，隨後發生的爆炸掀翻了容器上方的鋼筋混凝土蓋，並在頂部轟出很多大洞。與此同時，工廠電力系統又因短路發生火災。爆炸將一個巨大的放射性氣體雲團釋放到周圍環境。

6. 1999 年日本東海村鈾處理設施事故（INES4）

1999 年 9 月 30 日，人為操作失誤和倉促的商業決定最終導致日本東海村鈾處理設施發生事故。這座鈾處理設施坐落於東京

4　化學上指極小的量，小得只有一點兒痕跡。

1993 年前蘇聯托姆斯克 -7 核燃料回收設施事故

福島／輻島

北部的茨城縣，此前由 JCO 公司（住友金屬礦山的子公司）運營，負責處理和精煉供應日本很多核電站的鈾燃料。

這起核事故由缺乏培訓的工人導致，他們在精煉鈾燃料過程中走捷徑，忽視了安全問題。為了按時完成任務，工人們省略了精煉過程的幾個步驟，導致臨界事故的發生。鈾／硝酸混合物發生的連鎖反應共持續了 20 個小時。有兩名工人死於輻射暴露，另有數十人受到超出正常水平的核輻射。

7. 1979 年美國三哩島核事故（INES5）

1979 年 3 月 28 日，三哩島核電站（位於賓夕法尼亞州哈里斯堡附近）TMI-2 反應堆的冷卻液泵發生故障，一個卸壓閥門無法關閉。控制室工作人員隨即聽到警報並看到警告燈亮起。不幸

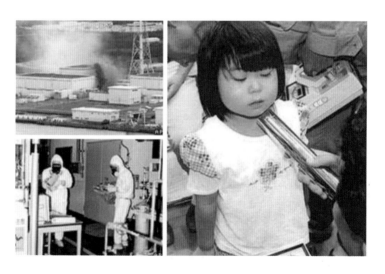

1999 年日本東海村鈾處理設施事故

的是，傳感器本身的設計缺陷導致核電站操作人員忽視或者誤解了這些信號，就這樣，反應堆堆芯最終因溫度過高熔化。在形勢得到控制時，堆芯已經熔化一半，反應堆安全殼底部的近 20 噸熔鈾慢慢凝固。安全殼內部的蒸氣逸出氣體排放口導致大量放射性物質釋放到大氣和周圍環境。

　　三哩島核事故並沒有導致任何核電站工作人員或者附近居民死傷，但仍舊被視為美國商業核電站運營史上最為嚴重的核事故。事故發生後，報道鋪天蓋地而來，有人還將這場核事故與 12 天前上映的影片《中國綜合症》的情節相比較，「週六夜現場」也推出與此相關的短劇，所有這一切都讓三哩島核事故在 20 世紀晚期的流行文化中佔據了一個顯著位置。自這場核事故之後，美國很久未建造新的核電站。

8. 1957 年蘇聯克什特姆核災難（INES6）

　　隨着第二次世界大戰的結束，世界開始籠罩在「冷戰」的陰雲下。「冷戰」期間，蘇聯和美國這兩個超級大國展開核軍備

1979 年三哩島核事故引發
大量居民恐慌

競賽，由於急於求成，錯誤就在所難免。1957 年 9 月，位於奧焦爾斯克（1994 年之前被稱為「車里雅賓斯克 -40」）的瑪雅科（前稱「克什特姆」）核燃料處理廠發生事故，其 INES 等級達到 6 級。

這座處理廠建有多座反應堆，用於為蘇聯的核武器生產鈽。作為生產過程的副產品，大量核廢料被存儲在地下鋼結構容器內，容器四周修建了混凝土防護結構，但負責冷卻的冷卻系統並不可靠，為核事故的發生埋下了隱患。

1957 年秋天，一個裝有 80 噸固態核廢料的容器周圍的冷卻系統發生故障。放射能迅速加熱核廢料，最終導致容器爆炸，160 噸重的混凝土蓋子被炸上天，並產生了規模龐大的輻射塵雲。當時，共有近 1 萬人撤離受影響地區，大約 27 萬人暴露在危險的核輻射水平環境中。至少有 200 人死於由核輻射導致的癌症，大約 30 座城市從此在蘇聯的地圖上消失。

直到 1990 年，蘇聯政府才對外公佈克什特姆核災難的嚴重程度。但在此之前，美國中央情報局就已知道這場災難，由於擔心可能對美國核電站產生負面影響，當時並未披露任何信息。在

蘇聯克什特姆核災難紀念碑

1957 年蘇聯克什特姆核災難

克什特姆，面積巨大的東烏拉爾自然保護區（也被稱為「東烏拉爾輻射區」）因為這場核事故受到放射性物質銫 -137 和鍶 -90 的嚴重污染，被污染地區的面積超過 800 平方千米。

9. 1986 年蘇聯切爾諾貝爾核災難（INES7）

在 2011 年日本福島核事故發生之前，1986 年蘇聯發生的切爾諾貝爾核電站的蒸氣爆發和堆芯熔毀事故是歷史上唯一一場 INES 等級達到 7 級的核事故。

這場核災難發生在 1986 年 4 月 26 日，當時 4 號反應堆的技術人員正進行透平發電機試驗，即在停機過程中靠透平機滿足核電站的用電需求。在試驗過程中，由於人為失誤導致了一系列

意想不到的突發功率波動，隨後安全殼發生破裂並引發大火，放射性裂變產物和輻射塵釋放到大氣中。當時的輻射雲覆蓋歐洲東部、西部和北部大部份地區，有超過 33.5 萬人被迫撤離。此次核事故的直接死亡人數為 53 人，另有數千人因受到輻射患上各種慢性病。

今天，切爾諾貝爾周邊地區呈現出一種怪異的「反差」。切爾諾貝爾和普里皮亞特這兩座遭到遺棄的城市慢慢走向衰亡，周圍林地和森林地區的野生動物卻因為人類的撤離呈現出一片欣欣向榮的景象。有報道稱，當地甚至再次出現了已經消失幾個世紀

1986 年蘇聯切爾諾貝爾核災難

「切爾諾貝爾」已成為核事故代名詞，常被用於警告世人。

的猞猁和熊，牠們的出現說明大自然擁有驚人的恢復能力，生命即使在最為可怕的環境下也有能力適應並進行調整。

　　「切爾諾貝爾」已經成為核事故的一個代名詞，反核能抗議者經常用「另一個切爾諾貝爾」這樣的字眼警告世人，就像反戰人士經常喊出「另一場越戰」一樣。切爾諾貝爾核電站所在地區被稱為「疏散區」，但烏克蘭政府很難阻止自稱「潛行者」的人進入這一地區冒險旅遊。對於這些不知危險為何物的傢伙，我們要送他們一句話——一些看不見的東西會讓你們「很受傷」。

　　切爾諾貝爾核災難是歷史上第一場 INES 等級達到 7 級的核事故，但誰也無法保證不會發生另一場達到 7 級甚至更為嚴重的核災難。自然災害、人為失誤以及設備老化都是核工業無法迴避

的現實。全世界正在運營以及建造中的核電站共有近 500 座，我們當前面臨的問題並不是未來是否會發生另一場核事故，而是「何時」發生。

10. 2011 年日本福島第一核電站事故（INES7）

福島第一核電站位於東京東北部約 270 千米，是世界上規模最大的核電站之一，共建有六座核反應堆，負責為東京和日本電網供電。2011 年 3 月 11 日，日本發生九級大地震，地震引起的斷電導致反應堆冷卻劑泵停止工作。存放在地勢較低地區的備用柴油發電機也在地震引發的海嘯中嚴重受損。

被永遠遺棄的土地和廢墟之城

由於 1 號反應堆所在建築內的發電機無法啓動，1 號反應堆堆芯溫度不斷升高，安全殼內的氫氣不斷積聚，達到危險水平。可能是發電機產生的火花導致了氫氣爆炸，安全殼的屋頂被掀翻。第二天，3 號反應堆所在建築內的氫氣發生強度更大的爆炸。14 日，2 號反應堆所在建築也發生爆炸。由於儲水池內的水蒸發殆盡，4 號反應堆所在建築內存儲的燃料可能起火燃燒。

　　福島第一核電站事故目前仍處在「進行時」，數量巨大的核污染垃圾有待清理，不斷產生和排出的核廢水嚴重污染環境，熔毀的堆芯核廢料還不知道具體情況如何，想要回收困難重重。

福島第一核電站是世界上規模最大的核電站之一

東野圭吾《天空之蜂》——借小説寫核電 [1]

米　果

　　日本知名推理小説作家東野圭吾説，《天空之蜂》是他寫作至今，投入感情最深的一部作品，他不但費力採訪了核電廠相關人士、反核派、直升機技術員、自衛隊和警察，在參觀文殊快中子增殖反應堆之後，又以反對派的身份出席了反對團體的討論會。而今，這本書在日本已經暢銷 70 萬本。東野圭吾本身是讀電氣工程出身的，在獲得文學大獎繼而成為職業作家前是一名職業工程師。《天空之蜂》中有非常專業的核電知識與人類面對核能問題的無知自私和身不由己。這不是一部單純的災難或推理小説，找出歹徒不是重點，借由小説文字訴説的核電風險，才應是自私享受用電方便的人類應該嚴肅面對、不能推諉的問題。

　　小説的故事場景設定在新陽核電站上空。一架計劃交給自衛隊的直升機，竟然自動升空，機內還有個誤闖進去的小孩。遙控直升機升空的「歹徒」向政府提出要求，如果不停止全日本所有核電站的反應堆運轉，就要讓直升機墜毀在新陽核電站。

　　距離核電站不遠的小漁村的副村長打電話給核電站站長：「萬一真的掉下來怎麼辦？」「即使真的發生，我們也會實時處

1　整理自米果：《〈天空之蜂〉，東野圭吾對核電問題最沉重的表態》，https://okapi.books.com.tw/article/1936。

理。」「你不要給我官腔官調，切爾諾貝爾當初不也是想要處理，結果變成那樣？」「既然這麼不安，就趕快逃啊！」核電站站長很想這麼說，卻忍住了，因為長官告訴他：「千萬不能輕易說要撤離，急着撤離，就等於否定核電站的安全。」

他們死也不會說「危險」這兩個字，因為只要一說，就等於否定了核電安全的神話。

核電站所在地的居民說：「那些都市人只知道鄉下有核電站，根本不會考慮當地居民的心情。他們想都不想，連刷個牙也要用電動牙刷那種莫名其妙的東西，難道這不是不公平嗎？」

雖然表面上說，要用補助款振興地方，但從來沒有聽說過任何一個鄉下的地方因為這筆錢就變得富裕，最多是拿來建一些新型體育館，然後再變成蚊子館……政府的補助款不是用來振興地方的，那筆錢是要地方放棄振興夢想的和解費……

兩位忙着找尋可疑乞徒的基層警員往車內閒聊：

「要是問一般民眾，如果核電站建在住家旁邊，誰都會反對吧？」

「那當然啦，但有超過一半的民眾認為核電站有必要。」

「因為民眾都很自私。」

「搞不好擁核派跟反核派中間並沒有太大的差異。」

兩位工程師之間，如此對話：

「這世界上有絕對不墜落的飛機嗎？沒有吧？人們只能努力降低墜機的概率，但無論再怎麼努力，都不能讓概率變成零。乘客也了解這件事，認為這樣的墜機概率，自己的安全應該沒有問題才搭機。同樣，我們能夠做的，就是降低核電站發生重大事故的概率……」

「問題就在這裏……核電站一旦發生重大事故，無辜的人也

會受害。說起來，日本全民都搭上了核電站這架飛機，卻沒有人記得自己買過機票。其實只要有決心，不讓這架飛機起飛並非不可能的事⋯⋯除了一部份反對派以外，大部份人都默默無言地坐在各自的座位上，也沒有人站起來，所以，這架飛機還是會繼續飛行⋯⋯」

也有在機場等着出國、若無其事的旅客這麼說：

「天底下就是有一些神經病，核電站關他甚麼事？」

「歹徒是因為討厭核電站才做這種事嗎？」

「應該是吧！他反對是他家的事情，但不要給別人添麻煩。」

最終，直升機究竟有沒有墜落在核反應堆上，跟核電站同歸於盡，造成輻射外洩呢？

歹徒給政府及大眾的最後一封信寫道：「我們生活周遭的反應堆各不相同，它們有着各自不同的表情，既會對人類展露微笑，也可能齜牙咧嘴。只追求它們的微笑是人類的傲慢。」

東野圭吾在小說裏面借一位研究放射性後遺症的助理教授大聲疾呼：「政府必須承認，這個國家的核電政策是建立在犧牲眾多作業員的基礎上的。」而從事與核電相關工作的工程師覺得：「自認為跟核電站無關的一般民眾，也必須認清這個事實。」

也就是這位從事與核能相關工作的工程師，在兒子遭到反核派同學霸凌，因意外事故死亡之後，他和兒子的同學見面時，看到「他們宛如假面具一般的臉」，他發現並非只有小孩子才有那種臉，很多人在長大之後，仍然沒有丟掉假面具，然後，漸漸成為「沉默的大眾」。

日本東海村核臨界事故

何志雄 整理

　　核輻射看不見、聞不着、摸不到，但對人體的傷害是無法想像的。人體吸收的核輻射量比較小時，傷害過程比較緩慢，可是一旦吸收的輻射量達到臨界值，對人體的傷害就是加速的、劇烈的，直至患者死亡。我們難以想像，看着自己的身體日漸腐爛，器官機能逐漸衰退，意識清醒但要忍受極端的痛苦卻無能為力，生命苟延殘喘唯一的依靠是冰冷的醫療機器。此時，死亡反而可能是解脫。

　　日本NHK出品的一部紀錄片講述了日本東海村核臨界事故，其中包含日本有正式記錄的核事故中第一個死亡病例。NHK通過醫療記錄和筆錄，追蹤了大內久先生臨終前的83天。治療過程充份說明了現代醫療科技對輻射傷害的無可奈何。大內久先生的家屬希望他不要白白地死去，同意將治療案例公開，以此警示人類。

　　1999年9月30日上午10時35分，在位於日本茨城縣那珂郡東海村的核燃料加工廠，三名工人正在進行鈾的純化步驟。在製造硝酸鈾醯的過程中，為了縮短工作時間，一名工人把一個不鏽鋼桶中富含U-235（鈾富集率為18.8%）的硝酸鹽溶液通過漏斗傾倒到沉澱槽中，另一名工人手扶漏斗站在沉澱槽旁，第三名工人在距沉澱槽約幾米遠的辦公桌旁工作。這種做法違反了常

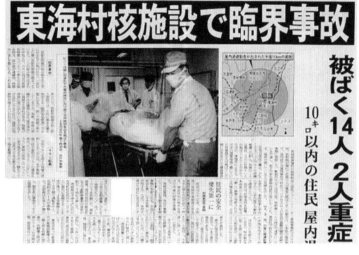

1999 年日本報紙的報道

規操作指引：應將 U_3O_8 的粉末先投入溶解塔，且溶解於硝酸中，再用泵將該物料送入儲存塔中製成最終產品硝酸鈾酰。

　　根據推算，該沉澱槽的鈾臨界質量上限只有 5.5 公斤，工人卻連續將七桶 2.4 公斤鈾粉和 10 升硝酸桶內的鈾硝酸鹽溶液傾倒入沉澱槽中，導致圓形沉澱槽內累積了相當於 16.8 公斤的鈾，於是立即引發了鏈式核裂變反應。瞬間，三名工人看見了「藍色的閃光」，γ 輻射監測報警器鳴響，臨界事故發生。這場事故波及 213 人，他們分別受到不同程度的輻射。事故現場的三名工人與輻射源的距離分別是 0.65 米、1 米與 2.6 米，受到了因核裂變產生的大劑量中子和 γ 射線的嚴重輻射。距離輻射源 0.65 米

大內久先生

的大內久遭受到了 16—23 戈瑞 [1] 的輻射（普通人年上限量的兩萬倍）；距輻射源 1 米的篠原理人，遭受了 6—10 戈瑞的輻射。

　　救護人員很快把兩人轉移到國立放射科學研究所。奇怪的是，離輻射源最近、受輻射最多的大內久看起來卻和正常人沒甚麼不一樣，只是皮膚變黑了一些，右手出現紅腫，身上並沒有灼傷的痕跡，意識也非常清醒，不像是受過嚴重輻射。前川醫生收下了這個病人，自信地認為可以救他一命。

　　然而，情況並沒有預想的那麼樂觀。這位壯碩的大漢很快受到體內高劑量輻射的猛烈摧殘。輻射進入體內後主要攻擊的是細

1　戈瑞（Gy）：核輻射劑量國際單位。每 1 千克受照物質吸收 1 焦耳核輻射能時，其核輻射劑量稱為 1 戈瑞。

胞中的染色體。原本排列有序的多對染色體像遭受了突如其來的轟炸，有的斷成幾截，有的黏在一起，雜亂無章。這比起普通的單對染色體異常疾病如唐氏綜合症可怕多了。

染色體承擔着傳遞遺傳信息的重要使命。它出了問題，細胞增殖也就無法進行了。也就是説，當老細胞正常代謝死亡後，卻沒有新細胞可以補充，各種細胞數量減少到一定程度時，人就會死亡。

醫生想盡辦法要保住大內久的生命。率先面臨的挑戰，是細胞增殖最旺盛部份的異常。沒出一週，大內久免疫系統中白細胞的數量就降低到不足正常人的 1/10。

白細胞是免疫系統中極為重要的免疫細胞，發揮着對大多數病菌和病毒的抵禦作用，失去了白細胞的免疫功能，即使微不足道的細菌也能讓人死亡。這個緊急情況讓前川等醫生大驚失色。他們嘗試將大內久妹妹的白細胞移植進他體內，但移植的白細胞能否正常發揮作用，要等十天之後才能判斷。他們讓大內久轉入無菌病房，家人日復一日摺疊象徵希望的千紙鶴，掛在他看不見的隔壁。

由於強大的輻射能對機體的破壞，要揭下體表的醫用紗布，皮膚也會被撕下一塊。皮膚不斷剝落，卻無法再生，留下無法修復的創面和渾身的疼痛。而因為要盡可能阻擋體液滲出，也只能不斷貼上新的紗布。

他的肺部也很快開始積水，呼吸變得困難，插上了呼吸機，無法再與家人溝通。

在不斷惡化的病情中，終於迎來了一個好消息——大內久妹妹的白細胞移植成功了。然而一週之後，好不容易重燃的希望又破滅了——由於血液開始病變，新植入的白細胞逃脱不了染色體

損壞的命運。看來輻射不僅讓自身的細胞異常，還讓外來的細胞也落得同樣的下場。

前川醫生等人徹底沒有了辦法，但是這種從來沒有過的、珍貴的人體受輻射現象吸引着他們去探究，他們仍然企圖從最新的研究成果中搜尋手段，讓肆虐的輻射傷害停下來。

但是，白細胞成功移植已經是整個救治過程中唯一的好消息。醫生能做的，只是用各種各樣的儀器維持心電圖上那一條起伏的折線，以及使用大量的麻醉藥物來減輕病人的痛苦。

入院 27 天後，大內久的腸道黏膜開始成片脫落。輻射對腸道的傷害導致嚴重腹瀉，甚至一天達到 3 升的排出量。接下來，腸道開始大量出血，僅僅半天就需要進行十多次輸血。

皮膚的病情也進一步惡化，體液大量滲出，每天通過皮膚和腸道就損失 10 升的水份。每天圍繞着大內久的，除了冰冷的機器，還有心裏充滿同情的護士。她們每天需要化費半天的時間來對他進行皮膚處理，眼前盡是腐爛的肌膚與不斷外滲的體液這種令人觸目驚心的畫面。

大量出血和大量輸血對大內久的心臟造成很大的負擔，他必須保持劇烈的心跳才能維持血液的快速補充，以至於心跳頻率達到每分鐘 120 次以上，相當於一名躺在病床上的運動員。然而，在第 59 天的早上，他的心跳突然停止了。

醫療小組經過一個小時的緊急搶救後終於恢復了大內久的心跳。但此後，他的大腦、腎臟等器官也嚴重地損壞了，無法感知外界的刺激，也無法作出回應。

一週後，大內久體內的免疫細胞開始攻擊自身的細胞。原本已經數量匱乏的細胞在這種打擊下，減少的速度加快。醫生手足無措，唯一能做的，就是不斷地通過輸血來補充血細胞。

原爆と同じ東海村臨界事故

被曝したＪＣＯ労働者・篠原理人さん（40歳）の治療経過の写真
（第３回日本臨床救急医学会での公表写真）

| 篠原さん | 9月30日 | 10月10日 | 11月10日 | 12月20日 | 1月4日 |

9月30日　臨界事故で顔や両腕に10シーベルトの中性子を浴びて
　　　　　被ばく。

10月10日　外傷はないが紅斑、おうと、下痢、意識障害などが
　　　　　あらわれる。

11月10日　皮膚が次々にはがれ、70％がはがれ落ちる。

12月20日　両前腕部に皮膚移植をおこなう。

1月4日　顔面へも皮膚移植がおこなわれたが、ＤＮＡの損傷で
　　　　皮膚の再生能力は失われていた。

篠原理人醫療記錄檔案

　　眼看着病情惡化的趨勢顯著加快，但沒有對應的醫療措施能夠力挽狂瀾。大內久活下去的希冀如果僅靠機器維持來實現，似乎就沒有意義了。第 81 天，醫生與家屬商量決定，如果再次出現心跳停止的情況，就不再進行搶救。第 83 天，在大內久的妻子和兒子探視後，大內久停止了呼吸。

　　歷經 83 天的戰鬥與煎熬，大內久還是未能從核輻射的殘害中獲得拯救。他在不斷惡化的病情中經受着難以想像的折磨，生命最終還是在千禧年到來之前戛然而止。另一位遭受核輻射相對較小的篠原理人，同樣經歷了可怕的死亡過程，在事故發生 221 天後死亡。

　　對於醫學，這似乎是一次前所未有的經驗啓發：大內久體內

幾乎所有細胞都支離破碎，但心肌細胞依然保持了纖維組織的完整。心肌細胞為何可以免受放射性損害，現在還不得而知，也許是未來醫學需要研究突破的方向。這一場戰鬥也讓人們知道了面臨核輻射時，現代醫學依然是如此無力。

事故的起因，給人們敲響了一次警鐘。

但，這全是兩位員工的錯嗎？東海村核燃料處理廠的廠方難辭其咎。大內久和篠原理人都是剛調到這道工序的員工，從來沒有接受過專門的操作培訓，領班也只有兩三週的工作經驗。

從東海村核燃料加工廠的這次臨界事故，發現了在包括事故發生時的應急處理問題與事故發生後的救援疏散等問題上均存在不少缺陷。由於事故發生單位和日本原子能安全管理部門事先都認為不會發生臨界事故，因而沒有制訂相應的核事故應急預案，造成事故後的救援行動相當遲緩，各種指揮部也是臨時匆匆成立的。

2003 年，東海村核燃料加工廠的鈾轉化活動完全停止，公司被罰款 100 萬日圓，相關的負責人受到了刑事處罰，日本因此通過了核能防災的相關法律，在全國建立了防災基地。

這些預防和補救措施能起多大的作用，其實很難說。2011年日本發生了更大規模的福島核事故，其災害程度和事後的次生災害都相當嚴重，幸好沒有出現可怕的現場人員輻射傷害事故，但核輻射的後遺症不可避免地在很多人身上造成了持久的傷害。人們要知道，核輻射的傷害是不可逆的。

本文參考資料：

1. NHK 紀錄片：《日本東海村核臨界事故──治療核輻射 83 天記錄》。

2. 陳肖華，毛秉智：〈日本東海村核轉化工廠臨界事故及應急醫學處

理〉,《國際放射醫學核醫學雜誌》,2003,27（1）：28-30。

3.《日本茨城縣東海村 JCO 核燃料處理工廠臨界事故總結報告》,
Atomic Energy Council,2018。

4.「日本東海村核臨界事故」,百度百科。

5.「核燃料後處理」,維基百科。

6.「臨界事故」,維基百科。

「常態偏執」與當今世界 [1]

一

　　很少有人動用自己的感覺去追問這個問題：人類今天的生活狀態是否正常。儘管兩次世界大戰使得世界上很多知識分子都用自己的方式討論這個老而常新的問題，並且後現代以來的各種文學藝術和學術產品都在不厭其煩地告訴我們，人類生活得很不正常；但是這些忠告似乎沒怎麼起作用。說到底，「正常」「自然」這些標準早就被篡改了，人類已經習慣了倒置着自己來看世界。正常和自然被用最不自然、最不正常的方式重新打造過之後，反倒是原本自然的正常狀態顯得不正常了。平心而論，正常與自然這樣的字眼，絕對不可能包含客觀不變的標準，一切都是隨着多數人的行為方式而改變和共享的。在今天這樣一個跟着廣告走的虛擬世界裏，人們已經「習慣成自然」地接受了很多不正常的東西，並且反倒認為這些東西才是正常的。最大的不正常是超出生存需要的消費與佔有，在每天都有大量貧困兒童因飢餓而死的世界上，它以時尚之名把對資源的浪費變得合理合法，而且花樣百出地不斷造成新的消費（多數情況下它就是浪費的代名詞）潮流。

　　一切都是資本的陰謀──很多人會這麼說，不過問題到這裏

1　　本文寫於 2012 年，原載《天涯》2013 年 1 月號。

並沒有結束。僅僅依靠批判壟斷資本主義及其與權力的共謀，包括批判它的意識形態，我們並不能改變今天的生活狀態。這是因為，未必接受資本邏輯的人們，卻可能在生活感覺上接受消費主義的邏輯。在這個意義上，普通人並不僅僅是資本的受害者，同時也可能成為共謀者。被消費主義重新打造過的生活觀念，在今天支撐着「生活常態」，構成多數人的生活追求，這似乎不再需要舉例說明。

我偶然在北京「小毛驢民農園」的志願者們發行的簡報上讀到一個年輕志願者的短文，其中談道：這位年輕人現在過着簡單而充實的生活。居室裏沒有電視，沒有多餘的物品，不知道明星和追星的潮流，但是在有機農業的實踐中感覺到了生命的充實。在農園的生活使得這位年輕人產生了一個樸素的疑問：為甚麼現在人們要拼命地掙錢，然後高高興興地用掙到的錢去買那些有毒的東西？

這樣的疑問在全球都存在着，儘管它尚不會成為主導的聲音，卻一定會慢慢地發酵；這個疑問體現的健康本能使我感受到了希望，這才是真正的抵制資本邏輯的力量！畢竟在有限資源不斷被消耗的情況下，人類總有一天會不得不面對這個今天只有少數人敢於面對的問題——我們這樣不計後果地打造和謀求的「現代化」生活方式，姑且不說對自己意味着甚麼，它對於尚未來到這個世界的子孫後代而言，是否已經構成了貪婪的犯罪？

日本的「3・11」大地震已經過去一年多了。這個天災人禍糾結在一起的事件，究竟在何種程度上改變了日本並間接地改變了世界，今天還無法確切地判斷。但是，很多日本人確實在這又一次災難中獲得了某些寶貴的經驗。其中最使我受到啓發的，是他們曾經在網絡討論中提到了「常態偏執」的問題。

中國人對去年日本社會在巨大的災難之後迅速恢復日常狀態感到驚訝和敬佩。儘管在這種不動聲色的常態中，多數日本人隱然地感受到了「3．11」之前不曾有過的不安感覺，但是這種不安並沒有讓他們改變災難發生前的生活方式，也沒讓他們在行為舉止上體現出任何慌亂。社會在短時間內又變得井然有序，人們忙碌地上下班、交往、購物娛樂、享受生活。我們外國人很難了解日本人內心的那份不安，於是就在表面的常態中判斷這個社會：它已經從災難中恢復了。雖然在今年日本內閣批准重新啓動福井大飯核電站機組之後，日本社會相繼出現了大規模的示威遊行和請願活動，但是對於多數日本人來說，福島核電站的機組殘骸似乎已經不再構成威脅，它們作為話題雖然不時出現在傳媒上，人們卻失掉了關注它的新鮮感，並未消失的核輻射問題似乎已經被善於使一切都秩序化的日本人轉化為一種新的秩序：勤勞的日本主婦們在自己的家務中增加了一項新的內容，就是盡力辨別每天為家人提供的食物中放射性物質的含量，盡量在選擇食材時使它降低到最低限度。

人類善於選擇重複性的行為，我們每個人都不例外。使自己處於常態感覺之中，意味着可以不用思考和選擇而重複性地生活在某種秩序狀態中，例如每天按時上下班，按時吃飯，按時購物，按時看電視，按時上床休息，這對一個人而言依靠下意識的習慣幾乎就可以完成，這是能量消耗最小的方式，因而最省力；而當人每天都處於不確定性之中，每個動作都需要動腦判斷，都要自己做出選擇和決定的時候，就需要付出更多的精力和體力。心理學家做過一個實驗，讓人們自由入場地觀看演出，並且宣佈沒有對號入座的需要，大家可以隨時調換座位；但是當中間休息之後，絕大多數人都會依然坐回原來的座位。類似的情況在社會生活中

是常見的，它甚至可以轉化為對秩序的理解：秩序就是不要輕易改變已經形成的某些習慣。哪怕是剛剛出現的習慣，一經確定，人類就傾向於維持它，因為這是最節約精神與體力能量的方式；在這個意義上，應該說盡量縮短非常事態的持續時間，盡量驅逐非常態的感覺，是人類生命的辯證法。就連非常態本身，如果持續了一段時間，人類也有本事讓它成為可以習慣的「常態」。想想 2003 年「非典」流行時期人們先是恐慌繼而習慣的過程，這一點不難理解。

但是，假如人類生活的常態是健康而合理的（姑且不去討論甚麼是健康的和合理的標準，我相信常人都有一個基本的判斷），那麼使自己處於常態就是正常的；問題在於，假如我們篤信的「常態」並非如此，尤其是在現代社會已經顯示了它的病態的時候，那麼，我們使自己處於「常態感覺」中的本能，是否反倒是一種有害的自我麻醉？

在日本社會迅速恢復到「3‧11」之前的狀態時，最早對這一點表示了疑問的是一位來自美國的知識分子。他並未對日本人迅速恢復的秩序感覺表示讚賞，反倒表示了驚訝。他指出，在這種迅速恢復的狀態中，他感受到了一個斷層：一部份日本人感受到了危機，雖然在這個感受到危機的人群中危機的強度各不相同；而另一部份人則基本上沒有危機感，他們更願意回歸從前的生活狀態。[2]

這個分類法雖然有些粗疏，但是在基本估價上是可以成立的。如果說在核輻射的善後處理問題上，日本人大致分為兩群，恐怕

2　Manuel YANG：〈超越大毀滅結局的民眾〉，載《圖書新聞》（東京）2011 年 11 月 12 日。

並不違背現實狀況：一群人有強度不等、內容多樣的危機感，這促使他們投身於各種各樣的行動。小到為了家人的安全而拼命學習核輻射的知識，大到為了社會的安全和正義而到街頭參加抗議遊行，或者用各種方式支援那些漸漸被媒體遺忘的受害者；另一群人則對此冷眼旁觀，他們仍然按照福島核事故發生之前的感覺和秩序生活，彷彿這場災難已經結束了。而且，這冷眼旁觀的人恐怕是多數。

其實，何止「3‧11」之後的日本人呢。這個分類法恐怕同樣適用於今天的整個人類吧？當一場災難過後，人群總是分為迅速遺忘和拒絕遺忘兩大類，後者永遠是少數。所以，這也同樣是我們自身的問題。只不過日本的這次核事故以極端的方式尖銳地把這個一直潛在的問題拋入了人類的視野罷了。

擺脫危機恢復常態，本是人類的自我保護本能，不過在諸如「3‧11」這樣的後遺症很難消除的事件發生之後，迅速恢復原有的狀態似乎需要思考和質疑：這種恢復裏面是否包含了隱蔽危機的真實形態並以虛假的常態對它進行遮蔽的危險性？

這正是一群在位於東京的經產省辦公樓前搭起帳篷表達他們對內閣抗議的反核人士討論的問題。他們在反思，日本民眾這種迅速恢復常態的慾望中，是否體現着心理學意義上的「常態偏執」傾向？

這個詞是我的自行翻譯。或許它並非準確的心理學術語，但是我覺得這樣兩個詞的連接可以準確地傳達出一個基本的社會狀態：對於「常態」近乎偏執的依賴與執着，可以使人們無視逼到眼前的危機，只要生活可以日復一日地重複進行，哪怕危機仍然存在，還是可以按照常規過活。原本為了節省精力的消耗而產生的生命本能，在社會生活中卻有可能轉變成一種飲鴆止渴的惰性

機制。

今年初夏，我又一次造訪日本的時候，聽日本朋友説，即使在東京這樣離福島有一定距離的地區，鳥類也已經明顯地減少了。由於日本政府投入檢測環境污染的經費有限，除了文部科學省的網站之外，東京電力公司偶爾會公佈有限的污染信息，而且明顯地有大事化小的嫌疑；海洋污染的情況對於飲食中不能缺少漁業產品的日本人來説，依然是一個具有潛在危機的不確定因素。最近我看到一些民間的動物愛好者傳遞的消息，説在福島已經觀察到蝴蝶的幼蟲發生了死亡與基因變異的現象，而且比例很大。災難在靜悄悄地迫近，但是我在東京街頭幾乎無法感知到這一點。日本的年輕人仍然快樂地消費和娛樂，鬧市區依然繁華熱鬧；甚至在福島本地，學生們也依然按部就班地走着每天既定的道路去上學，看似並無甚麼不安。如果你去詢問他們的感受，我想他們會説：我們當然知道存在着危險，可是有甚麼辦法呢？我們又沒有可能離開！

我曾經在去年赴日本的飛機上詢問坐在身邊的兩位年輕的中國旅遊者，他們是否對日本的核污染有必要的知識？不料這兩位年輕人嫣然一笑，不以為意地説：咱們中國人怕甚麼，甚麼毒咱沒見過？

常態偏執並不僅僅是日本社會的問題，它也同樣破壞着我們中國人的健康本能。當核能的危險並沒有得到充份的討論，特別是沒有成為民眾的基本常識的時候，近在咫尺的福島核事故並沒有阻止中國核電站的建設，也沒有引起傳媒和大眾的輿論關注，而僅僅一年半的時間，需要幾十年才能夠逐漸消解的核污染後續的種種問題，已經悄然淡出了公眾的視野，儘管福島核電站依然千瘡百孔，相關的技術人員還在進行模擬試驗以決定如何才能取

出燃料棒，但是似乎這一頁已經被翻過去了。

　　人類無法忍受長時間的危機感覺，即使在現實危機沒有結束的情況下，人們也會想辦法在想像世界裏結束它。2011 年 12 月，當野田政府宣佈核事故已經收束的時候，儘管福島核電站的輻射強度依然不減，而且兩個裸露的機組依然因強烈的輻射使人無法接近而不能得到覆蓋，但是世界卻選擇相信這個說法。比起現實來，虛擬世界的「真實」更接近人們的要求，於是，日本和全世界的「後 3‧11」時代開始了，人們回到了常態之中。

二

　　危機是不受人歡迎的。但殘酷的是，人類通常只能通過危機來省察自身與社會的真實形態。日本社會正是在 2011 年的「3‧11」大地震、海嘯，以及隨之而來的福島核電站事故這一巨大的危機之下，才暴露了它真實的社會結構形態，並引發了日本的有識之士對自身課題的持續討論。

　　在這場天災人禍來臨之前，多數日本人相信他們的社會是民主的，言論是透明的，政界雖然不能讓很多人滿意，但是他們對各級行政系統在公共事務上的管理是信任的。這是個信任度很高的社會，即使出現了類似食品安全問題等事故，人們也不會草木皆兵；關於核電站的安全問題，儘管幾十年來一直有反核科學家在苦口婆心地宣傳核電站的危險性，儘管早已經產生了遠離核電站地區的人們對核電站附近人們的歧視心態，但是在輿論層面，沒有產生真正意義上的反對核污染的意識形態。日本人習慣把公共事務交給政府的行政系統管理，他們並不會因為行政系統出現錯誤而影響自己的安全感。反倒是那些反核科學家，長期以來一直被視為高喊「狼來了」的孩子。狼在哪裏？大家不都活得好好的嗎？

然而狼真的來了。「3‧11」打破了無端的信任感，也打破了日本人令世界敬佩的秩序感。那些一直被認為小題大做的反核科學家一時間成為眾人矚目的明星。由於過於強烈的事件在短期內發生，使得日常狀態中的一整套有序的運作方式無法運作。在最初的幾個月裏，不要說傳媒，就連政府的新聞發言人也常常出現令人瞠目的表現。我在事件過去半年多之後從報紙上讀到一則報道，說日本政府相關部門的官員在記者招待會上舉起一杯從福島核電站被毀機組的積水裏舀出來的水，說經過處理之後，這些水已經達到了正常的指標。於是在場的記者質問他，既然達到了正常的指標，那就說明這水可以喝，為甚麼不喝給大家看？這位官員於是就舉杯喝了下去。頃刻間全場嘩然，眾多錄音話筒指向了他，記者爭相問他：「現在是甚麼感覺？」接着有人問他，他為甚麼要喝這杯水？這位官員的回答是：既然大家都讓我喝，我也就喝了，甚麼都沒有想。

　　日本的傳媒報道這則消息的時候頗有些幸災樂禍。日本政府在事故發生後的所作所為，使得一向受到社會信任的官僚們突然成了笑柄。這類帶有嘲諷意味的趣事不時被傳媒拿出來娛樂，讀者略帶苦澀地一笑了之。但這已經是事故過去半年多之後，這時日本社會已經恢復到了常態，才有了這樣的餘裕；在事故當初的嚴峻時刻，朝野一片混亂，往日的慣常操作失靈，一時間社會與人都處於混沌之中。這時，日本人才真實地察覺到，他們信任的政府和行政體系，在這個關鍵的危機時刻想到的不是如何保護普通的日本百姓，尤其是那些身居險境的福島居民，而是如何盡快恢復秩序，並為此不惜掩蓋事實真相。

　　當福島核電站機組的堆芯熔毀並引發了嚴重的核洩漏之後，東京電力公司沒有在第一時間及時通報，並隱瞞了輻射最嚴重區

域的分佈情況，導致當地部份居民轉移到了輻射度更高的區域避難。這是事故發生之後漸漸被揭示出來的真相。此事引起日本社會輿論的極大憤慨。而日本政府在第一時間向社會傳達的信息，則是核事故引發的洩漏「不會立刻引發身體的健康問題」。雖然很多百姓根據自己的願望有意無意地忽略了「立刻」這個字眼，從而自我暗示危險已經過去了，但是這個說法還是引起了很多日本人的批評。同時，在事故爆發之後，日本文部科學省很快就宣佈福島進入災後復興階段，大、中、小學恢復上課，這一決定在後來受到質疑的時候，相關官員解釋說：我們是為了保證學校的正常運作秩序不被破壞。很多日本人激憤地說：那麼孩子們的生命安全呢？難道這還不如學校的秩序重要？

因輻射而被警方列為禁區線。
大橋正明攝。

應該説，在事故發生的初始階段，日本政府是使用常套行政手段處理這個特殊災難的。而這個常套手段，通常是使用在普通的地震、海嘯發生之後。常套手段的失靈，是在事件過去一段時間之後才慢慢地被人們意識到的，而常套手段中那些不為人知的黑暗部份，也恰恰是借助它的失靈才有可能浮出水面。例如文部科學省把秩序置於人的生命之上的秩序本位主義，不借助這個非常事件是很難被察覺到的。整個日本社會也是在一個劇烈的創傷經驗之後，才慢慢地回味出實際狀況的嚴重程度，所以第一時間出現的反應，是在過了一段時間之後才慢慢地暴露了它的虛假性。這個過程，恰恰暗含了一個歷史規律：在危機時刻，歷史與社會的結構方式會突然顯現它的真實面目，但是在閃現的當時，人們未必會理解它；所以，重要的是在危機過去之後的最初階段，不要立即結束危機感，而是重新整理危機時刻的基本經驗，並依靠它對常態進行質疑。

　　在福島出現嚴重的核事故之後，與無處撤離這一基本事實密切相關，最初佔據社會主導地位的意識形態是傳統日本社會最為常見的共同體意識：堅守家鄉，重建家園。當時希望到其他地區避難的福島居民，需要冒着被其他人歧視的危險。整個社會的意識形態也鼓勵福島人堅守陣地，並且鼓勵其他地區的日本人吃福島的農副產品以支持福島的災後復興。據説最初那段日子裏，電視藝人們在談話節目中會搞「吃菜秀」，一起吃福島產的蔬菜，直到有一天有一位藝人在直播節目中説出了皇帝沒有穿衣服的事實：「我們為甚麼必須吃這些危險的東西？」據説這位藝人一夜之間走紅，整個社會的輿論也開始發生了變化。到我去日本的2011 年下半年，福島人避難已經不受輿論譴責了，而不吃福島的農副產品，似乎也不會受到嚴厲的質疑。雖然「福島人加油」

依然是主旋律，但是這主旋律卻開始呈現某些斷層與蒼白的色彩。初期那種強有力的共同體意識形態，已經無法有效地對應如此慘烈的現實，而在一系列事件發生之後，道義與情感的矛盾衝突等問題逼迫着每一個人不得不謹慎地對待那些很難簡化的糾葛。

2011年的盂蘭盆節，京都人拒絕使用來自東北災區的木材點燃京都周圍山上的「大文字」。這是個很讓人頭疼的選擇。因為來自災區的木頭很可能帶有核輻射物，在周圍的山頭上點燃它自然就有可能對京都形成人為的污染；但是拒絕了這些木材，也有可能傷害仍然留在福島以及周邊其他幾個縣居民的感情。這件事一時間引起了輿論的關注，但是似乎也沒有形成聲討的陣勢，因為接下來馬上就發生了另一件更讓人頭疼的事情，就是內閣決定把東北幾個臨近福島的縣在地震海嘯時產生的各種垃圾分散到全國各地去焚燒。這就使得所有災區以外的地區都面對了京都的選擇。結果，除了東京都之外，所有地區都發生了居民拒絕的情況，直到我2012年年初回國，也只有東京都實際操作了這個計劃。

與此相關，一向被主流輿論所忽略的弱勢群體，也由於這次危機才開始被人們所關注。因為沒有富裕的經濟條件而不得不接受核電站的福島居民，不僅多年來為東京輸送着大量的電力，自己卻承受着核電站造成的周邊污染，而且在如此付出之後還要忍受無形的歧視。據說有的姑娘僅僅是因為出身於福島，就無法與東京的男友結婚，因為男友的家長害怕將來生不出健康的孩子。這樣的悲劇在這次危機之後漸漸被更多的人關注，一些有良知的人開始深思，該如何改變這樣的現實？甚至連此前日本批判知識分子一貫堅持的批判國家和民族主義的立場，在此時此刻也很難有效地解釋問題，這也曾使得一些有良知的知識分子暫時處於「失語狀態」。

在我有限的觀察裏，似乎在這個巨大的危機發生之後，日本政治也暴露了它一向被遮蔽着的某些特質。例如官方信息的透明度以及官方的公信力受到了深刻的質疑。通常，日本人對內閣的政治家或許有異議，但是對操作力強大且秩序感穩定的龐大行政系統卻有着本能的信賴感。正是在福島核危機出現之後，日本人無言地擱置了這種信任。首先是東部地區的多數居民紛紛購置了輻射測量儀，自行測試空氣中的核輻射濃度；它所伴隨的另一個現象是廣泛的學習運動。以主婦為主的民眾群體自發地組織起來，從放射性物質中不同射線的不同危害入手了解有關核物質的基本知識，並探討在輻射狀態下有效生存的對策；這一學習運動本身與民眾對官方御用科學家的不信任也直接相關。隨着事態的進展，越來越多的報道揭示了在第一時間出來證明福島核危機不會對人體產生危害的科學家的言論多有不實之詞，以至於激起了民憤；我在京都大學的校園裏就看到學生們掛出了巨大的條幅，要把某某御用科學家從京都大學「趕出去」。在事態平靜之後，日本民眾開始了自主的保衛生命運動。由於政府公佈的食品安全基準上限直到今年年初還遠遠高於正常標準，而幾乎大部份商家都利用這個規定把此限度內的食品一律作為安全食品上架，這就讓很多人無法判斷甚麼樣的食品更安全，所以很多民間組織開始集資購買測試食品輻射量的測試儀器，為市民提供有償服務；在政府調整了食品安全基準的上限之後，民間的測試似乎也沒有停止，而且據說有時也會從「安全食品」中檢測出很高的輻射值。

我不知道在這一年多的時間裏，日本普通人的生活感覺改變到了何種程度，可以肯定的是，這場災難改變了很多人，而這改變也將在一定程度上影響日本社會。最大的改變就是 2012 年陸續發生的抗議示威遊行。這些遊行的主題主要針對的是其他核電

站的重新啓動，並呼籲把日本真正變為無核國家；儘管一次次遊行並沒有能夠制止大飯核電站機組的重新啓動，但是這些遊行卻是自 1960 年安保運動以來又一次出現的連續性大規模群眾遊行，時隔多年，日本的普通民眾又一次以這樣的方式表達自己的意願。按照柄谷行人在一次演講中的説法，遊行未必能改變日本政府重啓核電站的決定，但是仍然帶來了變化，因為它使得日本成了一個可以遊行示威的社會。

　　與任何一個社會相同，日本社會中也存在着「沉默的大多數」。很難簡單地斷言沉默就一定是順從和無意志，但是沉默確實有利於一個社會維持現存的秩序。日本的民眾通過這次巨大的創傷性危機，部份地改變了原來的社會秩序，人們不再不假思索地生活了，他們開始依靠自己的判斷來選擇，開始培養懷疑的習慣。但是，雖然不安的感覺充溢着社會生活，秩序卻依舊井然；這在很大程度上是沉默的大多數所決定的。沒有理由要求一個社會一直維持在非常態狀況下，不過必須看到的一個客觀事實是，人類是通過危機而不是通過常態來進行學習和調整的。危機就是機遇，説的就是這個意思。現實狀況是，借助着危機暴露出來的各種社會問題，在危機過去之後又重新開始被慢慢地遮蔽；福島的弱勢群體如何在災後改變他們的社會地位，甚至僅僅是如何在災後恢復到災前的程度，重新又成為需要一些有良知的活動家們奔走呼號的課題。人群又在慢慢地恢復常態下所特有的冷漠，對福島的同情和支援與對核電的持續性抵制，又在漸漸成為需要進行社會動員才能廣泛開展的現實課題。正是在這種情況之下，2012 年 8 月中旬之後，從右翼的釣魚島登島等舉動到日美聯合「奪島」軍演，主權之爭把人們的視線從上述問題上移開，日本社會正面臨着新一輪的危機。

三

　　釣魚島的主權問題在日本社會重新被炒作，此事的升級發生在「3‧11」之後。在邏輯上，它當然與核電站停運和能源危機直接相關，但是在日本社會生活中，還有另外一重被中國人忽視的脈絡，這就是日本自衛隊升級和沖繩民眾對美軍基地的抗爭。對於日本社會的有識者而言，釣魚島的主權問題並不是主要的癥結，更急切的危機是日本政府和右翼勢力顯然希望借助釣魚島爭端廢除日本和平憲法第九條，使日本自衛隊轉變為合法的軍隊。而在這一系列陰謀中，美國恰恰通過它在沖繩半個多世紀的軍事支配為自己深入東亞、強化亞太霸權創造了有利條件。

　　在中國傳媒有關釣魚島的一系列分析報道中，問題被集中在主權層面上。當主權問題成為基本視角的時候，人們很容易把沖繩視為日本的一部份或者反過來強調沖繩應該獨立於日本，換言之，沖繩問題也被解釋為主權問題。但是真正應該關注的，卻是如何理解沖繩民眾半個多世紀以來曠日持久同時又極端孤獨地反對美軍基地的鬥爭。沖繩是東亞主權鬥爭的第一現場，但是在某種意義上，一些沖繩民間活動家卻以極為成熟的政治策略擱置了沖繩的主權問題。在沖繩歸屬問題上，沖繩人內部一直存在着分歧乃至激烈的對立。有些人希望施政權繼續歸屬日本，維持已有的既定事實，有些人希望獨立，建立自由的和自主的琉球社會；但是主權問題在沖繩的關注度，並沒有美軍基地的危害來得急切。我曾經不止一次地聽到沖繩一些代表性知識分子談到獨立和主權問題，一些人認為，如果沖繩的獨立如同南斯拉夫那樣將要引發區域戰爭的話，那麼他們寧可擱置這個問題。更為迫切的問題是，如何動員沖繩的民眾持續對抗美軍基地，逐漸地把美軍從沖繩趕走。持續了多年的普天間機場移址問題，在邊野古居民艱難的抗

爭和全島民眾的聲援之下，至今也無法有效推進，這顯示了沖繩民眾對抗美國和日本政府的強大決心和艱苦抗爭的成果。目前，沖繩活動家們正在組織民眾反對在距離我國台灣僅僅 111 千米的與那國島上駐紮日本自衛隊，反對在沖繩部署美軍的新式魚鷹直升機，這些艱苦的抗爭，在在都與釣魚島爭端相關，但是沖繩的民眾和沖繩的活動家並未得到來自東亞其他區域民眾的支持。他們在孤獨地戰鬥，為了東亞的和平，也為了世界的和平。

在「3‧11」之後，沖繩的活動家敏銳地察覺到了事態的嚴重性。借助美國軍隊與日本自衛隊聯合救災的名目，一向顧慮於和平憲法制約的日本自衛隊在悄悄地升級。2011 年 6 月的一次會議上，來自沖繩的著名知識分子仲里效先生指出：在地震和核事故發生後不久，日本自衛隊的艦艇就與美國軍艦一起駛進了那霸港。這使他感受到了強烈的危機。在戰後美國掌控日本軍事控制權的時期，日本自衛隊是不能與美軍同用基地設施的，近牛米日本政府悄悄採用滲透的手段讓日本自衛隊不斷接觸美軍基地等設施，尋找機會製造「日美聯合作戰」的意象，而這次地震海嘯和核事故，為自衛隊升級提供了很好的藉口，也為日本自衛隊進入南島鏈提供了掩護。在「3‧11」之後出現島嶼爭端絕非偶然，這是日本政府自伊拉克戰爭以來不斷以和平支援之名謀求自衛隊走出國門這一偷天換日手法的進一步升級。日美聯合軍演提升了自衛隊的實際軍事能力，為它轉換為軍隊做準備；而美國不斷緊縮的財政問題和全球霸權的維持，也使它放寬了對日本的戒備，除了核心軍事技術保密之外，它開始更多地在戰術層面上培養和借助日本的軍力。

沖繩作為「二戰」時期日本唯一的本土戰發生地和戰後被日本國家作為獨立交換條件而被美軍佔領的地域，受到了雙重的傷

害。即使在今天，這種傷害也仍然在繼續。沖繩不僅因為大片領海被劃歸軍事區而失掉了自己充足的漁業資源，而且也無法發展自己的商貿或其他產業。在這個不得不以基地經濟為支柱的群島上生活的人們，在日本戰敗後一直受到美軍的各種騷擾和摧殘，而肇事的美軍軍人卻可以不受日本法律制裁從而逍遙法外。在人口密集地區，美軍不斷發生的各種事故給人們的日常生活造成極大威脅，現在美軍強力引進的魚鷹戰鬥機就因安全性不穩定而隨時有可能造成平民的傷亡。

沖繩人就是不得不在這樣險惡的情況下堅持，用仲里效的話説，他們始終生活在臨界狀態。每一個來自日本和美國的舉措，民間都要集中大量的精力才有可能迫使其暫時停滯，或進行某些修正；在這種力量不對稱的政治格局中，沖繩的社會運動幾乎沒有鬆懈和喘息的餘地。正是因為這樣的緣故，「3‧11」之後迅速做出了反應的是沖繩的社會活動家，他們立刻把福島與沖繩聯繫起來討論，並立刻對日本國家犧牲弱勢者的一貫做法提出嚴厲的批判。

沖繩抗爭着的民眾沒有辦法生活在「常態」中，他們幾乎總是不得不保持高度的緊張狀態；而恰恰是這樣的鬥士最了解，在現實中抗爭右翼勢力和帝國主義勢力並不能僅僅依靠強調主權意識，主權問題需要配合更多的環節，才能轉化為真實的問題。今天的沖繩民眾運動家，儘管多數在主權問題上是堅持沖繩獨立性的，但是出於現實問題的複雜性以及對後果的考慮，他們很少把沖繩的主權這一核心問題作為製造凝聚力的意識形態訴諸社會，儘管建立一個獨立的琉球一直是很多沖繩民眾的夢想，但是，他們面對的現實問題，卻是更為具體和直接的，甚至未必與沖繩的歸屬問題直接相關。

讓我深受感動的是沖繩社會近年來持續進行的一個激烈的爭

論，就是把美軍基地從沖繩趕走是否應該是鬥爭的最終目標。在種種態度中，有一種看法是，從沖繩把美軍基地趕走並不意味着鬥爭的勝利，因為美國會在太平洋一些對美軍基地缺少「免疫力」的島嶼上建立新的美軍基地，而在那裏並不存在沖繩這樣的民眾鬥爭基礎。因此，把美軍從沖繩趕走，並不意味着鬥爭的勝利，因為它可能並不能改變美國「重返亞太」這一現實。同時，作為形式上日本國的一部份，沖繩的民眾鬥爭雖然並沒有直接以「反日」的形態呈現，但是對日本政府不顧沖繩百姓利益的國策，他們一直在進行持續性抗爭，特別是當下對日本自衛隊進入沖繩的舉措，很多沖繩人進行了不妥協的抗議。這樣，可以説沖繩凝聚了東北亞地區最尖鋭的政治、軍事衝突，也積聚了戰後半個多世紀以來深重的苦難；而沖繩的有識之士表現出的「大於沖繩」的國際主義視野，卻是從他們這種被歧視、被背叛的歷史處境中產生的。這種國際主義傳統，在沖繩思想界由來已久，早在越戰時期，沖繩人就試圖通過對美軍基地的牽制間接地支援越南的反美鬥爭；在伊拉克戰爭時期，沖繩人也一直把自己對美國軍事基地的抗議運動視為對伊拉克平民的人道援助。如果僅僅從國家視角出發認識問題，沖繩人民的抗爭很難與我們的「國家利益」認知發生關聯，例如在最近的釣魚島主權問題報道上，沖繩的歸屬問題雖然成了話題，但是沖繩民眾的現實鬥爭卻沒有進入中國社會的視野。這是非常大的缺憾。

在日本本島，沖繩民眾的抗爭雖然一直是一個公眾話題，但是並未與「沉默的大多數」發生切膚的關聯。在「3‧11」之後的民眾遊行等運動中，主要的抗議並不是針對日本國家的潛在核武裝化問題，而是日本民眾的生活安全以及核輻射的危害如何消除的問題。因此沖繩問題沒有可能佔據太多的位置。但是，

「福島—沖繩」的主題卻被兩地的知識分子以弱勢群體的相似性為視角進行了討論，而日本本土的有識之士在第一時間就指出了核電站與發展核武器的關係（參見武藤一羊的文章）。在日本社會迅速常態化之後，中心話題轉向了如何防止其他核電站重啟，以及電力供應是否可以擺脫核電依靠更安全的發電手段等方向，日本自衛隊借助福島救災悄然升級的問題，並沒有成為主要的課題。就是在這短短一年裏，借助民眾視線集中於核電安全與災後重建的時機，日本自衛隊完成了它對沖繩的進入。當仲里效先生看到那霸港的自衛隊軍艦時，他立刻聯想到了早年美軍從那霸港出發侵略越南的情景。這個敏銳的聯想在不到一年後的今天開始被現實部份地證實：日本自衛隊就是從沖繩出發去關島進行「奪島」軍演的！

　　沖繩民眾思想家們的危機意識往往被社會生活的「常態」所淹沒。對於常態的偏執性依賴會使人們忽略身邊真實的危機，聽任它從小到大漸漸地膨脹，直到有一天到了不可收拾的時候，再被迫以危機的形態面對。這似乎是一個令人痛心的歷史邏輯。不僅僅是日本核電的危機，也不僅僅是日本重新軍事化的危機，社會生活中幾乎所有的事物，都以這樣的方式疊加而成。危機過後的常態化掩蓋危機的真相，直到下一次危機的爆發；而每一次危機表面上看都不盡相同，因此似乎都與上一次危機無關；人們在不得不應付各種危機的時候，幾乎沒有精力停下來思考危機為甚麼發生；而在危機過去之後，人們卻很少利用短暫的安定時期來思考危機時刻不可能思考和追問的問題，反過來，倒是急於結束危機，恢復常態。在常態情況下，危機的某些關鍵環節會被遮蔽，事態會被集中於某些可見的要素，而借助於危機狀態暴露的大量常態中無法觀察到的要素，則會被常態的安定又一次遮蔽。正是

在這一意義上，生活中的常態偏執是可以理解的，而認識論上的常態偏執卻是不可原諒的。

四

常態偏執有多種形態。最直觀的常態偏執是不願意改變現狀因而不接受那些有可能改變現狀的信息。這是我們每個常人都會有的經驗。當不受歡迎的意外事件發生的時候，本能給我們的第一暗示就是：希望它不是真的。接受不愉快的意外對人類而言需要一個緩衝的過程，這個緩衝過程就是把意外「常態化」。於是我們看到另一個層面的常態偏執，這是非直觀意義上的常態偏執，那就是當常態已然被打破的時候，盡量依靠常態感覺建立一種危機狀態下的「常態」，換言之，在不斷變動的情況下盡快建立秩序感覺。當秩序感形成的時候，人才能安定，於是儘管危機狀態還在千變萬化，新的秩序感卻可以讓人們依靠某種常態想像接受危機，並且在想像世界中讓危機弱化或無害化。這當然是很危險的。當福島核事故發生之後，對於污染情況的追蹤報道是相當有限的。時至今日，人們還很難準確地判斷日本東北部沿海生物的污染情況，也不知道地下水污染的程度。我詢問過很多在日本東部生活的朋友，他們大多對此知之甚少甚至不太關心。我聯想到中國人對待農藥以及各種非法食品添加物污染的態度，當類似三聚氰胺之類的事件發生之後全社會草木皆兵，可是過不了多久人們就自行恢復常態。於是一切照舊，人們依然按照原來的方式生活，雖然心裏依然感到不安，但是盡量不去面對這種不安。是啊，很難想像在難以簡單獲取有效信息的情況下，人們還可以保持危機的心態，而在信息爆炸、誘惑成堆的現代社會，健忘這種普遍的習慣在轉移人的注意力的同時，也有效地緩解了因為危機意識

無所依託所帶來的焦慮。對於常態的偏執性依賴，使得人們能夠以平常心態生活在非常現實中，並且不會感覺到任何矛盾。這也正是現代社會可以化荒誕為神奇的社會基礎。

常態偏執還有更為隱秘的形態，這就是對於常識的依賴。正是這一層面上的常態偏執決定了對各種信息的取捨和信任度。人們總是趨向於選擇那些自己希望得到的信息，放大那些有利信息在整個信息結構中的比重，同時排斥那些不願意接受的信息，並對其保持高度的不信任。平心而論，人們很少平等地對待所有信息，選擇信息是根據它是否符合有利於己的標準的。而信息是否是有利的，其標準多數是由主導意識形態通過傳媒反覆打造的。日本政府依靠常識製造核洩漏沒有太大傷害的假象，許多日本人選擇相信，是因為這樣選擇可以不破壞已有的「常識」，也不必改變已經習慣了的生活方式。依靠已有的常識思考和選擇，是最為省力的方式，因為它最接近於不思考和不選擇。

正是由於上述種種的常態偏執，我們往往把那些與我們密切相關的事務放手推給未必對我們負責的人和部門去管理，並且拒絕想像其後果。應該說，現代社會比任何一個社會都更鼓勵人「快樂地苟活」。社會公共生活運作系統的繁複以及現代消費社會造成的強大意識形態讓人們滿足於被製造出來的常態與常識，並且對於逼到眼前的危機熟視無睹。正因為如此，清醒和勇氣才成為當代世界的稀缺品種。而比較容易發生的現象，卻是一種「他者志向型的個人主義」[3]，這種態度對於世界上各

---

3 這是第二次世界大戰之後被很多知識分子討論的問題。美國的社會學家李斯曼和日本的政治思想史家丸山真男對此都有具體的論述。它指的是在知識分子中廣泛存在的一種精神狀態：對於當代世界的各種事件具有充份的敏感，也隨時可以表現出義憤和狂熱，但是這些關注卻與自身的生活狀態以及責任脫節，是與己無關的「他人之事」。正是這樣的「他者志向型的個人主義」，使得德國納粹在形成時期沒有受到有效的抵制。

種事態保持敏感，也具有道義感覺並因此時時憤慨和狂熱；但同時卻又具有高度封閉的個人主義生活態度，這兩者之間是並行不悖的，後者排斥了前者可能產生的責任意識，使得前者的道義感容易轉變為與現實脫節的不負責任的空談，同時也使得空談者在這樣的狀態中感到滿足。應該説，今天的世界不缺少世界性的政治眼光，信息的大量傳遞很容易誘導各種政治話題「火起來」。但是「二戰」留下的這個教訓卻依然存在，「他者志向型的個人主義」使得那些尖銳的危機悄悄地轉化為熱門話題，並通過這種轉化把問題偷換成了偏離危機本身的消費性熱點，恰恰是這樣一種表面上看不缺少危機意識的熱門話題，在它不斷自我複製的過程中卻失去了危機感與現實性，從而也失掉了它可能承擔的責任感。失掉責任感的結果，就是話題脱離現實地走火入魔，我們可以觀察到當代社會大量的現象，就是人們談論政治話題的態度與談論足球比賽的態度並無二致：它的結果往往可以導致不同態度立場的人廝殺，而那些廝殺本身的目標與足球比賽已經相去甚遠。

在「3·11」之後，現實中的危機一直在升級、轉化為不同形態。從核污染到島嶼主權之爭，一個問題尚未解決就被另一個問題取代；與此相應，話題中的危機也在升級，輿論很容易就把人們引向激憤與狂熱狀態；然而，由於他者志向型的個人主義在今天的大眾文化中佔據了主導，使得人們難免會忽視現實中不斷變化的危機的實質內容而滿足於虛假的危機意識。當中國社會主流輿論在爭論是否應該對日本採取強硬措施的時候，人們忽略了一個基本的狀況：我們每個人該對可能發生的戰爭負何等責任？應該説，這種滿足於虛假的危機意識而缺少自我責任感的狀態，是最具有遮蔽性的「常態偏執」。它執着於輿論中不斷製造的熱點話題，並使得這種執着構成「常態」！

相比之下，隨時打破各種意義上的常態偏執，是需要巨大精神能量的。在當代五花八門的意象中突破對於常態和常識的依賴尤其需要勇氣與精力。應該説，這方面的表率是沖繩的民眾思想家。他們不僅在認識上保持了對於危機的敏感，而且同時表現出高度的現實責任感。正是在主權問題上飽受磨難的沖繩思想家們，敢於在主權之爭最激烈的時候提出另類的視角——擱置國族單位的主權視角，建立民眾生活的跨越國族視角，不以沖繩自身的利益為絕對前提，而是把人類和平作為第一義的目標。他們現實主義的考慮是避免成為地區矛盾激化的導火索，而他們理想主義的考慮則是超越國家框架來思考民眾的生存形態。當一切都被回收到主權問題中去的時候，沖繩思想家的思想貢獻就被遮蔽了。事實上，在今天國別單位的主權論述中，並沒有沖繩民眾思想家的論述空間；而主權問題成為唯一的常態視角，對它的絕對化反而會引發各種現實危險，包括對主權的威脅。在此意義上，沖繩民眾運動的努力給我們提供了極其重要的啟迪，而他們孤獨的抗爭也迫切需要真實的關切與支持。克服他者志向型的個人主義，建立現實中跨越國界的民眾連帶，這才是維持世界和平、化解東亞地區危機的真實途徑。

　　大眾傳媒特有的平板化特徵，在今天日益把常識打造得簡單而貧瘠。大量相互矛盾的信息被處理成非常有限的認知對象，其最為複雜的核心往往被忽略。常態思維左右着人們，使得人們在危機面前不再具有分析的能力，而是傾向於把危機回收到自己所熟悉的認知框架中去。在這種情況下，危機這一最有效的認識歷史和進入歷史的媒介，也很難幫助人們扭轉已有的思維惰性，於是我們很容易與這一機遇擦肩而過。

　　在「二戰」的白熱化階段，本雅明曾經給人類留下了一筆珍

貴的思想遺產，這就是他的絕筆之作《歷史哲學命題》。這個被無數歷史學家反覆徵引的主題，至今依然餘音裊裊：歷史總是在危機達到飽和的瞬間展示它的面目，如果沒有足夠的心力，無法在這個瞬間抓住時機進入歷史，那麼，歷史家就將與歷史擦肩而過。

我們正處在這樣一個危機接近飽和的歷史瞬間。是否能夠抓住它，從而有效地進入歷史，取決於我們能否有效地克服常態偏執的心態與習慣。在今天，它已經不僅僅是歷史學家的課題了，在這個危機四伏的時代裏，它逼到了每個願意思考的個體面前。盡量避免虛假認知的自我複製，有效地抓住危機，從而改變我們的生存狀態本身，這是我們每個人無法逃避的責任。

面對災難，日本國民不會隱忍[1]

陳映芳

面對脆弱的現代生活，這幾十年中日本人對於脆弱性之源的認識，對於災害預防及災害救濟系統的建設，是由難以計數的各種社會抗爭運動和政策參與行動來推進的。不是國民的隱忍，而恰恰是國民的奮起，推動着國家／地方政府、企業乃至專家集團逐步正視並落實國民的生活安全需求。

2011 年 3 月 11 日日本東部地區的大地震，引發了世人對日本抗災制度和救災表現的熱議。先是對日本防災系統的完備和日本人在災難中的沉着嘖嘖稱羨，繼而又有對發達國家核事故的驚訝，以及災民居然在忍受飢寒的不解。日本多災的國情和隱忍團結的國民性——類似「島國根性」「不可思議的日本人」式的日本論，似乎還在幫助我們從「他們為甚麼能如此、為甚麼會那樣」的複雜心緒中尋得便捷的答案。

現實中的日本，除了腳下逃無可逃的地震帶，它的防災抗災制度和文化以及正在承受的災難，到底是怎麼回事？

1　本文轉自當代文化研究網：http://www.cul-studies.com，作者是華東師範大學社會學系教授。

日本人並不是天然的模範災民

　　觀察日本震災，1923 年 9 月 1 日的關東大地震是重要的歷史視角。與各國許多複合型災難個案類似，從 M7.9 級的強震、高 10 米的海嘯、滿城的大火、蜂起的謠言，一直到對朝鮮人的殘酷追殺……幾乎不缺少任何自然災難、次生災難、人道災難的基本元素。

　　關東大地震在日本地震史上留下了一連串觸目驚心的數據：死亡 / 失蹤者 14.28 萬人（近年有學者統計為 10.5 萬多人）、傷者 10.3733 萬人、住房燒毀（含半毀）44.7128 萬戶，住房倒塌（含半塌）25.4499 萬戶。被暴徒殺害的朝鮮人，日本官方統計數為 233 人、民間統計數則為 2,613 人，而朝鮮方面的民間統計達 6,660 多人。此外，被殺害的還包括 3 名中國人和 59 名被誤認為朝鮮人的日本人。

　　這樣的災難中，人們既是自然災害的受害者，也是種種人禍的受害者，而許許多多平民同時還是直接、間接的加害者，但災後僅有 362 人以殺人罪、殺人未遂罪、傷害致死罪、傷害罪被起訴，且稍後多數又因王太子大婚而從輕發落。其時的日本，經濟正遭遇因「一戰」結束而不可避免的戰爭產業的衰落，政治上則出現民族主義和國家主義的高漲，社會主義者和自由主義者都受到鎮壓，同時自江戶時代延續下來的城市，卻並不具備抗強震的物質和組織的完備系統，社會更蘊含着種種人禍隱患。

　　大災之後，日本的恢復重建困難重重，東京人口大量流向各地，國家經濟長期低迷，政治領域則如我們所知，日本民族開始迅速滑向軍國主義泥沼和法西斯侵略戰爭的不歸路。

戰後日本：災難問責運動的興起

在今天由遠距離觀看而建構的日本抗災神話的背後，真正需要留意的，首先是日本民眾幾十年來艱苦卓絕的災難問責運動——歷經了大正、昭和年間種種歷史大災難的日本民眾，在戰後政治民主化的進程中，開始了旨在社會自我保護、自我救濟的政治實踐。日本現代防災救災系統的每一步變化，幾乎都是市民抗爭和參與的成果。

筆者注意到，在這次日本大地震的各種觀察分析中，人們一再提及 1995 年阪神・淡路大地震以來日本防災系統的改善，卻很少有人關心這種改變究竟由何而來。事實上，阪神大地震中看似忍耐從命的日本民眾，在震災中和災後一方面迅速行動，有效培養了社會互濟的高度自覺性和組織力；另一方面，由災民和一般市民、律師、知識分子、各種專家學者等參與的市民團體，在過去十多年裏一直在進行以追問責任、改革政策和法律為主要內容的大規模的、持久的市民運動。

此運動涉及面極廣，從住房建築規定、災民救濟補償方案、災民遷居政策、臨時住宅完善方法、災民心理問題、居民生活重建問題到地方分權、居民自治、志願者 / NGO 組織發展等，幾乎無所不涉，且影響力深遠。以致在今天的日本，阪神大地震已經被視為日本現代市民社會興起的一個重要轉折點。

民眾對災難的追責運動，在日本可追溯到 20 世紀 50 年代。1956 年始發於熊本縣水俁市的有機水銀中毒事件，如今被認為是日本民眾反對公害運動的出發點。有關水俁事件的基本情況，國內已有相關介紹。筆者想要補充的是，在熊本水俁事件受害者群體長達半個多世紀的、今天仍在堅持的申訴抗爭中，申訴者從被確認的患者擴展到未被確認的患者（廣義的受害者），他們的

申訴對象也從作為施害者的化工企業擴展到了國家和地方政府。

這場曠日持久的抗爭運動之艱難曲折，令人感慨。事件發生之初，相關企業有恃無恐、根本沒有將幾十個漁民放在眼裏，他們有相關政府部門的袒護和協助敷衍，曾使用各種威脅恐嚇和霸王協議，還強行解散調查組織、禁止調查報告公佈、串通御用學者辯護、毆打國內外記者等，無所不用其極。

就是在這樣絕望的境地中，水俁病鬥爭團體在堅持 12 年之後獲得了政府對病因的企業責任的確認；在 32 年之後贏得了最高法院對奇索公司原社長和原工廠廠長的刑事有罪判決；在病災發生 49 年後聽到了首相的道歉（1995 年，村山富市首相）；在堅持 48 年之後贏得了最高法院對國家責任和熊本政府責任的認定（2004 年，這是日本司法部門首次確認政府對於公害事件的不作為違法責任）。

2006 年 4 月 30 日，距離最初病災的發生已經整整 60 年時，一塊為水俁事件死難者而建的慰靈碑被豎立在熊本水俁灣；2009 年 7 月，日本頒佈了《關於水俁病被害者的救濟以及水俁病問題的解決的特別措置法》……由幾十個漁民開始的受害控告，半個多世紀以來，不僅成為全日本廣泛關注和參與的社會運動，且讓相關企業付出了高昂的賠償和治理代價，更影響了日本和世界各國的公害立法。

不是國民的隱忍，而是國民的奮起

世人常以日本的島國自然環境、資源短缺的先天不足來解釋日本人的危機意識。但觀察作為「市民」「居民」的日本人的行動邏輯，或許可以有不同理解。

戰後日本在實現政治民主化的同時，建立起了一套嚴密精細

的國家行政系統，且形成了自民黨一黨獨大的政治格局，在這樣的政治體系中，日本的公民看似很少行動空間。而在經濟層面，自近代開始，產業立國就是日本國策。即使戰後麥克阿瑟斬斷了財閥集團與國家的制度性紐帶，企業與國家間顯性或隱性的聯盟關係依然處處存在。這種結構也影響到了社會形態和個人與社會的關係，以致「企業社會」「企業武士」成了人們形容日本社會的一些基本概念。

可另一方面，走出了「皇民」時代、擺脫了「武士精神」束縛的日本國民，在與國家、企業保持某種程度的一體化關係的同時，對國家和企業團體作為民族災難的「加害者」的歷史記憶，卻也一直沒有消退。從學術界到民間團體，對各種歷史事件各種形式的調查和「災害教訓」的總結，在日本引人注目。

如對關東大地震的責任追究，不僅包括「國家責任」，還包括「民眾責任」。其他如左翼學者和政治團體、民間組織對戰爭責任的批判反思、對各種公害責任的控訴和追究，都以不同的形式滲入了國民與國家和企業的關係之中。

一個不無奇妙的現象是：日本人通常被外國人認為是高度遵守政府規則的模範公民，但相關的調查卻證實日本年輕人對國家的認同度明顯低於中國、韓國的年輕人。另一個例子是，在以國家發展、國家安全為堂皇名義的經濟開發、公共事業（包括大至美軍基地、機場、核電站、道路，小至一座橋的各種項目）的開發過程中，日本國民對於國家、地方政府和企業開發計劃的阻擊行動、對災害責任的追究行動，其現象之普遍、態度之堅決，世所矚目。

傳統文化或國民性之類顯然不足以解釋這樣的社會現象。面對脆弱的現代生活，日本人對於脆弱性之源的認識，對於災害預

防及災害救濟系統的建設，這幾十年中，是由難以計數的各種社會抗爭運動和政策參與行動來推進的。不是國民的隱忍，而恰恰是國民的奮起，推動着國家、地方政府、企業乃至專家集團逐步正視並落實國民的生活安全需求。

藥害愛滋事件與日本國家認罪

關於專家集團與國民生活安全需求的複雜關係，筆者在這兒要順帶提及在日本社會產生極大影響的藥害愛滋事件。現代社會中，由國家、企業和專家集團的事業聯盟關係以及各種利益共謀而導致的種種公害中，醫藥業最為典型。由於特殊的專業性，藥業界普遍存在企業的責任逃避和專家支配的問題，也因此，在日本，歷次藥害事件的受害申訴多以失敗告終。這樣的申訴運動，必得爭取專家集團與政府部門內部的健康力量的協作，才可能取得真正的轉變。

1989 年，一批因使用被污染的進口血液製劑而感染 HIV 的愛滋病患者先後在大阪和東京對厚生省正式提出民事訴訟。在由這次訴訟而帶動的社會運動中，包括醫藥專家在內的各種社會力量和政治力量紛紛加入支持者隊伍。最終，1996 年 1 月，當時以在野黨身份入閣的菅直人出任厚生大臣，在他的指示下，厚生省啓動內部調查程序，並隨即查出了專家作弊的關鍵證據。

這一年的 2 月中旬，運動團體和支持者們在厚生省前進行了引起全國媒體關注的抗議靜坐活動。最後，菅直人以厚生大臣身份，向 200 多位患者當面承認厚生省的法律責任，在全國媒體面前向受害者鞠躬謝罪。檢察機構隨後正式逮捕了相關企業的負責人以及厚生省當初的首席醫藥專家、時任帝國大學副校長的安部英教授。

這次事件，在日本公害追責的社會運動史上，首開了國家公開認罪和專家被法辦的先例。

反核運動與日本的現實災難

與醫藥公害相比，在世界各國的現代產業公害中，危害最大，亦最令人惶恐不安的，當屬核事故。日本作為唯一曾遭核武器轟炸的國家，其核受害的民族記憶被國家和各種民間力量持續強化，反核運動在日本也具有廣泛的社會基礎。幾十年來，幾乎每個核電項目都是在民眾的抵抗中強行推進的。翻開日本反核運動史，可以看到，今天的地震重災區茨城縣東海村正是 1955 年日本最初的反對核電設施運動的發生地！

自 20 世紀 50 年代至今，反核電運動在日本的展開過程，被有的學者形容為戰後日本社運發展最完整的形態樣本：由異議申訴的制度外運動到制度內的決策參與運動；由當地利害相關的居民群體的孤立行動到作為外部資源的專家、作為運動同盟者的政黨、運動支持母體的工會的全面合作；從「抵抗的環境權」到「參與和自治的環境權」、日本型「運動社會」的形成……（參見長欲川公一編《環境運動と政策のダイナミズム》）。

由於反核運動的推進，在國家決策和國民的生命 / 生活防衛要求之間，日本的公民參與制度得到了一次次突破和超越，包括最早的公開聽證制度的導入（1980 年）、最早的居民投票條例的頒佈（1982 年高知縣）。

然而，儘管是核受害國家，儘管有民眾持續不懈的反對運動，甚至有符合法律的居民投票結果，日本的核電產業卻沒有停下步伐。日本經濟對核電業的依賴越來越強，行政和司法系統在抵擋反核運動過程中，表現出特別強硬的國家立場。在今天的日本及

其他許多國家，對核危害的認識，人們還沒有形成應有的共識，對企業與國家聯手開發核能源的國策產業，國民也缺少有效阻擊的政治與法律的手段。

每個人的安全責任

對災難的責任追問、對受害者苦難體驗的普遍共享，一直是人類社會反思國家制度和自身行為、改進防災救災系統的實際推動力。但過往幾十年，雖然核爆受災體驗一直是日本反核運動的重要道義資源，在其他各國，卻因日本侵略戰爭的非正義性，其受害控訴難以激起普遍的反核激情。

與此同時，也可以看到，像 1979 年美國三哩島核電事故，特別是 1986 年蘇聯切爾諾貝爾核電事故，曾切切實實成為各國反核運動和政府改進核安全措施的推促力。而 2011 年 3 月 11 日，日本大地震之後的核洩漏事故，也遭到日本民眾對國家和企業的強烈質疑，它正在引起世界各國政府和民眾對核電產業的反思。

大災難能否真正推動人類減少對地球環境所犯的錯誤？能否促進所在國家和社會完善防災救災的系統？歸根到底，責任在於我們每個人。除非我們每個人能起而努力，去為自己的安全負起責任，否則，災難仍將降臨。

核能發電所事故與日本社會——民眾與科學 [1]

池上善彥

　　「戰後」是日本近代（19 世紀末至 1945 年）以來的範疇。就很多日本知識分子而言，對於 1945 年後這個「戰後」經濟成長時期，究竟該抱持甚麼樣的看法，卻不甚明瞭，甚至相當漠然，更缺乏認真的考慮。

　　我想以「民眾」為出發點討論日本戰後近代史。半年前發生了 3 月 11 日事件——開始是大地震與海嘯引起的災害，接着就是福島核電站的事故——這個事件於我以及日本人全體而言，都是一個非常大的衝擊。現在，日本人把 2011 年 3 月 11 日當作一個分水嶺，稱作「3·11 前」與「3·11 後」，並認為日本社會在「3·11」之後起了很大的變化。也許有些誇張的巧合，1945 年，日本就是在 3 月 11 日這天宣佈戰敗的；而現在，日本人也認為 2011 年 3 月 11 日是日本的第二次失敗。但是，對我而言，這兩次失敗，卻都是變革的契機。

1　本文來源於《文化研究季刊》第 126 期，https://www.csat.org.tw/Journal.aspx? ID=22&ek=95&pg=1&d=1539。

2011 年 3 月 11 日事故

　　大家想必在 3 月 11 日當天都看過新聞。這次事件的特殊性在於當時發生了兩起事故：一起是海嘯，造成約兩萬人罹難；另一起則是核電站事故。雖然這兩起事故都起因於地震，但性質完全不同，特別是核電站事故非常詭異。詭異之處在於，事件發生至今已經半年，因該事故死亡的人數，現在仍舊是「零」。一個罹難者也沒有的災害，可以稱為「災害」嗎？但這無疑是場災害，而這災害早在 25 年前就已在烏克蘭發生了。在福島核事故之前，切爾諾貝爾事故是唯一的前例，因為沒甚麼經驗可循，所以福島事故剛發生時，人們對於接下來會出現甚麼狀況，完全無法掌握。

　　3 月 11 日 14 時 46 分，我正在自家外面，那時一陣天搖地動，我覺得頭暈目眩，還以為是自己身體哪裏不對勁。接着就是地面劇烈搖晃。我趕快跑進家裏打開電視，電視報道發生了非常巨大的地震，並在數十分鐘後，一場很大的海嘯席捲了東北沿岸。東北地方時常出現海嘯，因此建有很高的防波堤。但沒想到這場巨大的海嘯，竟輕易地越過防波堤進入內陸數十千米。現在的報道技術很高明，新聞記者從直升機上俯拍，記錄下了海嘯席捲東北沿岸的景象。就像電影中的情節一樣，很多人一個接一個被海嘯吞噬。我看着這個真實而殘酷的畫面，説不出話來。到了晚上，電視上播着一片黑夜，記者説，離核能發電站 10 千米以外的地方開始斷電，而核電站則處於停止的狀態。

　　過去大家都曾設想過核電站事故，其危險性也是眾所周知。當時的電視台不斷重複着「即便停電，核電站也沒有任何危險性」。直到一兩個月後，媒體才第一次披露，其實在震災發生不久後就發生了堆心熔毀事件，也就是説，在海嘯發生的十個小時之內，至少 1 號機與 3 號機的堆心應該就已經熔毀。次日，

政府宣佈 3 千米到 10 千米以內的居民需要疏散避難。雖然我從前就反對核電，總覺得遲早會出事，卻沒想過這種意外真的會發生。各位應該可以理解這種心情，在覺得情況真是糟透了的同時，也感到非常不甘心，然後感覺非常憤怒。

在離反應堆很近的雙葉醫院門前。有些住院病人沒有被及時救出而死亡。大橋正明攝。

事發之後，政府不斷強調這次爆炸沒甚麼大不了的。然而，從15日之後連續八天，地下水、肉類、蔬菜當中都被檢測出含有非常高的放射性物質。也就是說，這兩次爆炸，散發出了非常多的放射性物質，並污染了我們的飲水與食物。我住在東京，而福島提供了東京大部份的蔬菜，這意味着，我們不僅不能喝身邊的水，超市裏所販賣的蔬菜也一樣不能食用。受到污染的不只是水和食物，就像切爾諾貝爾事件，放射性物質的污染會蔓延到關東與整個日本。但是，政府仍舊一而再、再而三地強調，「都是安全的」。

因為自來水不能喝，很多人就到超市買礦泉水，馬上就造成瓶裝礦泉水短缺。但是政府竟然向民眾說教，要大家不要恐慌，並且宣傳「即便蔬菜中被檢測出放射性物質，但其數值還是在安全範圍內」，又呼籲民眾不要拒買這些農產品。國家並未保護人民不受核輻射的污染。也就是說，我們在完全無知的狀態下，直接被暴露在放射線污染之中。放射性物質無色無味也看不到，不在乎的話當然可以當作沒有這些污染物質。但是，許多人都真實感受到自己被大量未知物質圍繞，並且感到非常恐慌。

在事故一兩個月後，這張讓我們了解污染程度的圖發表了（見下頁）。

這是群馬大學一位教授製作的污染顯示圖，有顏色的區塊是受到污染的地方。綠色部份下方是東京，紅色點是福島核事故發生處。真實的污染並不依照圓形擴散，放射性物質受到大氣運動的影響四處飄散，而紅、橘、黃色區塊是與切爾諾貝爾事故發生時同樣受到高濃度（放射性物質）污染的地區，紅色區塊甚至比切爾諾貝爾事故的核輻射污染還高，綠色與淡綠色區塊，雖然比切爾諾貝爾事故的輻射低，但仍存在污染。這只是一個概略的圖。

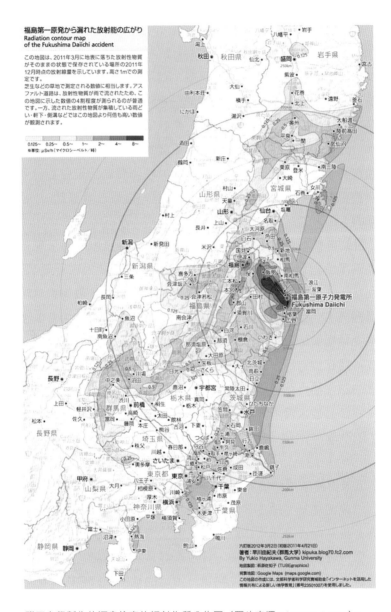

群馬大學製作的福島核事故輻射物質分佈圖（圖片來源：kananet.com）。

這段時期，信息非常混亂，政府要求許多學者依據政府所宣講的那套上電視發言，強調目前的狀況很安全，而我們每天看電視，心裏卻都懷疑着：那麼大的爆炸，怎麼可能安全呢？然而，大家究竟能依靠、相信甚麼？

日本從 30 年前就有反核運動，但參與反核運動的人相當有限，日本還是建造了很多核電站。但是，仍然有許多核電站的設計者與專家參與了反核運動，並在震災發生之後，開始通過網絡、廣播、雜誌向大家述説核電的真實狀況，這也就是以下我將要向大家報告的。

「3‧11 後」餘波——民眾成為科學的主體

政府在事故後的三週內一直對外強調反應堆是安全的，但這些反核人士卻在事故發生的第一天就指出，在海嘯發生後十小時內已發生堆心熔毀，人們也開始慢慢相信這些反核人士的發言。反核運動中，有些專家特別研究了輻射污染狀況，並提供食用蔬菜遭受放射性污染的安全值、安全飲用水的相關信息和詳細説明。請大家再看一下污染圖，圖中有 0.5、0.15 與 0.125 的數字，在上方也有 0.5、1、2、4 這樣的數字。雖然政府多次發佈這些數字，但我們並不了解數字的意義，如果不知道數字的意義，就沒辦法判斷哪些水可以喝、哪些菜可以吃，所以很多人拼命研究這些數字究竟代表甚麼。

放射性物質有兩個單位，一個是希沃特（Sv）、另一個是貝可勒爾（Bq），但就算聽到這些用語，大部份的人也不知道它的意思。半年前的我也完全不懂。大家於是借由網絡努力地學習。核電站構造圖每天在電視裏出現，也有許多圖示告訴我們這裏是燃料庫、那裏是冷卻系統，等等。我想現在住在日本的人，就算

是小學生，也可以很輕鬆地畫出這類圖。不僅如此，放射性元素有很多種類，例如大家常聽到的鈈、碘、銫、鍶等，它們的性質、放射的廣度、對人體的傷害程度完全不一樣。放射線也有 α（阿爾法）、β（貝塔）、γ（伽馬）三種，這些相關知識的程度，大約是大學物理系的程度，本來大家都不大知道這些，但現在，日本街頭的上班族或是家庭主婦，都能回答出這些放射線的差異。

事故之後，我曾組織會議，邀請核能專家來討論放射性物質，我以為只會有 50 位左右的聽眾參加，卻來了 300 多人，許多人還帶了小孩來。會中，大家提出了許多專業問題，彷彿人人都成了物理學者。我想這並不是因為大家想要學習，而是為了要生存下去——人需要知道甚麼菜可以吃、甚麼水可以喝。今天我想談的是民眾與科學，我想要表達的是，在 2011 年 3 月 11 日之後，日本所有的民眾都成了科學家。這是很多知識分子沒有預想到的。許多知識分子着力於民眾在政治層面上的覺醒，進而促成革命，但在這次核事故中情況完全不如他們所想，民眾是在科學層面上覺醒了。

現在全日本的民眾運動有兩種。一種是前面提到的「民眾的科學運動」。我剛提到，事故發生的一兩個月之內，大家都還在「學習」；但在一兩個月之後，人們就從「學習」轉向了「實踐」。民眾的科學實踐是甚麼呢？其實就是人們從過去「看不到」放射性物質，到現在人們利用監測輻射的蓋格計數器開始「看到」這些物質。蓋格計數器並不是很便宜的東西，但現在住在東京、關東的日本人幾乎人手一個。大概從下個月開始，一些公司將開始以較為便宜的價格出售這些計數器。我想蓋格計數器的擁有者將會越來越多，大概兩人之中會有一人擁有。

事實上，放射性物質的擴散並不平均，含量是有高有低的，

大家所看到的圖其實畫得相當粗糙，在現實中，即便在一個非常窄小的地方，桌上桌下、靠近窗戶或靠近水汽的地方，所測出來的輻射值都不一樣。人們就算想測量，也量不完。但最近幾個月卻出現了一個現象：擁有蓋格計數器的人越來越多，於是監測輻射值成了全民運動，由個人、團體隨時進行監測，並隨時把數值上傳網絡。很多家長要帶孩子出門時，就會上網查看哪些地點放射性物質較高或較低，因此在網絡上也逐漸出現了各種比這張圖更為詳細的輻射分佈圖。大家擁有這個不是很便宜的計數器，且人人都開始成為監測員，這一現象究竟意味着甚麼？

切爾諾貝爾事故發生後，蘇聯政府是禁止個人擁有此類計數器的，就連專門的研究人員也被禁止自行監測。在日本「3‧11」事故剛發生時，福島一個小學就自行監測校園內各地方的輻射值，並把這些數據上傳網絡。這個舉動不久就被教育部與縣教育委員會勒令停止了：政府方面非常擔心、恐懼民眾自己利用監測器了解事件的真實狀況。因為，對政府而言，「何處安全、何處危險」該由國家決定而非個人。然而，到底哪個地方輻射量較高、哪個地方較低？到底是你說了算，還是我說了算？這種像拔河一樣的戰爭，每天都在日本上演。

剛開始時，政府只把較低的數值傳到網絡上，但當地方自治體（例如縣、市政府單位）公佈了較低的數值之後，民眾自行監測出來的數值卻都比這些地方機關公佈的高，於是民眾就拿自行監測的數值質問政府。在這張圖上，大家只看到某些區域全部是黃色、綠色或淡綠，但在每個色塊中其實隱藏着許多「熱點」，也就是高污染、高濃度的地點，這是民眾自行測出來的。東京縣市政府裏可能只有 10 個或 20 個職員，但他們每天都要面對 500 個甚至是一兩千個民眾的質問，這逼迫區政府或縣市政府每天測

量、更新這些數值。也就是説，民眾的反應，使政府機關動了起來。

受輻射影響最深的，其實是孩子。世界衛生組織規定大人所能承受的輻射污染量是 1 毫希沃特，然而日本政府 4 月規定兒童所能承受的輻射傷害標準值（兒童一年當中所能承受的放射性物質污染量）卻是 20 毫希沃特。切爾諾貝爾事故時，只要人可能遭受超過 5 毫希沃特的輻射污染，就該去避難了，但 20 毫希沃特卻是切爾諾貝爾事故時的 4 倍。

於是，政府與民眾起了爭論，尤其是福島的居民；由於 20 毫希沃特是非常危險的，他們要求政府必須有所作為。在福島，特別是有孩子的家庭，有六七成的人想搬到別處去住，離開這個高污染的地方。國家及福島縣政府為了避免人口大量流失造成福島縣崩潰，一再拖延發放應支付給移居者的補助款，並宣稱 20 毫希沃特仍屬安全範圍。這件事後來演變成一場激烈的抗爭——以福島人為核心，在東京發動了包圍文部省的抗議示威遊行。最後，因為這場抗議，政府撤回了 20 毫希沃特的數值。當然，撤回數值，並不代表當地放射性物質的威脅已經消除，也很難説情況已經好轉，但至少前進了一小步。這就是民眾的科學實踐。

「3・11 後」餘波——抗議的政治實踐

還有另外一個民眾運動，屬於比較常見的抗議活動。事故發生後，因為政府並未對人們進行説明，我們完全不知道究竟發生了甚麼事、該做甚麼。不久，很多人（尤其年輕人）感到非常憤怒。我當時想，在甚麼地方應該要爆發抗議了吧，而出乎意料地，是由一個叫「素人之亂」的團體在東京開了第一槍。這個團體由一群在東京高圓寺經營二手貨品買賣的年輕人所組成，並不

是甚麼政治團體。他們最初只是想讓大家一起承擔這種恐懼，便在 2011 年 4 月 10 日於高圓寺發動抗議活動。抗議前他們向警察提出申請，只遞交了 500 人規模的抗議活動申請書，但最後有 15,000 人參加了這場遊行。

這樣的示威遊行，並不是要借遊行來展現政治性力量，而是大家聚集起來，一起承擔恐懼、相互安慰。但我認為這樣的抗議和示威，影響力非常大，以這場抗議為起點，人們開始更能表達自己的看法，也引發了更多抗議活動。上週日（2011 年 9 月 11 日）我也參加了一場抗議示威。同一時間，單是東京都內部就有四個地方舉行抗議，大東京區域內大概有十七八個地方，而全日本有三四十個地方舉行抗議。每場抗議、示威，少則 300 人，多則達到 10,000 人。昨天（2011 年 9 月 19 日）也有一場抗議示威，聽說東京參與人數達到 6 萬人，這場行動的發起者是日本非常有名的諾貝爾文學獎得主大江健三郎。

這種從常見的政治角度發動的抗議，同時也是科學的運動，借由這樣的抗議示威，我們表達了自己的看法，而大家的共同看法，就是建造一個無核的家園，且不僅僅是無核家園，更希望留給我們子孫一個無核的世界。

2013 年 11 月，福島反核運動遊行示威。藍原寬子攝。

「消費者」和「農民」──國家製造的人民對立

在事故之後，日本社會出現了意料之外的斷裂。以「菜」為例，為甚麼政府希望民眾去吃受到污染的菜呢？因為種這些受到污染的菜的人，是農民。

日本政府對於是否要發給農民補償金，猶豫不決。造成福島核事故的主體是東京電力公司，並不是農民，但農民卻因為政府不願意發補償金，而成為承擔核災的主體──他們為了繼續生存，只能繼續種植受到污染的菜。當越來越多的人都不願意買受污染的菜，消費者與農民之間就形成了緊張的對立關係。這樣的對立，其實是被製造出來的。買菜的消費者也是受害者，然而政府卻認為他們有「錯」。而對農民而言，珍貴的土地受到污染，他們是無可奈何的，且必須說，農民站在土地上種菜所遭受的輻射性污染，是城市居民的十倍。這樣的對立是不該形成的。

今後，這些菜究竟何去何從呢？這些菜出現在超市裏，大部份人並不願意購買，於是這些菜就流到餐廳，尤其是外食產業，例如便當業，也許也會流到加工食品中。在發生真正污染之前，我們本來預設日本政府會禁止販賣受污染的菜，沒想到政府非但不禁止，還鼓勵大家去吃。

「菜」只是一例，該追問的是，為甚麼在人民當中，「消費者」和「農民」是對立的？其實，是政府製造了人民跟人民之間的對立。

「輻射污染量安全數據」的「冷戰」政治──原爆、原爆調查委員會、美軍

接下來我要討論對於輻射的恐懼。輻射污染分為兩種：一種是外部暴露，另一種是內部暴露。外部暴露，是指在核電事故中

發生爆炸時，人體被放射線照射到。放射線有 α、β、γ 三種。α 射線和 β 射線較弱，γ 射線很強，會貫穿人體。外部暴露只會發生一次，就是爆炸時被放射線照射的那一次，而當 γ 射線貫穿人的身體時，會破壞體內的 DNA。

現在日本民眾非常恐懼的是內部暴露的問題。內部暴露是指放射性物質經由空氣、食物、水等進入人的身體，這樣的放射性物質例如鍶，就會停留在人的骨頭裏，碘則會留在人（尤其是小孩）的甲狀腺裏，銫則會停留在肌肉裏，若是女性，銫就會停留在子宮裏，又或者會停留在膀胱裏。內部暴露以 α 射線和 β 射線最令人恐怖，例如，α 射線雖然穿透能力弱，但對人體的損害力很強，一旦進入人體，受損細胞周圍的所有細胞都會遭到破壞，而被破壞的細胞就會再破壞它旁邊細胞的 DNA，一直蔓延擴大。

這樣的破壞後果不是立即顯現的。切爾諾貝爾事故中，孩子是在 5—15 年之後才被發現得了甲狀腺癌，膀胱癌的發病則是在 20 年之後達到高峰。也就是說，輻射內部暴露所造成的後果，在一兩年之內還看不出來，要到 20—25 年左右，病狀才會漸漸顯著。現在日本人民相當恐懼內部暴露的問題，這樣的恐懼，並無法顯示在安全圖標的數值裏。

那麼，輻射的量到甚麼程度就不安全，由誰來判斷？國際上有幾個組織，其中最為有力的是 ICRP（International Commission on Radiological Protection，國際輻射防護委員會）。大家常聽到的 IAEA（International Atomic Energy Agency，國際原子能機構），主要掌管核擴散與原子彈，而 ICRP 比較像是 IAEA 的附屬機構。

但 ICRP 對放射性的判定標準的數據，是從何處取得的？他們最重要的研究資料，就是來自廣島和長崎，其次則是核電站的

工作人員以及核設施周邊居民的健康數據。許多國家進行原子彈試爆的研究數值也源於此。可是，ICRP 的數值基準為外部暴露，並未考慮內部暴露的部份。剛剛我談到的內部暴露的問題，近幾年才被科學所重視（是這五六十年對於廣島和長崎受到原子彈爆炸傷害居民的醫療診治，使得醫學相關研究開始重視內部暴露的問題）。

廣島在原子彈爆炸的數秒之內就有十萬多人犧牲，且在犧牲的同時感受到非常巨大的光與熱（放射線），因此 ICRP 的基準值是非常高的。而核電站事故的數值，相較於廣島、長崎的原子彈爆炸，是相當低的。我將圖中如東京、關東等地區稱作「低量輻射暴露地區」。

「低量輻射污染」或「內部暴露」不僅是醫學問題，還是政治問題。在 1945 年 8 月，廣島、長崎被投下兩顆原子彈；但為甚麼多年後的日本，還會擁有 54 座核電站呢？很多日本人跟我有一樣的想法：為甚麼日本人明明懷有對原子彈爆炸的恐懼，卻還是允許興建這麼多核電站呢？

在福島事件發生之後，我接受一家南美的廣播電台訪問。他們問了我兩個問題：「日本曾遭受原子彈轟炸，為甚麼仍舊擁有那麼多核電站？」以及「美國在這件事上扮演了甚麼樣的角色？」

很明顯，因「冷戰」之故，美國企圖將日本變成反共國家。也就是說，美國曾試圖將日本變成「和平」國家、絕不再朝法西斯國家發展；而在新中國成立、「冷戰」、朝鮮戰爭的背景下，為使日本作為美國最前線的反共國家，並防止日本赤化，必須將日本建設為富裕的國家。由於需要大量的能源才能達到這個經濟發展目標，美國便在日本推動核能發電。我想各位都知道，美國艾森豪威爾總統於 1953 年提出「和平利用核能」的口號，亦即將

原子彈這項軍事技術轉移給民間，也就是核技術的自由化、民營化。事實上，在技術層面上，原子彈和核能發電是完全相同的，美國在論述上卻把「核武」和「核電」分開，對日本的說法就是希望「給予日本更多的發展可能性、刺激日本經濟」，而日本則屈服於美國。雖然日本自身遭受過原子彈爆炸，卻站在宣傳和平利用核能的最前線，並在 1954—1956 年引進核能發電技術。就這樣，在 1960—1980 年，54 座核電站陸續在日本建造完成了。日本是原子彈爆炸的唯一受害國，但這到底具有何種意義？我想，在 2011 年 3 月 11 日之後，許多人對此都有了新的感觸。

在 1945 年原子彈爆炸發生兩三天後，美軍就進入廣島進行調查，照下許多受害者的照片以理解其受害程度，並搜集了許多數據。之後，他們成立了 ABCC（Atomic Bomb Casualty Commission，原子彈爆炸調查委員會），此組織的主要工作在於調查受害者的受害情況，並不做任何治療──他們不以治療為目的，治療是委託給民間醫院進行的。美軍進行這些調查，取得數值與資料，目的是為「冷戰」下即將來到的核戰爭做準備。也就是說，廣島與長崎的受害者，對美軍而言其實只是一種人體實驗。對此，廣島對 ABCC 是充滿怨懟、憤怒的。

1975 年，ABCC 在日美共同研究的名目下換了名字，改為以 RERF（Radiation Effects Research Foundation，放射線影響研究基金會）為名的美日合作研究單位。雖然換了名稱，但它的性質並未改變，尤其在福島事故之後，這個研究單位的研究員出面替日本政府機構做了背書，完全沒有站在民眾立場上對政府提出批判。該研究單位的一員，現在甚至擔任福島縣內某醫科大學的副校長，恐怕正跟美軍進行合作，在福島搜集關於核災難受害者的相關數據資料。

在此背景下，民眾自行發起對於輻射線的監測運動，借由自己的主動行為把看不到的輻射顯像，這種行動的意義在於，它是對於 ICRP 的抵制。而這個 ICRP 背後有一個巨大存在——IAEA，而 IAEA 的背後就是美國。

「非核家園」？——用身體記住「3‧11」

剛才談的全民科學運動，是一個科學計量的運動，和社會科學沒有直接關係；但是，能否借由這樣的運動，進而理解「冷戰」背後的日本現代史以及美國的核能政策、核武陰謀？「到底是誰讓日本擁有這種東西的？」「到底是誰帶來了這個危險？」現在日本人漸漸能體會到，這些問題所指向的，就是美國。

過去，相當不可思議，每當日本談到核能發電的相關事情時，對美國的討論都是缺席的，而且大家似乎是刻意不提起。廣島、長崎每年 8 月舉辦的戰後和平祭典，也完全不會提到美國與核電問題。但是，在「3‧11」事件之後，今年的和平祭典上，首次提到了核能發電問題，並首次提到對於非核家園的盼望，我認為這是一個創時代的發言——雖然發言中仍未提到美國。

經歷 1945 年原子彈爆炸和 2011 年 3 月福島核爆、超越生存危機，今後我們能否繼續推進對於核電、核能的認識？這並非僅僅用「頭」想，我們必須以「身體」記憶。尤其，污染狀況將伴隨時間的延長而擴大，其深刻程度，大家都感受到了。

現在，在福島與東京，持續進行着一種「除污作業」，也就是將被污染的泥土挖起、將被污染的傢具與物品用水沖洗。雖然這樣的除污作業每天都在不斷重複着，但我認為效果相當有限：被污染的泥土被挖起之後，該放到哪裏去呢？就算是用水清洗受污染的物品，放射性物質仍不會消解，而是留在水中，並隨着水

流進河川，被污染的水又成為雲雨，可能飄散到任何地方。也就是説，除污作業的功效是有限度的。一個學者曾經計算過，若要將所有被污染的土地都進行除污，大概要花 800 億日圓，這是料想得到的金額。

此外，接下來將產生大量的難民，這些難民需要移往別的地區、別的國家，當地人怎麼接受他們，他們又將如何生活？海嘯侵襲地區已有 50 萬人避難去了，核事故也已造成數萬人的避難潮，我想，接下來還有更大的災難等着我們。距離「3‧11」事故已經半年，科學性的民眾運動，又該如何進入社會層面、政治層面？這就是福島的現狀。

2011 年 9 月

祝島民眾反核運動 30 年或終結日本對核能依賴 [1]

艾　芳　編譯

　　祝島，是日本山口縣的一個小島，位於瀨戶內海。在 20 世紀 60 年代日本高速發展時期，這個島上的人口開始向大城市遷移，它逐漸成為一個人煙稀少的小村莊。島民主要以漁業和農業為主，過着簡樸平凡的生活。不過，一切安寧被一個修建核電站的計劃所打破，島上的居民也由此掀起了長達 30 年的反核運動。

反核運動掀開序幕

　　祝島隸屬上關町。這個地區缺乏工業，主要以小規模的農業和漁業養殖為主。在日本戰後經濟高速發展的年代，這個落後偏僻的小漁港也期待能跟上經濟發展的浪潮。因此，當 1982 年日本的中國電力株式會社 [2] 提出在這個地區修建核電站時，附近居民的熱情都很高。根據計劃，這個核電站將要佔用約 33 萬平方米的土地和海域。

　　為了打消安全方面的疑慮，中國電力株式會社組織當地居民前往日本國內各個核電站考察。據參加該活動的居民回憶，考察

1　文章出自網易探索：http://3g.163.com/news/11/0831/09/7CPB7MTS000125LI_0.wml。
2　中國電力株式會社是日本一家負責地方供電事務的企業，主要為鳥取縣、島根縣、岡山縣、廣島縣和山口縣等五縣提供服務，因處於日本中部地區，所以稱為中國電力株式會社。

內容還包括在一些旅遊景點泡溫泉。此外，中國電力株式會社還提出對因修建核電站而失去漁場的居民進行經濟補償。現年 67 歲的香積井上就是支持這一計劃的，他表示：「我們當時需要錢。整個上關町地區的經濟都在萎縮，我們需要增長。」

不過，距離核電站選址地點約 2.5 英里遠的祝島居民卻並不贊同這一計劃。這個在當時大約只有 1,000 個居民的小島在一次投票中一邊倒地反對修建核電站。因此，在 1983 年一個陰冷的早晨，祝島居民中斷了慶祝新年的活動，走上街頭表示抗議。男人們穿着釣魚靴，女人們戴着針織帽，沿着小島上狹窄的道路遊行。這是祝島上第一次出現規模超過 1,000 人的抗議活動。在當年的一次抗議活動中，一小隊漁民還駕駛着漁船將中國電力株式會社的作業船圍了起來。在憤怒的鳴笛聲中，這些漁民高喊着「不准修建核電站！」「這片海域不屬於你們！」等口號。

雖然當時很多日本民眾都不知道為甚麼要反對這一計劃，但是祝島的居民很清楚他們在做甚麼。這片海域是他們的主要生活來源，而且一旦核電站發生事故，他們甚至連逃生的機會都沒有。

除此之外，祝島上還有許多居民曾在其他地方工作。他們當中有一些人就是核電站的工人。這些人不僅站在抗議活動的最前沿，還給當地居民帶來了很多壞消息。現年 88 歲的磯部一夫就是其中一位。他曾於 20 世紀 70 年代在當時新建的福島核電站工作過，主要任務就是穿着防輻射服在 2 號反應堆內進行清理。在工作三個月後，磯部一夫身上檢測到的核輻射量達到了創紀錄的 850 毫希沃特，而通常情況下，一個核電站工人一年累計的核輻射量才能達到這一數值，這更是超過了普通居民核輻射標準的八倍。

在聽到家鄉要修建核電站的消息後，磯部一夫感到很「恐怖」，

現年 88 歲的磯部一夫曾在福島核電站工作過。他目睹了核輻射是多麼難以控制，因此一直站在反核運動最前沿。

他馬上返回了祝島。磯部一夫說：「我親眼看到核輻射是多麼難以控制。我告訴周圍的每一位鄰居，讓他們不要相信中國電力株式會社工作人員說的任何話。」

力量懸殊的對決

　　不過，上關町的居民仍然支持這一計劃。自 1983 年以來，每一位贊同修建核電站的候選人都能成功當選，而且上關町大多數的議員也傾向於這一觀點。到了 1994 年，日本中央政府也表態支持，並明確指出核電是日本「電力能源的主要來源」。此外，相關數據還表明，自 1984 年到 2010 年，上關町獲得的來自政府的補貼多達 45 億日圓（折合約港幣 3.06 億元），中國電力株式會社也累計撥付了 24 億日圓（約港幣 1.63 億元）的款項。

　　但是，祝島居民並沒有因此而放棄。他們在議會中選出具有反核立場的候選人，同時還拒絕了中國電力株式會社支付的 10 億日圓（約港幣 6,800 萬元）的現金補貼。當中國電力株式會社

向日本政府提交環評報告後，他們明確指出了其中的疏漏之處，比如報告沒有提及對生活在近海海域的海豚的影響。祝島居民還起訴中國電力株式會社，稱核電站建設可能侵佔公共用地，不過日本最高法院於 2008 年駁回了這一訴訟。現年 68 歲的加藤石井説：「我們已經盡了一切努力去阻止核電站的建設。」他為這一案件奔波了八年。

對祝島居民來説，最具毀滅性的打擊發生在 2008 年。上關町所在的山口縣當年做出決定，允許這一核電站重新開始建設。憤怒的居民在核電站建設地點附近修建了一個小屋，準備對建設進程進行 24 小時的監視。2009 年 12 月，中國電力株式會社用浮標在海面上圈起一塊區域作為核電站的建設區域。當地居民得知後迅速駕駛漁船衝進了這一區域，其中一位叫竹內民子的 68 歲老嫗更是衝上碼頭瘋狂地虐打自己，其他的人則趁機跳上核電站的作業船阻止施工。這一幕在一向低調的日本民眾中並不常見，也只有綠色和平組織曾採取過類似的激烈舉動。竹內民子祖祖輩輩都在這裏以打魚為生，她表示：「這片海域是我們的生活來源。我們不允許任何人玷污它。」

然而，一個月以後，中國電力株式會社趁着夜色又在海上用浮標圈起了一塊區域，並聲稱重建工作已經開始。此時，祝島卻面臨着另一種窘境。由於長期以來的經濟萎縮，島上居民的人口不斷減少，留下的大多是年邁的老人，而且小學和中學都已經停辦。截至 2010 年 3 月，祝島居民的數量已經下降了一半，只剩下 479 人，平均年齡更是超過了 70 歲。他們已經無法組織長達幾個小時的抗議活動了，每次遊行只能持續 20 分鐘。現年 70 歲的多緒久子説：「我們每個人都拄着拐杖，根本就不能進行抗爭。」這一次，祝島的居民似乎要在這場持續近

30 年的鬥爭中面臨失敗了。

鬥爭仍將繼續

突變發生在 2011 年 3 月 11 日。這場災難性的大地震以及隨後引發的海嘯給了福島核電站致命一擊，並造成了地球上有史以來最嚴重的核洩漏事件之一。磯部一夫說：「這次地震改變了一切。」

山口縣縣長最近表示，他將重新審核中國電力株式會社修建核電站的許可。周圍的市鎮也對這一計劃表達了反對意見。甚至長期支持核電站修建的上關町官員也表示這一項目可能會取消。

不過，中國電力株式會社新任的社長在一次內部講話中卻表示，公司將繼續推進修建核電站的計劃。此外，中國電力株式會社的高層還向當地的一些政治人物保證，新建的核電站將採用最新的防震技術。對此，祝島居民反對核電站建設的領導人貞和大夫稱：「我們一定會阻止他們。這是我們近 30 年來最好的時機。」

考驗日本對待核能的態度

祝島居民近 30 年來的反核運動在某種程度上已經成為日本國民對待核能態度的試金石了，尤其是那些剛剛從福島核危機中警醒過來的人。他們長期以來都相信日本政府的保證：核電是安全的。日本政府一直在計劃修建更多的核電站，而祝島核電站是目前最有可能獲得批准的，因此很多反核人士將祝島的抗爭看成他們終結日本對核能依賴的最好時機。

如果這一計劃破產，將為日本民眾反對核能開創一個先例。

日本農民的雙重挑戰：
核災難及太平洋區域的合作關係

安藤中雄 文　房小捷 譯

　　剛剛經歷過 2011 年 3 月 11 日的巨大地震和海嘯的日本，
瀰漫着灰暗和沮喪的氣氛。災難過後，各公司紛紛停止在電視上
發佈自己的商業信息，曾經終日遭受無窮無盡的商業信息轟炸的
日本人民終於可以消停幾週了。但是他們一打開電視，就又得不
斷重複收看私人非營利組織 AC（日本廣告協會）炮製的廣告信息。
許多日本人一遍又一遍地看到三個日本足球運動員向在地震和海
嘯災難中受損的公眾呼籲團結。內田篤人是其中一位加盟德國某
俱樂部的才華卓著的足球運動員，他鼓勵日本人民道：「每個人
都應該做他或她能做的事情，日本是一支隊伍。」他號召他的隊
友日本人民團結起來（如同一支組織起來的球隊）戰勝困難。這
種將日本人民視作一個不可分割的整體的觀點並不新鮮，只不過
經歷了地震和海嘯之後在媒體中影響大增。

　　我並不想否定這種國家主義在災難過後的復興。我只是擔心
這種觀點會導致我們忽視不同集團的日本人之間不平等、不公正
的關係。弱勢群體的清單包括：臨時工、福島的居民，以及農民
和漁夫。本文將詳細探討在核災難中受害的日本農民的處境。他
們還遭受了 TPP（Trans-Pacific Partnership Agreement，跨太
平洋夥伴關係協議）的挑戰，該協議旨在促進亞太地區的貿易自
由化。

核災難和農民

福島第一核電站災難緊隨地震和海嘯發生，給無數的日本人民帶來了巨大的災難：高放射性物質從核反應堆中洩漏出來，大量排入空氣、土地和水域中。居住在福島的人民受害尤其慘重，超過十萬人被迫離開家園，而另外的大量人民面臨一個艱難的選擇：要麼背井離鄉，要麼留下來忍受放射性污染。

並不是所有的損害都顯而易見。福島人民在精神上受到的傷害不亞於物質損失。2011 年 4 月我造訪福島期間，與當地日本農業協會（JA）分支機構的一位僱員進行了一次談話。他說：「福島就是一座被孤立的島嶼。」大量的故事都在訴說着福島人民遭受的精神創傷：鄰近城市許多賓館的僱員都拒絕接納從福島疏散出去的人，任其無處容身；一個從福島疏散出來換了學校的孩子被學校裏的其他孩子欺負，他們說他會給他們帶來輻射影響。這些傷心的故事令福島人民被孤立的感覺不斷上升。

哲學家高橋哲哉強調，福島和日本東北地區就好像沖繩，在日本近代史上為東京和其他大城市所犧牲。[1] 數千年前，東北地區人民主要依靠狩獵、捕魚和採集獲得生計。該地的經濟明顯區別於主要依賴水稻種植生活的日本東南部。大海和群山贈予了在東北地區生活的人民豐富的食物和充足的能量。[2] 一份大約 100 年前的報告指出，雙葉地區，也就是今日福島第一核電站坐落之處，在當時備受大自然的眷顧饋贈：太平洋中漁業資源取之不盡，群山之中蘊藏着無數的林產品，沃野之上農田交錯、牧場遍佈，

1　高橋哲哉：《犧牲的系統——福島・沖繩》，集英社，2011。
2　高橋富雄：《東北的歷史與開發》，山川出版社，1973：128。

南邊還擁有一處廣袤無垠的煤海。[3]

　　那些日後成為現代日本政治領袖的人，曾經遭受東北地區不少地方的反抗，因此，自現代日本國家建立的 1868 年起，這些地方就處於不利地位。日本政府的那些精英們，幾乎不在這些地區投資發展新型工業。在日本快速推進現代化的 20 世紀早期，東北地區逐漸被納入日本的整個國民經濟體系當中。這導致東北地區的經濟轉向以大米生產為主。20 世紀 30 年代早期，東北地區遭遇嚴寒，水稻和其他糧食作物統統歉收，媒體對這一地區人民所受苦難的報道令世人震驚。當時日本人經常生吃一種白色的小蘿蔔，一張一個小孩子啃食這種蘿蔔的照片被許多報紙刊載，用來表現東北地區的饑荒。

　　就如同第二次世界大戰後，美國的政治精英將生活在南美洲、亞洲和非洲的人民看作處於「不發達」狀態一樣，[4] 日本的政治家認為東北地區的人民生活「貧困」，而他們自身有幫助這些人擺脫貧窮狀態的倫理義務，這為他們在各個領域從頭至尾全面干涉東北發展計劃提供了合法性。東北的發展計劃主要集中於推進電站建設上，水力發電因這一地區豐富的水能資源而被置於發展計劃的核心位置。[5] 可問題在於，這些計劃在推動人們投入大量精力進行電站建設的同時，並沒能帶動東北地方工業的進步。[6]

　　在 20 世紀 50 至 60 年代經濟高速增長時期，為了推動國民經濟發展，日本政府在從東京大都市區經名古屋和大阪到日本西北部大城市福岡的環太平洋沿岸工業區進行投資。隨着日本融入

3　川子健吉編：《福島縣史料集成第 3 輯》，福島縣史料集成刊行會，1952：960。
4　阿圖羅・埃斯科巴：《遭遇發展：製造和毀滅第三世界》，普林斯頓大學出版社，1995。
5　佐藤竺：《日本的地域開發》，未來社，1965：16。
6　同上書，86。

國際市場，政府慢慢地放棄了對本國農民的扶持（這件事很晚以後才被提及）。因為農產品價格不景氣，大量東北地區的農民被迫流入城市尋找臨時工的差事。

　　一些沒能跟上國家經濟發展的小村莊，決定接納核電站建設項目，以獲取政府和能源企業的資金補償。在核反應堆開始建設的 20 世紀 60 年代末期，雙葉町這個福島第一核電站坐落的小鎮，財政條件迅速好轉，到 70 年代，就能夠不再依賴中央政府的地方稅收補貼來維持運轉所需的資金了。這種情況在雙葉町這樣財政困難的市鎮是很罕見的。通過這種方式，福島和東北地區就好像成了專為東京和其他大城市提供廉價能源、食物和勞動力的供應者。東京大都市區和福島 / 東北地區之間的關係變得越來越像殖民國家和被殖民國家之間的關係：先進地區生產高價的工業品輸向落後地區，落後地區卻只能出產食物和自然資源這種價格低廉而且經常貶值的貨物。

　　然而，在日本民間社會的歷史上可以發現許多扭轉這種殖民式的關係的努力。將城市的消費者和農村的生產者聯繫起來的有機食品就是一個例子。從 20 世紀 70 年代開始，許多追求安全和健康食品的消費者就在不斷支持從事生態農業的有機農夫。造訪鄉村的消費者與農夫和他們的家人談話，獲得對農事的印象。這幫助他們更加深切地理解農夫的歡樂和憂愁。[7] 福島和東北地區便以盛產有機食品而著稱。

　　這些消費者對他們在城市中方便的生活展開了反思，在這種生活裏他們可以用幾乎同樣的價錢買到各種蔬菜，而不用關心季節和氣候。人們常常指出，聯結日本城市和鄉村的紐帶因有機食

7　樹潟俊子：《有機農業運營和協作的網絡》，新曜社，2008：64。

品促成，而有機食品在其他國家已於早些時候受到了社區支持農業（CSA）的扶助。[8] 有機農業對於城市消費者的重要意義不僅在於獲取較安全的食品，更重要的是與鄉村農民建立起更加公平的關係。這意味着消費者（東京）和農夫（福島／東北地區）攜起手來改變殖民與被殖民的關係。

然而，這些嘗試在福島第一核電站事故災難之後受限於危機：輻射物洩漏污染了土壤和水體，這對農業生產產生了嚴重的影響。2011 年 3 月底，在蔬菜中檢測出的污染水平超過了國家標準，日本政府命令整個福島地區的農民嚴格控制其農產品的擴散。時至今日，許許多多的福島人仍然在重重約束之下進行大米生產。由於對放射性污染的擔心，越來越多的城市消費者停止購買從福島和附近的縣生產的有機食品。這種將消費者與福島農民隔絕開的做法，導致他們的孤獨感與日俱增。

有機農夫們感到絕望。2011 年 3 月 24 日，一位在須賀川生產捲心菜的有機農夫自殺身亡。在核事故發生之後，他的兒子聽他嘀咕道：「我們，福島的菜農已經毫無希望了。」據大內信一說，福島小鎮二本松一位有機農夫的每月銷售收入減少了一半以上。在銷毀那些從市場上召回的自家出產的蔬菜時，他說道：「如果他們（消費者）說他們拒絕購買是因為害怕遭受輻射污染的話，我倒是會相信。但是他們當中的絕大部份人只是說：『我們不需要那麼多。』我除了說『曉得了』毫無辦法。」[9] 許多日本有機農夫已經與城市消費者之間建立了超過 30 年的親密關係，如今這一日本版的 CSA 正陷入危機之中。

8　薩德・威廉森、大衛・英布羅西奧和格爾・阿爾佩洛維茨：《給社區留下位置：全球化時代的地方民主》，勞特利奇，2002：255。

9　《東京新聞》，2011 年 10 月 14 日。

跨太平洋夥伴關係協定（TPP）和農民

時艱未濟，福島和東北地區的農民又被添上農業市場自由化這道新苦。自由化正在通過 TPP 推進。這一項區域自由貿易協定於 2006 年開始談判：參加的國家有美國、澳大利亞、新西蘭、新加坡、智利、文萊、馬來西亞、越南和秘魯。[10] TPP 旨在推動非歧視性的工業品和農產品自由貿易。這是一項涵蓋內容廣泛的協定，協議事項包括政府採購、投資規則和知識產權等。

正在喪失國內民眾支持的美國奧巴馬政府對正式簽署 TPP 熱心有加，試圖以尋求擴大對亞洲太平洋市場的出口，來為美國的失業人群創造就業機會。緊隨美國的政策，前日本首相菅直人曾宣佈他的政府將考慮日本是否要參加 2010 年 10 月 1 日舉行的 TPP 談判。菅直人的繼任者野田佳彥首相明確表示了他準備在 2011 年 11 月 11 日就日本加入 TPP 的問題與成員國開始談判的意圖。他堅持認為 TPP 有助於重振遭遇地震和海嘯重創的日本經濟。

日本的食物自給率已經低於 40%（按照熱量計算），在 OECD（經合組織）成員國中排倒數第四。食物自給率的降低源自日本國家政策的轉變。當我們追溯日本農業政策的歷史時，會發現自第二次世界大戰結束之後，兩個相互矛盾的原則並存：保護小農和農業現代化。

前者以 1947—1950 年推行的農地改革為標誌。這場改革製造了大量平均擁有一公頃左右土地的小農。1952 年頒行的《農地法》的原則是只有耕作土地的農民才能擁有土地，旨在為新一

10　作者有誤：應為 2005 年。該年 5 月 28 日，文萊、智利、新西蘭、新加坡四國協議發起跨太平洋夥伴關係。

代擁有土地的農民提供資金和供銷服務的農業合作社也同時建立起來。由於日本在第二次世界大戰中戰敗，美國於 1945—1952 年間佔領日本，並在此期間推行了這些改革措施，但是許多日本政治精英也對改革持歡迎態度。他們的政策贏得了通過農業合作社組織起來的鄉下農民的支持，因為這些政策優先考慮了那些人的需求。這也是自由民主黨在選舉中如此得勢，並在幾十年中持續掌握權力的原因。

接着，1961 年頒行的《農業基本法》促進了農業現代化的進程。該法案的目的是使日本的農業和農民現代化：每位農民的土地面積上限被放寬到平均兩公頃；每位農民的現金收入應該增加；農民家庭人口總數應當從 580 萬降低到 250 萬；農產品價格應當由市場確定。這些推動農業現代化的原則與保護小農的政策方向相抵觸。第二次世界大戰剛結束時，日本農業政策的一個顯著特徵就是兩類政策同時並存。在經濟快速增長時期的 20 世紀 60 年代和 70 年代，相比保護小農更加強調對農業現代化的推進，但是眾多小農並沒有停止進行農業生產。

當 20 世紀 80 年代末到 90 年代初，日本的食品市場自由化在 GATT（關稅及貿易總協定）的烏拉圭回合談判中得到推進時，日本農業政策優先傾向於推動農業現代化這一極。這一趨勢在 1995 年 WTO（世界貿易組織）成立後進一步加速。這些國際貿易機構在監督各政府的產業政策，防止採用補貼、關稅和其他貿易保護措施對本國和本地區農產品進行保護方面發揮了重要作用。

由於成員國之間的矛盾分歧，多哈回合談判在 2006 年開始陷入僵局，自此之後許多日本出口企業高層，例如汽車和電子行業對自由化進程緩慢表示不滿。他們批評農業部門反對貿易自由

化，阻礙出口擴張。許多政治領導人頑固地相信貿易自由化將會使長期低迷的日本經濟復興。他們試圖通過雙邊和多邊談判來促進貿易自由化，但是對結果並不滿意。

農業市場中貿易自由化的趨勢導致國家農業政策的改變。例如，自 1942 年開始實施的維持穀物價格的政策甚至在 1998 年遭到廢除。1999 年頒行的《食品、農業和農村基本法》意味着政府事實上放棄了對小農的保護，而該項法案同時確定了提高日本國內食物自給率的目標。如此行事，誰又能夠取代小農扮演起食物供給者的角色呢？政治精英們假定農業企業對食物生產的影響力會增加。2001 年生效的《農地法》修正案清楚地表明了這一點。這項更改過的法案鼓勵土地所有權的自由化，同意給獲得資質的公司提供農業用地。通過這種方式，最近幾十年來，日本農業一直向推動農業現代化和提高公司的影響力的方向轉變。在這樣的政治背景下，日本是否參加 TPP 的問題被列入了議事日程。

核能和農業

本文已經表明了日本農民正在同時經受核災難和 TPP 的挑戰。那這雙重挑戰將會給福島和東北地區的農民帶來甚麼呢？

首先，可以預料到的是，雙重挑戰將瓦解這些地方的基層社區。在日本的政治體制中，中央政府能夠決定給地方政府的財政補貼數額，並通過這種補貼控制地方政府。[11] 事實上，日本地方政府缺乏以通過長期經營提高自身財源來支持大型工程和高水平的服務的靈活性。就是與其他單一制政體比較，日本中央政府對地方稅收的控制也是十分嚴格的，連補助金和借貸都通常僅僅根

11　見 R. 里德·史蒂文：《日本的地方管轄和政策制定》，匹茲堡大學出版社，1986。

據中央政府的意志確定。[12] 著名的大型基礎設施建設，比如大壩和核電站，對於地方政府的吸引力很強，因為這些能夠為地方政府提供財源，顯著改善地方財政狀況。

20 世紀 90 年代以來，經濟低迷，稅收收入急劇減少，日本中央政府緊縮了用於地方社區建設的財政預算。與此同時，許多工廠和機構從地方撤資，轉而投資海外，比如中國，因為這些地方的勞動力和其他成本低於日本。向海外轉移導致了日本地方工作機會的減少。種種跡象表明日本地方社區，特別是福島和東北地區在 2011 年 3 月 11 日之前已經陷入危機，其後又遭受了核災難的嚴重打擊。

地方社區的破壞情況將在日本加入 TPP 後越發嚴重。一些經濟學家宣稱，TPP 將為日本農民出口他們的高附加值農產品提供更多機會，不過這並不會實現。TPP 將會把日本農民分成兩部份：絕大部份的失敗者和極少數大贏家。當廉價的進口農產品迫使以前的農民紛紛放棄農業，離開鄉土社區轉而進城尋找工作的時候，隨之而來的問題就是誰作為迅速減少的社區成員中的一分子，留在鄉下面對社區公共事務中的困難，比如水和森林的管理。

經濟學家川崎研一認為 TPP 將促使收入從農業部門向出口工業、汽車領域轉移。[13] 鑒於大量農民生活在農村地區，而絕大多數出口行業的公司坐落在城市，TPP 實際上將導致財富由農村向城市轉移。在遭受地震、海嘯和核災難重創的福島和東北地區，生活着許多農民。這意味着 TPP 將影響人民挽回地震、海嘯和核災難造成的損失的努力。根據野田首相發佈公告當天下午的採

12　沙伊‧納伊桑：《沒有競爭的日本民主：一黨獨大下反對派的失敗》，劍橋大學出版社，2006：109。

13　http://www.rieti.go.jp/jp/columns/a01_0301.html

訪，日本東北地區岩手縣一名耕作水稻的農民鈴木哲哉説：「人民在地震和海嘯中遭受了巨大災難，現在政府首先要做的是重建這些地區的經濟，可政府為甚麼要這麼做（決定加入 TPP）啊？」[14]

其次，這種雙重挑戰破壞了單純追求經濟發展的模式之外的另一種生存模式，這種生存模式已經在日本民間社會中充份發展起來了。就如同上面所講的有機農業的案例，生活在日本城鄉的許多居民都在共同努力建立一種公正的社會關係，尋找一種方便和富裕之外的生活方式。這些基層的草根行動被核災難和 TPP 摧毀了：因為擔心遭受放射性污染，大量的城市消費者現在不願意購買福島和東北地區生產的農產品；因為找不到未來的希望，該地區越來越多的小農決定停止經營農場。

核災難和 TPP 正在剝奪生存方式的多樣性。在福島和東北地區農村居住的人民的生活方式與東京等大城市迥異。他們與自然和諧相處，依靠蔬菜、海產、蘑菇等自然的賜予生活。他們半自給的生存方式在這一地區並非孤例。然而，如今他們因為放射性污染和基層社區的破壞而被迫放棄自己的生存方式。

這意味着將為了生存而比以前在更大的程度上依賴大公司。例如，汽車巨頭豐田公司在最近宣佈的一項針對遭受核事故和海嘯受災地區的重建計劃中表示，它將在福島建立一個大型的「蔬菜工廠」，該工廠將僅僅依靠水來生產蔬菜，從而避免使用本地區受到污染的土壤。[15] 可以預見的是，這個項目將導致小農因為擔心放射性污染和農產品價格下跌而放棄獨立農耕，轉而成為公

---

14 《東京新聞》，2011 年 11 月 12 日。
15 《朝日新聞》，2011 年 10 月 27 日。

司僱用的農業工人。

城市和鄉村之間的鴻溝

日本的社會鴻溝，特別是福島／東北地區和東京之間或者農業部門和出口產業之間的鴻溝，已經浮出水面。然而，現在越來越多的城市居民開始行動起來，走上街頭要求取消全日本的核反應堆。媒體主導的各種民意調查顯示，認同日本應該轉而減少對核能的依賴的人已經達到日本國民的 70%。2011 年 9 月 11 日在明治公園開始的停止一切核反應堆的示威，已經有大約 6 萬人參加。阻止日本參加 TPP 的運動也日益興盛。2012 年 4 月 25 日，超過 4,000 名群眾冒着大雨參加了在東京日比谷公園舉行的反對 TPP 的示威。街頭運動比以前頻繁得多了，而且在媒體上的聲音也越來越具有影響力。

有趣的是，人們開始認識到核電站內的問題與 TPP 關聯密切。福島縣二本松市的有機農夫菅野正壽説：「建立一個無核社會，必須保護基層社區和生態有機農場。自從福島人民失掉培育地方產業發展和增加就業的時機以來，他們就不得不接受核電站。如果日本加入了 TPP，農業部門的工作機會就會被剝奪。我覺得，TPP 和核災難這兩個問題在基本方面是相互聯繫的。」

全日本的地方小型產業在近幾十年中被核電站逐漸侵蝕替代；TPP 將剝奪許多基層社區群眾的工作。基層群眾如果接受了核電站和 TPP 的話，將喪失他們的自主權。越來越多的日本農民和市民開始認識到，核能和自由貿易協定之間具有相似的結構。他們現在行動起來要求收回地方主權，也就是當地人民自決的權力。

然而，僅靠街頭運動並不足以收回地方社區自決的權力，特

別是在福島和東北地區。下面將討論幾個重要的問題。首先，農業和漁業如何重建？福島和東北地區的基層社區不同於東京這樣的大城市，這裏的人民離開第一產業便無法生存。那麼誰將負責在這一地區重建第一產業呢？是小農和漁民還是豐田這樣的大公司？

其次，如何重建福島／東北地區和東京的關係？基層運動的一個例子是立足東京的 NGO 組織 APLA（Alternative People's Linkage of Asia）對福島縣二本松市有機農夫的支持。該組織自 20 世紀 80 年代開始就在菲律賓、印度尼西亞和東帝汶致力於推動對小農的公平貿易。它幫助農民進行可持續耕作並建立了基層社區。核災難發生後，APLA 發佈了幫助福島有機農夫的新計劃。

APLA 現在與二本松市的一個小型有機農夫團體合作共事，該團體反對能源密集型農業。該團體的農業生產由於土地和農產品的放射性污染而遭受嚴重損失。該團體的主要產品是水稻，但是土壤中的放射性物質比如銫早已轉移進了水稻之中。經過一年多的反覆試驗和失敗，他們終於發現放射性物質比較難以進入胡蘿蔔。他們決定轉而出售胡蘿蔔汁來補償買方以減少損失。運用高效能探測器對胡蘿蔔進行的檢測表明，放射性污染程度微乎其微（第一次測試為 1 貝可勒爾／千克，第二次測試同為 1 貝可勒爾／千克）。ALPA 通過自身和城市消費者團體的聯繫來幫助農民們出售胡蘿蔔汁。

對於農民來說，最好的莫過於能夠出售大米了，但是這目前的確還難以做到。一旦他們停止耕作，將來再回歸農業的可能性就很渺茫了。農民認為現在放棄農業將導致福島的第一產業就此終結。他們計劃在未來的 10 年，乃至 100 年繼續從事農業工作，

通過改變生產品種來尋找更好的農業經營方式，以避免放射性物質向他們的產品中轉移。他們的農業經營得到了城市 APLA 團體的支持；該組織在向城市消費者發佈這些農戶的農業信息的工作中扮演了重要角色。

正如本文討論的，日本農民經受的雙重挑戰毀壞了福島／東北地區和東京的關係。儘管如此，在這場危機中，日本的民間社會做出了重建城市和鄉村之間更加公平的關係的種種嘗試。未來的前景依舊不明朗，但是福島和東北地區的農民，已經與城市的活動分子攜起手來進行工作，完成了重建自身生活和建設一個沒有核能的地方經濟的第一步。

60 年的陰影與躁動：日本核電大躍進 [1]

王選　離原

甲級戰犯最關心的話題

作為太平洋戰爭的甲級戰犯，20 世紀 50 年代初，後藤文夫從關押他的巢鴨監獄被釋放。這位曾任職於戰時東條英機內閣的國務大臣出了牢房，對前來接他的人說的第一句話就是核能的和平利用：「日本落後了，日本不能落後。」在監獄裏，後藤文夫可以讀到英文報紙，了解了美、英、蘇關於核能新能源的消息。他說，我們這些人是戰犯，把國家搞得一塌糊塗，想利用核能把日本再建起來。

在當時這並不是後藤文夫一個人的想法，而是日本經過戰爭的一群精英的共同想法。戰後的日本百廢待興，電力供應嚴重不足，日本整個國家在做的一件事就是節電。水電和火電的開發已經走到了盡頭，日本國內已經沒有甚麼地方可以再建大型水電堤壩，而火電儘管從美國新引進了最先進的技術，但仍然遠遠不能滿足需要。

日本重新入核

1945 年戰敗後的日本滿目瘡痍，核試驗也被禁止，核實驗

1　本文首發於第 203 期《Vista 看天下》，略有修改。

室被關閉，所有的設備均被作為同盟國佔領軍的美軍拆除。其實，當時日本的核研究已經不落後於世界先進水平。

戰爭使日本成了世界上唯一一個受到原子彈打擊的國家，核能的恐怖已經植入國民的記憶。許多人死於原子彈爆炸（以下簡稱原爆），很多人是原爆的受害者，他們雖然還活着，可是身體內藏的放射能像炸彈一樣，不知道甚麼時候發作。廣島大學研究核能的教授三村剛昂也是原子彈核輻射的受害者，當時廣島大學成為一片瓦礫，他的許多同事死於原爆。他親眼看到原爆的氣浪把覆蓋人體的衣服都剝離，身上的皮膚破裂，碎成塊的肌肉組織不斷流血。這個記憶使他成為核能利用的堅決反對者，日本有很多人和他一樣，對核能利用保持着相當的警惕。

1952 年以美國為主的 14 國簽訂《舊金山和約》，免除了日本的戰爭賠償，此時，日本核領域研究的禁令也被解除，日本可以再次介入核能的研究。

蘇美競爭，日本跟班

1951 年 9 月，蘇聯開始核電站的建設，美國感到挑戰和壓力，1953 年 12 月美國總統艾森豪威爾在聯合國發表演說，呼籲世界擁有核技術的國家形成合力，設立國際原子能機構，以和平利用為目的，共同研究和開發核能。

「冷戰」格局下，核能研究是美國和蘇聯大國競爭的角力點，日本政治家也超乎尋常地積極。艾森豪威爾講話剛過去三個月，日本政府就拿出了日本核能預算案。原日本自由黨議員前田正男說，當時大家的感覺就是核能時代到了，日本不做不行了。

1954 年 4 月，當時的政治家中曾根康弘將核能預算案提交國會通過。日本大阪大學教授伏見康治是學界中主張利用核能的，

就算是他，也大吃一驚：「早上起來看新聞，吃驚得不得了，中曾根預算出來了！這種事情按理應該先由核物理學家啓動去做，而不是繞開學界由政府直接搞。」

日本學界當時正在進行核能利用的研究和討論，有三種不同的意見，爭論激烈，一派説要搞，一派堅決反對，另一派要選擇適當的時機搞。突然之間，政府的預算就擺在了眼前，也就是説這件事就得做了。

原通產省官員伊原義德參與了預算的分配，據他説，在這個預算案裏，核研究「科學技術振興費」三億日圓，「反應堆建造資助費」兩億六千萬日圓，此外還有用於新鈾礦的勘探費用，等等。「對於核能我們根本就不懂，於是拼命學習。當時日本原子能學術會議的專家的研究結論還沒有出來，我們根本就沒有想到政府的預算會出來。」

日本通產省是管理核能開發的政府部門，可是官員們從上到下根本就不懂甚麼是核能，也從來沒有想過要搞核能，所以有些心不在焉。1954 年只花了 6,000 萬日圓。預算用不完，應該怎麼用，用在哪裏，也不知道，可是數額卻不斷增長，四年後的 1958 年，預算就增加到原來的 30 倍，達到 76.8 億日圓。

諾貝爾物理學家與核政治新星之爭

當時任日本《讀賣新聞》社長的正力松太郎是核能開發的積極推進者。他想把世界著名的核能專家請到日本來，在日本進行一場大規模的核能普及和宣傳。1955 年，美國核能和平利用使節團來到日本，團長霍普金斯·勞倫斯在就和平利用核能發表的演講中説：「核能的利用將給我們帶來無限的未來。」這一點切中了戰後日本渴求快速重建的社會心理。《讀賣新聞》對美國使

節團的來訪做了連篇累牘的輿論操作，其中最吸引讀者的廣告詞是核能是非常經濟的，成本是水電、火電的兩千分之一。

趁着美國使節團來訪的熱乎勁，11 月，和平利用核能技術博覽會在東京日比谷公園開展，有 300 萬人參觀了展覽。第 100 萬個參觀者受到了特殊的歡迎。這是一個矮個的日本年輕人，他被披上彩帶，人們向他歡呼，一個以日本漂亮主婦為模型的機械人向他獻上了一大束鮮花。接着，展覽在日本 11 個地方進行巡展。這一切都被當年的膠片記錄下來，畫面上可以看到日本人一雙雙好奇又興奮的眼睛。説服日本接受核能並不是一件容易的事，因為他們應該記得核能留下的恐怖經驗。

最難攻破的堡壘恐怕就是廣島，已經成為世界文化遺產的廣島原爆殘存建築的圓頂，以冰冷的鋼筋裸露着核武器的威懾力，受原爆摧殘的許多人還活着，廣島當時 60 歲以上的人基本上都是核能反對者。

美國人很聰明也很小心。核電的反應堆模型被運到了廣島，放到了廣島原爆紀念館裏展覽。森瀧是廣島原爆受害者的代表人物，也是堅決反對核能的一員。但是，反應堆的構成、核能發電的原理、展覽科學的講解方式改變了他的看法：核是一個恐怖的怪獸，但也可以為人類帶來福利。日本人是相信科學的，受害者代表也發表聲明，成為核能利用的支持者，廣島人都接受了，日本還有甚麼人不能接受呢？

日本人心中的核陰影被逐漸驅散，民族的核災難記憶，最後一塊擋在日本奔向核電之路上的攔路石，也被挪到一邊。反對的聲音在和平利用核能技術博覽會之後集體沉默，學界的主流見解轉變為：為了日本的發展，進行核能和平利用的研究是必要的。

正力松太郎在整個運作中顯示了他的宣傳和鼓動才能。可以

説，沒有正力松太郎，沒有《讀賣新聞》，就沒有日本核能的新局面。這時的正力松太郎已成為日本原子力委員會委員長，又當選日本國會眾議員，他發誓要在五年之內，推動日本核能發電從研究走向實際運用。

然而，正力松太郎的做法，受到了日本諾貝爾物理學獎得主湯川秀樹的反對。作為物理學家，湯川秀樹也是日本原子力委員會委員，他提出核能發電在日本是一個空白，要從基礎理論研究做起。

湯川秀樹的弟子森一久回憶説，有一天，他被老師叫去，一進門看到老師正在發火，原因是老師看到了正力松太郎的聲明，説日本不需要進行核能利用的基礎研究，直接從國外引進技術就可以。

湯川秀樹宣佈退出日本原子力委員會。他説，形勢在急速變化，今後的局面也是可以預見的。核能發電是不能着急的，日本有一句話，欲速則不達。這句話在核能利用上是再重要不過了。此時日本熱心推進核能發電的精英們沒有人耐下心來，認真聽取這位科學家的意見。正如他的另一位門生所説，儘管湯川秀樹是德高望重的大學者，但他的建議並不能左右政府的行為，政府想從他那裏得到的，只是支持核能發電的「科學鑒定報告」。

戰後日本產業的救命稻草

科學家走了，更多的人加入進來。其中有聞風而動的三菱、三井、住友等大企業。

對於日本的產業巨頭來講，戰後的日子非常難過，1947 年，盟軍佔領軍將日本財閥解體，支撐了日本戰時「國策」的這些大企業被解體後，很不景氣，連三菱公司也是過一天算一天，今天

不知明天的事，到了破產的邊緣。那時候，國家的核能預算是多大一筆錢啊，三菱受到了極大的刺激，立即決定要上核能項目。「我們也不要誤了這班車」，日立看到三菱的舉動，也加入進來。

製造業、銀行、政界，只有正力松太郎可以把他們搞到一起。1955 年 4 月 28 日，在日本首相官邸，正力松太郎把日本 66 個企業界和政界的頭面人物召集來，開了這場「原子力和平利用懇談會」，讓日本政界和企業界各方力量聯合，為發展核電牽手。

接下來的核能大餐，參與的企業甚至來不及細細體會。第一個從美國引進的實驗性反應堆（JRR-1）落戶於茨城縣東海村。日立、三菱和東芝商社的社長、副社長都來了，大家都是第一次見到反應堆，一切都是那麼新鮮，雖然還不會操作它，1957 年 8 月它還是被啓動了。日立公司負責東海反應堆建設的神原豐三回憶，反應堆剛一啓動，就各種麻煩不斷，比如反應堆的底下開始出水——從洛杉磯來的反應堆沒有考慮到日本的潮濕氣候，沒有排水裝置。好不容易才從消防隊弄來水泵，總算把水排出了。發電所為排除險情，費了九牛二虎之力。神原豐三說，用了才發現反應堆是個很麻煩的東西，這不對那不對的事情簡直是太多了。

三菱商社跑在了日本商界的前列，拿下了第二個實驗性反應堆 CP-5 研究堆這個大項目，當時整個三菱集團都感到很榮耀，似乎一躍而上了一個新台階。三菱商社浮田禮彥的夫人浮田久子回憶，當年丈夫回家總是和她講公司的「新產品原子力」，「我覺得放射是挺可怕的，怎麼會拿它當成生意，成為商品？大家都沒有去考慮安全性嗎？」

就在這樣的形勢下，日本原子力發電株式會社問世，這個大公司民間注資佔 80%，國家佔 20%。正力松太郎也在此時成為日本內閣核能大臣。1961 年，日本政府發展商業用核能的長期

計劃出台，這個計劃設想在未來 20 年裏，日本的核發電量要達到總電量的 70%。

1959 年 12 月，日本決定引進英國的鍋爐型核能發電設備。正力松太郎説：英國核能發電和日本火力發電的價格比差不多，而且核能發電成本會越來越低。但是據當時通產省的伊原義德説，英國火力發電用的原料煤炭的價格非常高，按此核算的話，核能發電和火力發電成本差不多；可是，當時日本剛從美國進口了新型火力發電設備，規模很大，效率也非常高，所以在日本，火力發電的成本要比核能發電低得多。此外，英國的核電用原料鈈在用於發電後，政府會全部買下來，作為核武器的材料，這一部份也算入了該設備的生產利潤中。當通產省官員將此事報告正力松太郎時，正力的回答是，不准在國會把這件事抖摟出去。

此後，更嚴重的問題出來了，英國的那套設備沒有防震設計。當時東京大學原子研究所教授藤本陽一在國會做證，指出了那套設備的設計缺陷，認為它有造成核洩漏的可能性。英國是一個幾乎沒有地震的國家，在日本就不同了，耐震性是非常重要的。

於是，原子力委員會立即指示科學技術廳制定安全對策，科學技術廳馬上召集研究人員進行研究。據參與者回憶，當時與其説是給時間沉住氣研究探討，還不如説是要求趕快出結論報告，連安全性也沒有成為第一考慮，就是盡快往前推，後面怎樣，誰也不考慮。事情就這樣「被搞定」，成了「既成事實」。

跳過了湯川秀樹的主張，沒有從基礎理論研究開始的日本的核電產業就是如此快馬加鞭地發展着。

世博會點亮的核能燈

1970 年 3 月 14 日，日本大阪世界博覽會開幕，日本全國有

6,400 萬人前往參觀，一睹先進的科學技術帶來的璀璨未來。開幕那天，特別吸引人們前往的，是一座華燈點綴的城市雕塑似的建築物——「原子的燈」，同一天，敦賀核能發電所第一天發電，將核電送到了萬博會現場，點亮了這座日本未來的象徵物。

敦賀核能發電所用的是美國當時最先進的輕水爐核電設備。從美國引進時，對方稱技術經全面驗證，非常可靠，但實際並非如此。比如當時一手負責該設備安裝落成到啟動的日本核能發電公司的濱崎一成發現，對發電廢料的處理不夠，設備內部也有各種毛病，後來花了很大的力氣去應對。

麻煩的到來不僅僅是因為當時世界核能發電技術的不完善，還有日本匆忙上馬、急於求成的原因。20 世紀 60 年代的日本製造業，還沒有能力進行核電設備製造。實際上，電力公司只是運作現成的設備，開發新技術、改良設備的能力基本上沒有。核電技術並不是日本的東西，一向以製造精良著稱的日本在這方面也沒有多少自信，只能做些細枝末節的修修補補。基礎理論研究與核心技術的缺乏終於成為日本核電躍進式發展的羈絆。

60 年代末 70 年代初幾座大型核電站投入使用。1970 年，敦賀核能發電所的核電照亮了日本世博會；同一年，民間獨立出資的美濱發電所也開始運作；1971 年，福島第一核電站開始發電。日本核電一路在磕磕碰碰中向前奔跑，核電帶來的電力供應的猛增使人們馬上嘗到了核電的好處。70 年代日本經濟高速增長，每年經濟增長率達到 10%，城市飛躍式發展，老百姓的直接感受是都市的夜空亮起來了，五六十年代的拉閘限電從記憶裏逐漸消退，家用電器的日漸豐富大大提高了城市人的生活水平。

於是，日本的政治家提出整治日本列島計劃，要在盡可能多的地方用建核電的方式拉動發展滯後地區的經濟，以縮小快速發

展帶來的城鄉差距。1974 年，日本國會通過三個法案，分別是《電源開發促進稅法》《電源開發對策特別會計法》《發電用電設施周邊地域整備法》，願意建核電站的地區，國家將給予特別財政補助。在政府政策的引導下，到了 80 年代，日本已擁有近 30 座核電站，佔目前日本核電站的 50% 左右。

就在核電發展最盛之時，核電事故卻成為繞不開的困擾。1966 年 7 月，英國鍋爐型設備的改良版核能發電設備總算開機，使用這一設備的東海發電所成為日本國內第一家商用核能發電所。可是設備開機不久就緊急停機，此後問題不斷，每年檢修、維護費高達一億甚至六億日圓。

當年東海發電所所屬的東海電力公司的總負責人、日本原子力發電社社長一本松珠璣寫道：「日本沒有核能發電的經驗，只以為是把火力發電爐換成核反應堆，可是，兩者性質的不同後來逐漸顯現出來。面對如此複雜的新技術、未知的工學領域的挑戰，還要求有利潤，怎麼可能呢？」

1970 年日本核電站開機運作率達 74%，此後便一直下降，到 1975 年僅五年時間就下降到了 42%。核電站停停修修都是常有的事，有的機組一修就是半年一年。低開機率意味着成本的陡然上升，這對於商業性核電站是極大的壓力。針對這些問題，日本通產省建立了核電標準改良委員會，研究投資額猛增，從 1972 年的 70 億日圓升到 1984 年的 350 億日圓以上。

不祥的事一件接一件發生

1974 年 9 月，日本第一艘核動力輪船「陸奧」號建成。下水儀式上，萬頭攢動，到處都是興奮與喜悅的笑臉，當年的太子妃美智子、如今的明仁皇后（2019 年，明仁天皇退位，美智子

被稱為上皇后——編者），盛裝出現在剪綵現場，美人送巨輪下海，成為最亮的亮點。

然而核動力船下海不久就出現了核洩漏，日本民眾大驚，漁民們斷然拒絕「陸奧」號在自己的港口停泊，一時間核動力船竟然無法回家。核動力船放射性物質洩漏事件使一向事故不斷的核電站的安全問題空前尖銳化。

1971 年 3 月，日本引進的美國第一座輕水反應堆在福島第一核電站落成運行。輕水堆被認為是具有劃時代意義的「最新」「最經濟」「最安全」的核電技術。攝製於當年的一部紀錄片在描述這座預示着新希望的核電站時，用了一輪從海上冉冉升起的太陽，太陽的紅色光束照耀着核電站，太陽、核電站、新日本，拍攝者的用意盡顯無餘。

輕水堆的出現讓日本所有的核電「慎重論」全部噤聲。日本通產省核電發展相關部門的島村武久表示：當年的日本學界有一種傾向，認為關於核能源的研究已經沒有甚麼可進行的了。當年日本第一座核能發電爐所屬的東海電力的 JRR-1 技術人員至今還認為：汽車剛發明的時候，也沒有人談交通安全問題，如果只是要安全，人類甚麼都不要去做了。安全並不是核能的目標，核能的目標是發電。由此可以看到，當時再談安全問題會顯得多麼不合時宜。

日本精英界對核電的集體失聲

日本核動力船洩漏還不是最壞的消息，1979 年美國三哩島、1986 年蘇聯切爾諾貝爾核電站事故用無數人的生命和廣大地域長期污染的代價，給人類添加了核能方面的新知識。

1991 年，日本核電發展研究者島村武久的研究所請來了深

受切爾諾貝爾核事故之苦的歐洲學者和日本核學界、企業界人士座談，在三哩島、切爾諾貝爾巨大的、人類完全不可想像也承受不起的災難面前，日本人深深感慨：在利用核能的道路上，日本人應該是最受益的，日本應該為之深深慶幸！

定時炸彈馬克 -1 型

1979 年美國三哩島核電事故後，美國通用電力原技術人員德里歐‧布拉恩德博曾向美國議會提出：美國通用電氣製造的馬克 -1 型，也就是日本福島第一核電站 1 號爐的輕水反應堆設計上有技術缺陷，該技術缺陷與三哩島核電站的事故有很大的關係，需要馬上將這類反應堆停機檢查，並等待檢查結果。這一消息在第一時間知會了日本，但是東京電力公司負責人當時想的只是如何將安全檢查的時間縮短一點。就這樣，東電始終沒有做到對馬克 -1 型輕水堆百分之百的關機檢查。

幸運之神終於不再眷顧日本，2011 年 3 月 11 日，「定時炸彈」馬克 -1 型輕水反應堆在因 9 級地震引起的海嘯湧來後，發生了核洩漏和爆炸。

活着的廢墟：福島核電站——從原子彈爆炸談起 [1]

武藤一羊 文　　莊娜、張婧、馬曉梅、金贏 譯

　　我們不得不承認，在不停地排出放射性物質的福島第一核電站裏存在着某種意志，而且它發揮着作用。這並非比喻。實際上，這個活着的廢墟是建立、支配核電站體制的人們意志的結晶，並且成了他們在此基礎上長期活動的一種單純化的形態。這種意志在核電站體制的統一支配下，被清潔能源以及對未來的美好承諾等面紗所遮蔽。我們不斷被告知，如果沒有核電站，就無從談及大規模消費、方便與繁榮，而我們——社會中的大多數——也接受了這樣的説法。但是現在核電站已經變成了對環境造成無限污染、持續侵害人類生命而且無法輕易消滅的殘忍活物，它的本來面目和起源也隨之暴露無遺。

　　長期以來，我並未充份意識到核能發電這一事物根源性的殘忍。我雖然不是反核電運動的活動家，但對從 20 世紀 70 年代開始的反核電居民運動深有同感，做了一些事情把這一信息傳遞給國際社會，並參加了相關的遊行。同時我也發表了一些言論，倡導建立一個與以往以開發和經濟增長為目標的社會相對的另類社會。但是，「3·11」地震、海嘯造成的日本東北沿岸社群的徹底破壞和大規模死亡，使我看到的因東京電力公司福島核電站的

1　此文節選自武藤一羊先生的著作《潛在的核保有與戰後國家》。

崩潰而暴露的現實卻完全是另一回事。我被打垮了。我本人並沒有在地震中受傷，房屋也沒有倒塌，卻在這兒說甚麼「被打垮」，顯得有些狂妄、不知分寸，甚至愚蠢可笑。但是，在這次災難與政權水準低劣、無力應對等問題相疊加所造成的事態中，我感到了一種社會全面崩潰的危機。

這雖然不是戰爭，但是它讓我們看到了一個深淵——本來作為自明的、前提的自然、社會秩序開始從身邊崩裂。從這一點來看，它與戰爭——而且是核戰爭——相連接。已經有許多居民被推入這個深淵之中。對於那些從福島的受輻射地區撤離，被迫拋棄家園、拋棄城鎮避難的人來說，他們自己一手建立起來的自然、社會組織遭到了致命性的破壞，從身邊開始崩裂塌陷。而且由於是核污染，破壞過程所造成的災害並不是一次性的，而是會以數十年，甚至上百年為單位持續下去，一點點地擴大，侵蝕自然和社會。如果是自然災害，還可以通過災後重建得以復興。但從規定了這次災害整體特質的福島核電站的悲慘結局來看，同樣意義上的重建是不可能的。放射性污染對人類和環境所造成的污染和腐蝕影響是永久性的，其破壞不可逆轉。密密麻麻排列在日本列島大部份海岸線上的 54 個核電機組和處理設施也表明了日本列島上的社會組織無從延續的事態並非不可能出現。

即便如此，人們（我們）也一定會繼續活下去、重建社會、徐圖復興的吧。而我要拒絕這一啟示錄般的遐想。這在廣島、長崎、南京、切爾諾貝爾、法魯加、越南、柬埔寨以及南斯拉夫都得到了證實。但是這與政府以及媒體的「來吧，讓我們踏上復興之路！」的呼籲造成的局面轉換無關。如果災後重建與破壞及解體的性質、災難性結局的嚴重程度不相符，那麼「復興」將會採取把危機埋入地下、以謊言覆蓋真實的形式進行推進。將危機埋

入地下，一定會通過分離災難受害者、抹殺當事人的聲音並使得生活實際狀況無從呈現給外界的方式來進行。這一災難已給太多人造成了各種程度、各種狀態的傷害與破壞。受災者才是在根本上具有決定權的當事人，只有他們不斷站出來，災後復興才真正談得上有希望。在發生了福島核電站事故之後，雖然污染在無止境地蔓延，受災範圍在無限擴大，但整個事態被編入了以福島的犧牲來支撐東京過度消費的中心／邊緣結構中，因此就需要一種能打破並跨越這一障礙、將這一關係本身轉變為公正關係的能動力量——社會運動，這就是使當事人發揮他們的作用。這裏，當事人從周邊發出來的聲音是其中的主導力量。只有以當事人生存權、否決權、決定權的行使為基礎，重建才會成為可能。能否在「收拾」「復興」的呼聲中將力量落實到救助對象的立場上、粉碎企圖抹殺當事人聲音的勢力，這是圍繞着災害問題進行鬥爭的核心內容，也是展開對峙的戰線。在這一對峙中，並不是只有受災者才是當事人，所有認為核能理當納人社會的人，都承擔着決定是否使這一狀態持續下去的責任。在這個意義上，他們都應當作為當事人站出來。

這一戰鬥能否取得成功，就取決於這些以複合方式組合到一起的眾多當事人在孕育着矛盾的動態過程中能否攜起手來，抓住危機的根本要害，並挖出其病根。

「3．11」之後的事態已經充份證明，核電這一事物當中蘊含了社會解體的危險。也就是說，核能發電已經不再作為探討能源政策時的一個選項、缺乏能源的日本所必需的動力源，或是維持國際競爭力這一討論層次上的事物來談了。

我們必須無條件地將它廢除。

如果是這樣，那馬上會浮現出來的一個疑問，就是這種事物

最初為甚麼會進入我們的日常生活。尤其是在地震多發國日本，海岸線上並排聳立的核電機組竟然達到 54 個之多。這種有悖常識的事情為甚麼會發生？

許多書和論文已經對這些問題做出了解釋和說明，我也並非這個領域的專家，但是由於我個人長年來一直帶着批判的眼光審視戰後的日本，我感覺有必要以我自己的方式對這一問題做出回答。也就是說我不打算從能源問題或是環境問題的角度對日本的核電問題進行把握，而是把它與戰後日本形成這一問題聯繫在一起進行討論。對於已經成為爭論焦點的廢除核能發電這一當前不可迴避的課題，我也想從另外一個角度去探討它的意義。儘管有些迂迴，但讓我們從一個舊的話題開始談起。

與核電的奇妙邂逅——1957 年的廣島

最近我才意識到，我與核電問題的最初相遇是在 1957 年，那時我還沒有意識到上述問題。那一年年初，我作為剛剛成立不久的廢核協議會（原水爆禁止日本協議會，簡稱日本原水協）國際部的事務局員工，正在為 8 月要在東京召開的第三次廢除核武器世界大會（原水爆禁止世界大會）緊張地做着準備和推進工作。對於一個像我這樣從朝鮮戰爭下看不到光明和出路、突然轉向了充滿光明和生機的活動場域的年輕社會活動家而言，這項工作極有價值。在美軍結束對日佔領兩年以後的 1954 年 3 月，美國在太平洋的比基尼環礁進行了氫彈爆炸試驗，試驗產生的死亡之塵飄落在捕撈金槍魚的日本漁船「第五福龍丸」上，導致船上的人員遭到核輻射。對此，東京杉並區的主婦們自主發起了禁止核試驗的簽名運動。這一運動瞬間遍及全國，並與廣島的運動會合，發展成為廢除核彈的大型運動。（藤原、丸濱）運動的成員

從自民黨到社會黨、共產黨、地區婦女會與青年團，從學生運動到勞工運動，它最終發展成為一個與平等的訴求相關聯、名副其實的大型跨黨派運動，共徵集了 3,200 萬人的簽名。這一運動於 1955 年和 1956 年分別召開了第一次和第二次廢除核武器世界大會。在會上，廣島、長崎的原子彈爆炸受輻射者首次公開發聲，向世界呼籲廢除核武器。對核武器受害者的救助也被選定為運動課題。我是從第三次大會開始參加大會組織的。大會在東京召開，之後外國代表開赴廣島、長崎，為了協助他們，我第一次踏上了廣島的土地。

藉着這個機會，我第一次參觀了原子彈爆炸資料館。展覽很有衝擊性，展現廣島整座城市被原子彈轟炸情景的立體示意圖位於大廳的中央，稍顯昏暗的通道中，依次展示着原子彈爆炸受難者的照片和遺物。原子彈造成的大屠殺以一種壓倒性的、令人窒息的現實感撲面而來。但是在這一路線的盡頭，卻有另外一個展室。穿過一道門後，燈光突然變得異常明亮，使人頭暈眼花。說明上寫着這是「和平利用核能」的展室。展覽先是告訴你核能是偉大的科學發現、人類的未來會因核能而愈加開闊，其後一幅幅色彩華麗的展板相繼進入眼簾，它用圖畫講解處理核物質的機械手模型、核動力飛機、核動力船隻以及核能發電等。如果從昏暗的原子彈爆炸受害展室走入這個空間，人會有一種強烈的不協調感，像走進了另外一個世界。原子彈爆炸造成的無情的大屠殺與核能許諾的光明未來就藉着這一扇門，被捏合在了一起，幾乎使人目眩。

這就是 1957 年的原子彈爆炸資料館。我當時儘管感到了這種不協調，卻並沒有試圖去分析其中的意義。當時的我投身於廢核運動這一和平運動，不管是核能還是別的甚麼，不是炸彈的都

被我排除在關心範圍之外。

為甚麼在原子彈爆炸資料館裏有一個「和平利用核能」的展室呢？我在很久之後才知道了其中的緣由。在我參觀資料館的前一年，也就是 1956 年，廣島舉辦了一次關於和平利用核能的博覽會，會場就選在了和平紀念公園內的原子彈爆炸資料館。為了給龐大的展品騰出空地，原子彈爆炸資料館的展品全部被移了出去。1956 年是廢核運動大有進展、組織漸趨完備的一年。然而正是在這樣的形勢之下，和平利用核能博覽會被搬到了廣島，擠走了原子彈爆炸的展品，在原子彈爆炸資料館裏召開。後來我才知道，在博覽會結束之後，和平利用核能博覽會的一部份展品被「捐贈」給資料館，為了容納這些捐贈品，資料館設置了一個單獨的展室。1957 年我所見到的正是這些展品。

這些經過，我是從廣島廢核運動的領袖，也是運動的精神思想支柱森瀧市郎的著作（森瀧，1994，以下對森瀧的引用皆出自此書）中得知的。倫理學家森瀧本人即是原子彈爆炸的受害者。他在書中躬身自省，引用自己的日記對「和平利用核能」是如何被搬到了廣島，以及廣島人做出了何種反應做了如下敘述。

「我在廣島全面接觸核電問題，是在 1955 年（昭和三十年）的 1 月末。」森瀧寫道。那年的 1 月 27 日，美國民主黨的眾議院議員耶茨在議會上提出了在廣島建核電站的決議案（田中，2011）。這個消息給廣島市民帶來了巨大衝擊，引起了強烈反響。2 月 5 日的《中國新聞》報道稱，耶茨在給原子能委員會及艾森豪威爾總統的信中就這一決議案提出：1. 將廣島作為和平利用核能的中心；2. 廣島核電站三年以內投入使用；3. 雖然最初計劃建設醫院，用於救治至今仍需治療的 6,000 名原爆受輻射者，但建設核電站更加有用。

森瀧在日記——1月28日（星期五）的日記——中這樣寫道：

> ……晚上，廢核廣島協議會常任理事會。……美國眾議
> 院議員耶茨提議應在廣島建立核電站的報道出現在今天早晨
> 的報紙和廣播中，我們對此進行了熱烈討論。最後，我們決
> 定向市民發出揭示其中問題的聲明書。起草委員包括渡邊、
> 森瀧、佐久間、田邊、迫。

聲明書中列舉了核反應堆產生的放射性物質極有可能對人體
造成危害，其運營會使日本受制於美國，一旦發生戰爭廣島將成
為最先受到攻擊的目標等理由，並且指出我們希望首先對受原子
病痛折磨的數萬名廣島市民在治療、生活兩方面給予完全補償。
為此《中國新聞》將其作為《核電站反對聲明》做了報道。但是，
森瀧回顧道：

> 看到這一聲明的濱井市長沒有掩飾他的困惑和失望。見到
> 他的時候，他對我說：「在報紙上看到那篇聲明的時候，我不
> 禁想，『這可糟了！』，本來正岡邁克[2]真的是出於好意才到那
> 裏去的。」
> 濱井市長在報紙上談道：「我從去年開始向美國呼籲和平
> 利用核能，特別是去年訪美的時候，我向正岡邁克提過此事。
> 他的積極活動終於結出了果實。但是，如果不解決微量放射

---

2 正岡邁克（Mike Masaru Masaoka），第二代日裔美籍人，是日裔美籍人市民同
   盟的領袖，曾經參與第二次世界大戰中被強制收容的日裔人與美國政府之間的
   斡旋工作，提議組建日裔部隊。該提議被採用後，他又志願加入日裔部隊第
   442聯隊戰鬥團，參加過在法國、意大利的戰鬥。戰後以日裔美籍人說客的身
   份進行社會活動。

能所帶來的壞影響，就不可能有和平利用。但不管怎麼說，能在最初因核能而犧牲的城市進行核能的和平利用，也是對逝去的犧牲者的慰藉。以致死為目的的核能如今可用於人們的生存，對這一點，我想市民們會表示贊同的。……我相信這是為了生存、充滿着善意的饋贈。」

於是第二年，「和平利用核能」博覽會就來了。如果說「在廣島建核電站」的提議最終只是以一個小插曲而告終的話，那麼「和平利用核能」博覽會則是由廣島縣、廣島市、廣島大學、中國新聞社和美國文化中心等共同舉辦的聲勢浩大的正式活動。於是「和平利用核能」強行擠進了廣島，並待着不走了。市裏提出的將原子彈爆炸資料館作為博覽會的會場、將關於原子彈爆炸的2,000件展品全部移至中央公民館的提議當然也遭到了原子彈爆炸受害者組織的反對。森瀧這樣寫道：

美國推廣到全世界的和平利用核能博覽會，已經在 26 個國家得以舉辦，觀眾人數突破了一千萬。在日本東京、名古屋、京都、大阪的會場，有近百萬人前去參觀。終於，它也來到了廣島。原子彈受害者的微弱反抗沒有發生任何作用。但是，要把原子彈爆炸資料館的展品撤去，把那裏作為博覽會的會場，卻很難不讓人反對。

但是市裏說，要是不使用資料館，就不得不新建 300 坪的會場，需要 1,000 萬日圓。市裏拿不出這些錢，所以，沒有辦法，只能在資料館舉辦。

2 月 10 日（星期五）的日記：

……晚上，與市長（渡邊氏）就（為和平利用核能博覽會）轉移原子彈爆炸資料館的陳列品一事進行了談話。市長也覺得撤出陳列品不是明智之舉。但是，他還是說：「由於財政上的問題，現在只能利用資料館做會場。」

4月25日（星期二）的日記：

……從美國文化中心館長耶茨那裏收到了美國政府的答覆。這是根據3月1日比基尼兩週年集會所作的決議而向美、英、蘇三國首腦遞交呼籲廢除核試驗的請願書後收到的回覆。對日本政府的回答和內容基本與此相同。

那時，美國文化中心在廣島承擔了「美國大使館駐外機構」的任務。我收到這一答覆的信件之後，對 Futsui 館長耐心地反覆強調，不應該為了做和平利用核能博覽會的會場而把原子彈爆炸資料館的陳列品撤出去，應該充份考慮到遭受原子彈侵害的市民的感情。

「如果我是你，就絕不會做這樣的事」，我用了近乎強硬的語氣向他說道。而 Futsui 館長聽後也不再客氣，說：「我一定要把『和平利用！』『和平利用！』『和平利用！』塗遍整個廣島。」

讓我再次感到震驚的是，這些圍繞着和平利用核能而發生的事件發生在 1955—1956 年。1955 年是廢核世界大會在廣島召開之年。當時廢核運動發展蓬勃，盛況空前；緊接着，1956 年又在長崎召開了第二次世界大會。而就是頂着這種氛圍，「和平利用核能」從外部、由美國帶了進來（田中，2001；加納，

2011)。

這一過程體現了「和平利用」被嵌入了怎樣的脈絡當中。這一脈絡以輝煌的「和平利用」遮掩並衝銷了帶來死亡與破壞的原子彈爆炸體驗。「要把『和平利用！』『和平利用！』『和平利用！』塗遍整個廣島」，能説出這種話，真讓人感覺奇妙，而且似乎也達到了這樣的效果。反映參觀者感想的《中國新聞》的版面上躍動着「為人類的未來帶來希望」或是「活到今天真好——驚異之旅」之類的標題，引用的知名人士的談話中也見不到對和平利用本身的批判。各種評論中雖然提出和平利用要以廢除一切核彈並研究根治放射病的療法為前提、原子反應堆是否有產生致命灰塵的危險、放射性廢棄物該怎樣處理等根本性的問題，但這些聲音整體上都在「和平利用」是好事的框架下平息了（《中國新聞》，1956 年 5 月 26 日、27 日）。

佔用資料館長達三週是轉換了核能意義的象徵性行為。儘管人們私底下對這一不客氣的行為也感到不滿，但最終還是都被引向了「和平利用」＝好事的陣線。森瀧在日記中引用了當時的濱井市長一句非常有衝擊性的話：「在最初因核能而犧牲的城市進行核能的和平利用，也是對逝去的犧牲者的慰藉。以致死為目的的核能如今可用於人們的生存，對這一點，我想市民們會表示贊同的。」原子彈爆炸越是壞事，和平利用核能就因此更加是一件好事——通過這種逆轉或是倒錯的邏輯，人們被誘導到了「和平利用」的舞台之上。這成了之後「核能是清潔能源，既安全又令人放心」這種意象的原型。

但是這裏有一個問題需要注意，那就是在美國淡化原子彈轟炸、將「和平利用」塗遍廣島的地毯式轟炸與接受方日本的脈絡之間，存在着某種錯位。《朝日新聞》（2011 年 8 月 3 日）適時

地刊登了評論文章《「在原子彈受害國進行核能發電」的邏輯「正因為……才更要」的推進方式本為救贖與復仇心》，對「正因為是原子彈受害國才更要和平利用」的「正因為……才更要」的邏輯列舉了幾個版本並逐一進行了批判性的探討。

抓住「正因為……才更要」這一邏輯是恰當的。上文所提的濱井市長的邏輯就是典型的「正因為……才更要」的思維邏輯。而且，原子彈轟炸與和平利用核能之間的這種關聯，在美國一方的戰略性邏輯當中並不存在。[3] 我認為，這種「正因為……才更要」的邏輯植根於戰後日本得以確立其自身的根本性結構本身。它把原子彈轟炸的體驗當作了被給予的東西來對待，認為它是已經發生過的、無可更改的事實，所以不願再次把它作為討論的對象，而是當成先在的東西。在此基礎上，就開始尋找自初就帶上了正面印象的「和平利用」與遭受原子彈轟炸危害的體驗之間的關係，其中包含了一種希望二者之間盡量是親和性關係的願望。在這樣的追尋中，遭受原子彈轟炸的體驗就被全部綁在一起、抽象化了。因為從每一個人被轟炸的個別體驗中很難找到通向「和平利用核能是件好事」的道路。而個別的體驗一旦被抽象化為一個遭遇原

3　根據田中利幸發表在《世界》雜誌的論文（田中，2011，頁 251），我們知道，在戰略立場之外，美國還有一種與日本的「正因為……才更要」的邏輯不對稱的核電出口論。該論文稱，1954 年，曾參與曼哈頓計劃的美國科學家鮑爾・波特在視察廣島之後曾與濱井市長會見，並對其說「廣島因為遭受過核彈災難，所以擁有主張優先享受和平利用核能的權利，而實際上，美國國內已大致具備了接受這一提案的環境」。同年，美國原子能委員會委員托馬斯・馬來在美國鋼鐵工會大會上提議美國援助日本，在日本國內興建核電站，其理由就是「在廣島、長崎的記憶還歷歷在目之際，如果能夠在日本這樣的國家建設核電站，不但非常有助於使全體美國人擺脫對兩個城市施加傷害的記憶，而且符合基督教精神」。日本方面「正因為……才更要」的反轉是受害者體驗的反轉。與之相對，美國方面的反轉則是加害者感覺的反轉，即通過將加害反轉為恩惠，忘記、埋葬加害行為，並將其正當化，使之成為遮斷追究加害責任的工具。美國所謂「投放原子彈挽救了 100 萬人的生命」的公開表態，也同樣是反轉、遮斷的工具。直到今天，這種帝國的主觀生產工具還在發揮作用。

子彈爆炸的普遍化事件，這種抽象就可以與和平利用核能建立起關聯。而在其中起捏合作用的，就是「正因為……才更要」的邏輯。這時，正面面對原子彈這一對象的通路就被堵上了。到底原子彈爆炸的代價是甚麼？為甚麼會製造出原子彈這種東西？為甚麼在 1945 年 8 月 6 日會有原子彈落下？為甚麼會落到人口密集的地方？到底是誰投下了原子彈？是誰做出了使用原子彈攻擊的決定？到底那次戰爭是怎麼一回事？是誰發動了戰爭？是誰、在哪裏成了加害者？是誰、在哪裏成了犧牲者？進入這些問題的通路都被封閉了。那個時候「和平利用」的具體內容沒有得到追問，而是作為正面的價值被抽象化地處理。最終，情緒和道德把理智認識推到了一邊。

但這也可以算是總結戰後日本的歷史經驗特有模式的一個例子。「戰爭終於結束了，現在已是和平國家了」，或者是「正因為戰爭如此悲慘，今天的和平才得來不易」。這些抽象的、無法再繼續向前推進的命題，將個人具體的體驗吸納於無形，因而阻斷了總結活着的歷史的道路。「正因為……才更要」的邏輯就是這樣一個阻斷裝置。對這一邏輯運用到極致的是「正因為在戰爭中有數百萬人犧牲，才有現在日本的繁榮」，這樣的說法不僅是「靖國派」的論客在使用，也是在「8·15」的政府投降儀式上被宣讀的正式文書等情況下常常被運用的邏輯。「數百萬人的犧牲」（A）與「現在的繁榮」（B）之間到底有何種關聯，這一問題並沒有得到說明。但是把肯定性的（B）看作拜否定性的（A）所賜，就變成了一種理所應當的道德要求、強迫讓人接受。如果要否定二者之間的關聯，等待着的將是一種「你想冒犯死難的同胞嗎」的脅迫。正是這種不以邏輯為媒介的情緒性的結合成了戰後日本推卸戰爭責任、免除殖民地責任最為便利的手段。如果 50 年代

的日本能夠對投放原子彈等一系列問題進行認真的追問，那麼全面揭示以投放原子彈而結束的戰爭的意義的通路就會被打開，這之中也包括日本的加害責任和使用了原子彈的美國的戰爭犯罪行為。緊接而來的會是追究各自責任的過程。如果是這樣的話，在原子彈的死難者慰靈碑上就不會寫上「請安然長眠　過錯將不會再重複」這樣曖昧的話了，在原子彈與「和平利用」的問題上也就不會出現「正因為……才更要」的關係了。這裏面潛藏着的是戰後日本國家確立本身的問題之所在這一秘密。

這裏有必要對「和平利用核能」這一表達稍作思考。這一說法在 20 世紀 50 年代曾被大量使用，之後雖未變成廢詞，但似乎不大使用了。我並未調查過它的使用頻率是從甚麼時候開始下降的。但是有一點可以確信無疑，那就是「和平利用」這一說法是與「軍事利用」成對出現的。正因為核能首先是以原子彈、氫彈的方式出現，所以才有必要提出還有不是炸彈、不是「軍事」的利用方案。這就是所謂的「和平利用」。只有在這個對比之中，「和平利用」這個說法才具有意義。然而通常情況下，詞語並不這樣用。誰也不會去說「和平利用石油」。石油以戰鬥機、戰車燃料和凝固汽油彈材料等各種形式被用於軍事，但是在用於暖氣、發電以及私家車的燃料等途徑的時候，人們絕不會說石油的這種使用方式是「石油的和平利用」。同樣，人們也不會說「鐵的和平利用」。其理由就是，石油和鐵最初就是具有廣泛用途的物質。有很多可以在日常生活中使用，同時也可以用於戰爭的東西，但人們不會一個一個地去說某某的「軍事利用」或是「和平利用」，只有在核能上人們才說「和平利用」，是因為它本來專用於軍事。這一用語揭示了核能「出生的秘密」，即軍事才是核能原本的利

用價值之所在，而「和平利用」以及作為其核心的通過核反應堆進行核能發電其實是原子彈的副產品。

「和平利用核能」這句話的使用，是從 1953 年 12 月美國總統艾森豪威爾在聯合國上所作的知名演講《用於和平的核能》（Atoms for Peace）開始的，但人們很少提及這一演講的題目。「核能」（atoms）本來就是用於戰爭的（for war）。但是今後也可以用於戰爭以外的目的（peace）、可以轉而用於原本目的之外的目的。這一題目正是作為這樣一個宣言才開始具有意義。

那時「冷戰」正酣。蘇聯已於 1949 年擁有了原子彈，並於 1953 年進行了氫彈試驗，打破了美國的核壟斷。英國也開始獨立研發核武器，並在 1952 年進行了原子彈爆炸試驗。1950 年開始的朝鮮戰爭在 1951 年 6 月差一步就發展為核戰爭，全世界都為之震動。在之後的十年裏，「冷戰」與擴充核軍備的競爭日益激烈，再加上遠程導彈的競相開發，人類研製出的核彈頭的破壞力總計達到了足以將全人類殺死數百次的程度，如拉爾夫·萊普（Ralph Lapp）所說的「過度殺傷」（overkill）。這自然使美國、蘇聯和英國進一步提高了以製造核彈頭為目的的核反應堆和濃縮設備的生產能力，超出軍事需要水平的核物質被大量生產出來。但是既然這些武器無法被消費（既然不能發動核戰爭），那麼不管再怎樣增加核彈頭的儲備、怎樣開發新型武器，也無法無限制地持續製作下去，而且這個費用必須由國家的軍事預算來填充。僅僅靠製造炸彈，不可能維持一個生產部門。為了能夠維持下去，就必須把核能賣到甚麼地方去才行。武谷三男這樣寫道：

　　一開始製造的核反應堆既笨拙，體形又龐大。開發它是為了製造原子彈所需要的鈈。當時建造了很多這樣的核反應

堆。在初期，它所產生的能源是麻煩的副產品，被排到大氣和河川中。而核能受到關注則是在原子彈、氫彈的軍備膨脹、材料生產開始過剩之後。（武谷，頁 39）

在這樣的背景下，民營化核能產業開始得到培育。英國和美國開始將軍用核反應堆轉為用於發電的核反應堆。艾森豪威爾「和平利用」的提案就是基於這種需要提出的。

艾森豪威爾的「和平利用核能」是美國在失去對核武器的壟斷之後的一個計劃，它的目的是將美國生產的濃縮鈾等核物質向國際的轉移過程置於美國支配的國際機構的管理之下，從而使美國支配世界。也就是說，它是 20 世紀 50 年代美國霸權的戰略性構成要素，是以核戰鬥力為主軸的軍事霸權體系的有機組成部份。回頭重新再看艾森豪威爾在聯合國所作的演講是否真的是一個「和平利用」的提案，就越發顯得可疑。演講的前半部份強調了核武器的破壞力，並誇示了美國在受到核攻擊時消滅對手的能力。僅在最後三分之一的部份，才提到了包括蘇聯在內的「主要相關國」要將核分裂物質的一部份交由新成立的國際機構（IAEA）來管理並促進「和平利用」的提案。這是與廢除核武器及解除核武裝完全沒有關聯的「和平利用」。這個「和平利用」從提案的時候開始就不折不扣的是軍事利用的附屬品。

戰後，美國多次提出了意在由處於美國實際支配下的國際機構來進行軍備管理的提案——即通常所說的巴魯克方案（Baruch Plan），但都遭到了蘇聯的否決。這次對於延續了美國一貫意圖的艾森豪威爾提案，蘇聯同樣斷然否決。於是在東西方「冷戰」的條件下，「和平利用」的形式成了東西方圍繞帶有附加條件的核反應堆建設展開的封閉性競爭。美國通過在其嚴加控制之下提

供核能技術和濃縮鈾的雙邊協定，確立了美國主導的核能利用同盟；而比美國更早開始了民用核能開發的蘇聯（1954 年）也建立了同樣的核能同盟。「和平利用」的同盟是沿着「冷戰」下兩個帝國的分割線確立的。

到了 60 年代，隨着法國（1960 年）、中國（1964 年）相繼加入核武器國俱樂部，世界上的核利用狀況也必須適應這種新的情況。已擁有核武器的美、蘇、英、法、中五國開始着手建立核不擴散體制，以阻止出現新的核武裝國，並於 1970 年確立了《核不擴散條約》（NPT）。

核能發電起步並與軍事結合

核能發電也於同一時期走向成熟。在 60 年代中期，「用於發電的輕水反應堆的訂購迎來了世界性高峰」，因此，吉岡齊認為「這成為起爆劑，實現了核電產業的起飛」（吉岡，2011）。但是，真的可以認為核電已經從軍事中獨立出來、成了一個單純的產業部門嗎？核能的「和平利用」真的成了脫離「軍事利用」的一個普通業務了嗎？

並非如此。核能發電確立為產業並不意味着它從軍事中獨立出來。只是產業與軍事這兩個要素的結合形態發生了變化。在由原子彈爆炸起步、走向後來的核電這個通路之外，一條新的通路被打開，那就是從核電通向原子彈爆炸的通路。NPT 自身就表明了兩者新的結合關係。這一條約在締約國之間把和平利用核能作為一項權利加以確認（第 4 條），對於未擁有核武器的國家，禁止其製造、獲得核武器（第 2 條），並且為了檢查這些國家是否嚴守規定，規定了非核國家有接受 IAEA 的「保障措施」（監察）的義務。核能的和平利用，也就是用於發電的核反應堆的運轉以

及濃縮鈾和使用過的燃料的再處理、核物質的保有量、儲存場所等一切都是 IAEA「保障措施」的對象。也就是把有關核能發電的「和平利用」的一切，都作為核武器的潛在生產能力來對待。當有轉用於製造核武器的嫌疑時，就要進行強制監察。從朝鮮、伊朗的例子來看，由於用於發電等用途的「和平利用」與製造核武器之間的隔斷僅僅取決於國家的政治性決定，因此這一隔斷可以在任何時候被撤除。也就是說，核反應堆能不斷地回到其起源——原子彈那裏。對於牢牢控制世界特權的核擁有國來說，那些在政治上無法掌控的國家所進行的核電建設都意味着潛在擁有製造原子彈的能力。NPT 就是在這樣的前提下創立的制度。

這裏嘗試追問的是，如果沒有珍珠港襲擊，沒有曼哈頓計劃，沒有製造過原子彈，廣島、長崎也沒有被原子彈轟炸過，那麼會有現在這種形式的核電存在並且得到普及嗎？我對此表示懷疑。無論對利潤多麼敏感的企業，會為了發電而想到以如此高昂的代價、冒着巨大的危險建設核反應堆嗎？這一龐大、複雜、精密、昂貴而又危險的設備僅僅是為了將熱水煮沸產生蒸氣，從而使葉輪運轉起來用於發電。這與用煤燒鍋爐的原理沒有甚麼差異，技術設想上非常原始。的確，這一發電方法對於需要長時間連續潛水航行的潛水艇來說是有意義的。美國 1954 年起大肆宣傳的是由通用電氣製造的最早的核潛艇「鸚鵡螺」號上搭載了重水型核反應堆，之後它就成為核能發電的榜樣加以宣傳。然而商用的核能發電與「鸚鵡螺」號的核反應堆卻完全不同。不過是給數萬家單位、幾百萬人的日常生活供電而已，為何不得不用這樣複雜且高成本的燒熱水的熱源呢？何況這發生在 1973 年 OPEC（石油輸出國組織）攻勢之前，那個時代英美的國際石油資本支配着中東，原油可以低價輕鬆入手，為何會有使用核能進行民用發電的

必要性呢？原本只有瞬間的大規模破壞才能最大程度發揮作用的核裂變技術被轉換成最忌諱瞬間大規模破壞的民用發電，這一想法無疑極不合理。那又為何毫不費力地為人接受了呢？

我並沒有分析歷史經過、回答這些問題的能力。在戰後初期充斥着實現支配世界的浮躁感的美國，曼哈頓計劃所提出的原子彈成了美國永遠繁榮的象徵。我推測，這一「美國的世紀＝核能」的心理背後大概也有「如果只是普普通通的話就會被擊退」這一選項。

從 NPT 可以看到，核能發電（也就等同於核反應堆的運轉）與軍事直至現在還有聯結。若是如此，認為以核能發電為其一端的聯結的另一端不可能不受軍事影響的想法也很自然。在這個意義上，有必要提前確認軍隊會遵循殺傷、破壞、削弱敵人，保存自我的原則。軍人的本職是有效殺傷敵人。為此軍人會把對方士兵的生命看作必要成本來進行計算。對軍人而言，他們必須守護的是國家這一抽象物，而不是活生生的民眾。軍隊並不關心環境。戰爭恰恰是最大的破壞環境的行為，也從未有過對環境有利的戰爭。軍隊在作戰中不會去修復破壞了的建築。軍人會固守軍事機密，絕不公開核心信息。

然而，核武器的問題不光出現在其使用上，甚至從鈾的採掘起，放射線所導致的對人的生命以及對環境的破壞就開始了。自始至終，這一點從未有過改變。製造開發過程也是以破壞人的生命與環境為前提開始的。進行過核武器試驗的內華達州、新墨西哥州、馬歇爾群島、塞米巴拉金斯克等地周圍的居民遭到輻射，儘管壽命縮短，政府也不覺羞恥，沒有受到甚麼處罰，甚至讓本國居民注射鈈、進行人體試驗。美國的醫學調查機構 ABCC 為了給下次核戰爭收集活體資料，將廣島與長崎的受輻射者當作小

白鼠一般來對待。比基尼島氫彈試驗中的日本漁民遇難時，美國政府首先懷疑漁民是間諜，接着又否認了與試驗的因果關係。這中間蘊含着人與自然關係的某種哲學——將生命當作工具，把漠不關心視為正當的犬儒主義哲學。

核電本身並非軍用，然而它的技術與使用形態的哲學難道不是繼承了軍事基因嗎？「和平利用核能」的軍事起源開始的連續性不也正是伴隨了哲學上的連續性嗎？尚不知處理核廢棄物手段之時就來進行核能發電、運轉核電站，這種風格不正是繼承了只追求眼前的破壞、置社會與人所承受的後果於不顧的原子彈攻擊者的行為嗎？核電以剝削人的生命作為其前提，這跟軍隊以士兵會在戰場受傷戰死作為前提而進行組織是相通的。採集核電所用的鈾並未與原子彈區分開來，侵蝕着環境與居民（尤其是原住民）的生活。這種對待生命的犬儒主義難道不是從這一起源繼承而來的嗎？

尤為特別的在於對於放射線的態度。讓人難以想像的是日本政府在福島核電站受災之際，迴避聲明其最高使命在於面對放射線的傷害「守護居民安全」。政府持續讓居民處於高強度的放射性環境中，還在這時向外部發出虛假信息，主張「同時對健康沒有影響」。直至今日，政府也沒有公開全部信息。人長期面對原子彈、核電與放射性物質這些眼睛無法看到的有害源，生命會漸漸遭到侵蝕，甚至失去。權力盡量不去多談核所特有的、必須對其加以警惕的一面，而是將其從人們的視野中隱去。無論是在原子彈還是在核能發電中都能看到這一傾向，這大概並非偶然。

曼哈頓計劃的負責人萊爾准將於 1945 年 9 月率美國陸軍視察團來到日本。他在東京的記者會上對原子彈的射線與熱輻射的威力進行了宣傳，並說「未發現有日本報道中所提的由放射能

輻射而死亡的案例：原子彈經過長時間後，尚未發現由放射線而死亡的案例，廣島現在完全是安全的」，日本方面對放射性物質的主張只不過是「宣傳」（繁澤，頁 93）。這與福島核電站事故發生之後日本政府與御用核能學者的態度有着奇妙的一致。雙方都無視或低估了不可忽視的放射性物質的影響。前者是為了避免戰爭犯罪的罪名，而後者則避開了從根源上對離開人的控制就會出問題的核能發電進行批判，遮掩了政權負荷不了的狀況。法萊爾否定有受輻射人群的存在，日本政府則犧牲了民眾的安全。從面對這次核電事故的政權以及東電對待民眾的態度中，我們可以看到他們與軍隊的相似性。

福島核電站事故以來政府堅守了甚麼呢？文部省從未表示過「堅守孩童的安全」是自己的使命，而是將規定「安全」數值擴大到臭名昭著的 20 毫希沃特，因為若不如此，福島縣的公共教育則無法維持。在這裏，必須優先守護的是學校制度，而不是活着的孩子。給福島縣居民做健康調查的態度也與過去 ABCC 把受原爆輻射者當作數據對象的「小白鼠」的態度如出一轍。

不過在此暫不深入來談，而是回到戰後日本繼續剛才的討論。

美國、廢核運動、「和平利用核能」

美國對戰後日本「和平利用核能」的引入並非只是針對「用於和平的核能」這樣一般性的戰略目標，而是為佔領後的日本所開的特殊處方。這一處方是：1. 以美國在廣島、長崎投下原子彈進行大量虐殺這一事實為背景；2. 要求作為舊的敵對國的日本，保證不再與美國二次敵對：3. 不得對利用處在「冷戰」最前線的日本作為反攻基地的特定必要性問題做出回應。

在此意義上，對日本而言，1954 年是決定性的一年。如前所述，

這一年的 3 月 1 日，由於美國在比基尼島進行氫彈實驗，「第五福龍丸」遇難。第二天（3 月 2 日），改進黨的中曾根康弘、稻葉修、齊藤憲三、川崎秀二在國會提交了核能研究開發預算。雖然發生的時間有其偶然性，但兩件事情的展開一直都具有內在聯繫。

40 年之後的 1994 年，NHK 從 3 月 16 日起分三次放映了題為《引入核能發電的情景——「冷戰」下的對日核能戰略》的紀錄片。這一出色的節目將充滿了政治野心的正力松太郎與美國諜報機關的關係作為中心，敏銳地描繪出「和平利用核能」是怎樣作為新的對日心理戰而展開的。這部紀錄片中除了對華盛頓的國家檔案館的細緻調查，還收錄了對當時仍在世的美國工作人員、日本內部秘密打聽「接受」濃縮鈾的外務省官僚、就核能協定與日本政府交涉的美國原子能委員會原國際部長、日本學術會議和平利用問題的代表武谷三男等人的原始採訪，彌足珍貴。眾多重要的證言與觀察中，給我留下最深印象的則是可以從中理解美國政府面對當時廢核運動的高潮有着怎樣的慌亂與恐懼。

當時經歷廢核運動的我所看到的廢核運動並不是反美運動。但人們已了解廣島、長崎的慘狀，而且對美國強硬否認氫彈試驗責任表示憤怒，因此也絕不會是親美運動。從比基尼的「死之灰」中守護孩子的母親們的活動，到守護海洋、守護魚類的漁民、漁商的活動，進而到佔領下壓抑着的反對原子彈的呼聲的爆發——市井的人們在各種動機（尤其是希望停止核試驗）的推動下，在忐忑不安的生活中推進着運動（藤原，丸濱）。

然而，美國當局的眼中看到的則是危險——這給日本走向反美運動和共產主義提供了機會。1953 年美國雖實行了「對日心理戰計劃」（PSB D-27 1953 年 1 月 30 日）（有馬，頁 63 — 64），「給日本知識分子施以影響，支持那些願意迅速重整軍備

的人，通過快速實施促進日本及其他遠東自由主義國家相互理解的心理戰，與中立主義者、共產主義者及反美情感作鬥爭」，但這一心理戰在比基尼事件中遇挫。有馬認為 1954 年比基尼事件引起的廢核運動意味着「對日本的佔領結束以來最大的心理戰完全以失敗告終，是外交上很大的污點」（有馬，頁 71）。NHK 常引到的國家安全委員會（NSC）文件《美國對日本的目標與行動方針》中談到「日本對核武器的反應的激烈程度成為我們對日關係所有方面的一個要素。它對我們在太平洋上所進行的以上試驗，以及美國開發『和平利用核能』的行動都提出了特定的問題」。於是有必要修正針對日本的心理戰略計劃。當時負責與日本關係的沃爾特·羅伯特森 [4] 在寄給駐日大使約翰·阿里遜的書信中談到了「第五福龍丸」事件時日本的輿論與日本反美的經過，阿里遜的報告指出「有必要制定更加積極的心理戰計劃，至今為止的心理戰有其缺陷」，並説明「由於現在的共產主義者在加強對日本的和平攻勢，所以心理戰計劃更為必要」（有馬，頁 67）。

「和平利用核能」是這一新的心理戰計劃的關鍵，而且對《讀賣新聞》的正力松太郎——代號為「Potam」的 CIA 真正代理人——而言，「和平利用核能」是實現其政治野心的捷徑。1955年，在正力的推動下，以美國通用動力公司總經理約翰·霍普金斯為代表的核能和平使節團來到日本，《讀賣新聞》展開了大規模的報紙宣傳，並通過日本電視將這樣的信息傳至全國，席捲政

4　沃爾特·羅伯特森，1953 年是美國國務院助理國務卿。在與時任日本首相吉田茂的特使、自由黨政調會長池田勇人的會談中，他承諾美國將援助日本重整軍備。會談的結果就是第二年締結的《日美相互防衛援助協定》（MSA 協定）。而且在這次會談中，雙方同意，為了日本重整軍備，最重要的是「助長能夠增加日本國民防衛責任感的風氣」，「為了培養日本自發的愛國心和自衛精神，日本政府需要首先通過教育、宣傳來承擔責任」，自此，日本政府開始正式介入重整軍備和教育的事務。

界、商界，引起了「和平利用核能」的高潮。美國緊接其後，從當年 11 月起介入「和平利用核能博覽會」，在東京的日比谷公園吸引了 350 萬觀眾的目光，畫下了日本社會邁向核能的形象。第二年，博覽會在日本全國各地巡展，正如前文所提，廣島的原子彈資料館也就理所應當地被鳩佔鵲巢。

和平利用的幻想

森瀧回想起在召開廣島博覽會的 1956 年的同一年，長崎召開了第二次世界廢核大會。這一大會儘管設置了「和平利用分會」，然而絲毫沒有對「和平利用」加以否定，只是有很多警戒的聲音，說「和平利用」必須是為了民眾，而不能為壟斷大資本所用。「比如意大利代表齊亞薩蒂說：『要使和平利用的核能不被用於增加巨額壟斷利潤，而是要成為社會的公共財產，讓所有的勞動者能有更多的食物、更高的生活水平、更好的健康狀況、更穩定的工作與更多的自由與幸福。』」

森瀧帶着自責與悔恨寫下了如下的話：

> 在長崎召開的第二次世界大會中，新組織起來的日本受輻射者團結協會在成立大會的宣言中加上了「給世界的問候」這一副標題。雖是面向世界講述受輻射者的心聲，但在快結尾的地方，有這樣一段話：「我們今日在這裏齊聲向全世界高聲訴說。人類不可重蹈我們所經歷的犧牲與苦難。把通向滅亡與滅絕方向的危險的核能決定性地推向人類幸福與繁榮的方向，才是我們活着的唯一願望。」寫下這一草案的正是我本人。

森瀧說廣島歷史學家今堀誠二的《核彈時代》一書「最為鮮明地展現出」這一觀點。他繼續指出，貫穿其中的理念主要是「從核爆炸時代到核能時代」。「通過廢除核彈，可以更早一日迎來和平利用核能的時代。這非但不是否定核能，而是把發現核能高度評價為人類從自然的制約中解放出來，它帶來了人類歷史上最大的轉機。」「重要的是所有人都站在被輻射者的立場設身處地地思考，這樣人們就不得不意識到全人類都有可能陸續成為被輻射者。當『被輻射的人不能再增加』這樣的說法成為每個人的說法之日，才是核時代結束之時。核能時代即將迎來光明包裹着的薔薇色的黎明。」〔《核彈時代》（上）‧後記〕

今堀在廣島廢核運動裏是行動知識分子的核心，也是一位受人敬重的知識分子活動家。我認為《核彈時代》是廢核運動初期最優秀的分析作品之一。當森瀧得知今堀對核能時代予以禮贊之時，他非常愕然——「竟然還有今堀！」我也在森瀧的文字中體會到這種感覺。而今堀並不是例外。

毋寧說這種關於核能的想法植根於戰後包括從左翼到自由主義在內的各類進步知識分子和社會運動中都有着頑強生命力的「常識」：無條件肯定科學技術發展的近代主義。物理學家雖強烈反對軍事利用，但有了被佔領軍破壞迴旋加速器的屈辱經驗後，他們期望再次進行研究。這些物理學者在 1951 年，請求尚在交涉中的媾和條約不要禁止核能研究（吉岡，1999，頁 557）。在剛剛經歷了廣島長崎之痛的 50 年代，日本學術會議也對「和平利用核能」有着強烈的抵抗。伏見康治提倡的和平利用提案遭到強烈抵抗，一度被撤回。然而，武谷原本用於防止軍事利用、推進和平利用的「自主、民主、公開」三原則立即為學術會議所採納。這中間缺少了對潛藏在「和平利用核能」核心中與軍事所共通的

部份予以警戒與批判。「核能已是現實問題」,「若不注意核能的和平利用,就要落後於世界了」。武谷的邏輯是,「打破大國獨佔核武器這一科學機密體制是小國的任務之一」,「日本這種被輻射的國家必須擁有主導權」,「為此,為了明確分開核武器與核能的和平利用,必須確立相應的原則」(武谷,頁 8 - 9)。

出發點——為了核武裝能力,引入核反應堆

然而,眾所周知,以核反應堆的形式將「和平利用核能」帶入戰後日本的主要勢力並不是學者,而是前面所述的正力、中曾根康弘等政治家及其背後的勢力。比基尼事件發生後的第二天,眾議院中的保守三黨突然共同提交提案,提出追加科學技術振興預算 33,500 萬日圓,以建造核反應堆,此預算迅速被通過。中曾根的這一突然動作使得尚在繼續熱烈討論的科學家們為之驚愕,這一行為的背後究竟有着何種動機?然而不可思議的是,其中完全缺少「和平利用」這種觀點。

3 月 4 日在眾議院內部會議上對提案主旨進行說明的是改進黨的小山倉之助。據藤田祐幸回憶:「主旨說明從當前的軍事狀況談起,稱有必要進行教育與訓練,以使用最新的武器,並需要將核能預算提上議程,以了解核武器,並掌握使用它的能力。」小山甚至還說:「為了避免美國在對日的 MSA[5] 援助中提供舊式武器,就需要有一個先決條件,那就是了解新式武器和現在尚在製造過程中的核武器,並且具備使用它們的能力。」在這之前,我從不了解這提案主旨中有如此令人震驚的語句,直到我讀到藤田的《戰後日本核政策史》(槌田、藤田等,2007)時才得以了解。

5　指《相互安全保障法》。

日本最初的核能預算就是在這一主旨說明之上被採用的。核反應堆不是為了「和平利用」，而是作為邁向日本核武裝的第一步而被引入的。藤田說：「在日本議會上這樣赤裸裸地討論核能與軍事問題，這是空前的，（我希望）也是絕後的。」

中曾根在之後的採訪中說道：「自己對核能的關心起源於為缺少資源的日本解決能源問題。」他在自傳中說，1945 年 8 月 6 日，時任高松海軍主要軍官的他看到西邊藍色的天空中飄起了白色的煙雲，了解到那是原子彈爆炸。「即使是現在，那種白色煙雲的形象還留在眼底。那時的衝擊是使我走向和平利用核能的動機之一。」然而，現實中的中曾根走向核能則是在 1953 年。他在美國諜報機關的安排下來到美國，參加了哈佛大學由基辛格主持的為期 40 天的研討班。很明顯，這是當時美國在全世界展開的親美反共領導培養計劃中的一環。研討班中來自 25 國的 45 人聚在一起，連日討論、學習。在這次美國之行中，中曾根訪問了軍校、大學、滯留美國的日本專家等，積極收集核能的相關信息，並對小型核武器開發表現出了興趣。不久後基辛格就提出了使用小型核武器的有限核戰爭這一概念，用於實施不致兩相毀滅的核戰爭。這些動向實在是意味深長。毋庸置疑的是，中曾根的「和平利用核能」從最初就被置於改憲、重整軍備、核武裝的脈絡之中。

1954 年之後的幾年裏，日美簽訂了核能協議（1955 年 11 月）、《核能基本法》等核能三法公佈（1955 年 12 月），由正力擔任長官的原子能委員會成立（1956 年 1 月），隨後又成立了由他作為首位長官的科學技術辦公室（1956 年 3 月），並將東海村選定為核能研究所的地點（1956 年 4 月）。日本「和平利用核能」的體制迅速得到推進，60 年代最早的核能發電站才開始運作，然而

到了 70 年代，就迎來了核能發電的高峰。這裏暫不追究其過程，然而從上述過程中我們可以知道，「和平利用核能」的背後有三個不同性質的動因在起作用，而且可以確認的是，這些動因在深層持續規定了核能後來的發展。

這三個動因是：（1）作為美國霸權戰略的「和平利用核能」，尤其是作為針對日本反核運動的心理戰略而提出的「和平利用」；（2）戰後保守政治勢力企圖改憲並實現核武裝的野心；（3）包含科學家在內都信奉的戰後的進步潮流——科學技術進步觀念與現代化意識形態。

其中，第三個動因一方面與戰後新憲法之下的和平——民主意識形態相連，另一方面，它的左側則連接着對俄國革命以來的社會主義從親近感到支持在內的各種肯定性態度。在這些原因的作用下，日本（1）相當大程度上處於整體上規定了戰後日本氛圍的「擁抱戰敗」（約翰·道爾語）的親美環境之下；（2）無法走明確的反美自立路線；（3）一方面雖對美國在「冷戰」中的霸權支配表現出強烈的批判姿態，但同時又對美國、蘇聯式的自然征服型開發模式抱有憧憬或是毫無批判。

處於「和平利用核能」背後的這三個動因與我所説的組成日本戰後國家的三個相互矛盾的原則相呼應，即嵌入戰後日本國家構成中的：（1）美國霸權支配世界的原理；（2）對戰前日本帝國進行繼承的原理；（3）憲法和平主義與民主主義的原理。我反覆論述了日本戰後國家這一歷史性的存在其實就是這三個原理「絕對矛盾的自我同一」運動，而且這些自我矛盾的動因典型體現了戰後日本的特徵，並在「和平利用核能」計劃的內部發揮着作用。

將日本納入美國霸權戰略中的主要槓桿並不是作為心理戰的「和平利用核能」，而是根據《日美安保條約》所設定的軍事同盟

關係。它代表了在「冷戰」的核對抗中將日本置於反共最前線的美國政策與戰後日本社會的關係。而廢核運動也在經歷了 1960 年的「安保修訂」之後採取了反對核武裝的立場，進而與安保形成對決。[6]

然而正如我們所知，圍繞着當時社會主義國家的核試驗、對核武裝力的政治立場的決定，廢核運動內部出現了分裂。1961 年，蘇聯雖單方面停止了核試驗，在此情況下召開的第七次廢核世界大會通過了「最先開始核試驗的政府是和平之敵」的決議，但 1962 年蘇聯又重啓了核試驗。共產黨團體宣稱蘇聯的核開發是為了抑制美帝國主義戰爭政策，是為了和平的核開發，並以此反對針對蘇聯的抗議，而在中蘇對立進一步激化的直接影響下，圍繞 1963 年部份核試驗禁止條約形成了對立，終於在 1965 年，包含總評、社會黨在內的勢力在「反對任何國家的核試驗」的口號之下召開了廢核國民會議（原水爆禁止國民會議，簡稱原水禁），於是運動在組織上分裂為日本廢核協議會與廢核國民會議。

廢核國民會議是從和平運動一方轉向與核能發電相關的運動的。（池山）廢核國民會議不僅站在反對所有國家核試驗這一立場上，而且還調查遭受核試驗輻射的太平洋群島居民的受害

6　面向 1958 年的第三次世界大會，廢核運動將「核武裝」列為中心議題，該大會的宣言名為《禁止核武裝宣言》。宣言開篇即指出：「日本正在由核彈受害國變為加害國」，「將核武器帶入沖繩和日本本土、自衛隊核武裝、設置核彈基地等動向，是與日、韓及中國台灣的軍事同盟計劃相關的，是以西德為首的世界性核武裝政策的重要一環」。這裏還沒有意識到核武裝與已經開始引進的核反應堆之間的關係，「禁止核武器」也沒有被置於禁止由本國的核反應堆生產核彈頭的文脈中。「核武裝」主要是作為沖繩基地的核裝備、美軍將核武器帶入除沖繩之外的日本本土、自衛隊的美國製核導彈裝備等問題來把握的。他們意識中的世界性核武裝政策的範例，是 1957 年西德總理阿登納提出的西德軍隊核武裝化的提議，與第二年西德議會通過的作為北約軍隊一環的西德核武裝決議。對此，卡爾·弗里德里希·馮·魏茨澤克等著名物理科學家發表了《哥廷根宣言》，發起了波及全德的反對核彈致死運動。

狀況，將視野擴展至核輻射導致的對人體與環境的總體破壞。其中，明確對核電採取批判態度的森瀧提到「廢核國民會議從『對核武器的絕對否定』到真正的『對核的絕對否定』，大約花了七八年的時間」，他寫下了這些文字：

> 回來看我們對核的認識的變化，我想關鍵原因大概在於我們對「放射線危害」的認識切實且深刻。核彈爆炸 27 週年大會（1972 年）時提出「反對建立引起最大的環境破壞、放射線污染的核電站與處理工廠」這一口號，一方面說明我們的核認識已經進展到了這一程度；而另一方面，也是由於日本國內在「高度經濟增長」之下，環境破壞和污染的問題越來越嚴重，以及同年 6 月在斯德哥爾摩召開了「聯合國人類環境會議」這些世界性的背景。
>
> 在國內，反對建立核電站的居民運動在各地展開，因此出現了召開橫向的全國聯絡會議、成立「信息中心」的必要性，也切實看到了學者、專家合作、相互協助的需要。於是廢核國民會議也從這一年前後開始，採取了回應這些需要的姿態。

伴隨着對放射性能源危險性認識的深入，從廢除核武器開始，廢核國民會議最終將視野擴展至反對核電的先驅性和平運動。與此相對立的廢核協議會則站在贊成「和平利用核能」的立場上，拒絕把核電作為問題。一般被理解為和平運動的反核運動的關心重點在核武器上，而核電則被認為是抵制破壞性開發的居民和環境運動的課題。

然而從整體上來説，20 世紀 60 年代出現的分裂削弱了日本社會反核輿論與和平運動的力量。而且隨着日本社會淡化了強烈

反對「軍事利用」＝核爆炸的情感，將「和平利用」與「軍事利用」對立起來的必然性下降了，「和平利用核能」的說法也很少被提及了。除核電以外，在醫療等領域對核技術的「和平利用」以及圍繞高能粒子加速器展開的研究等則被劃歸醫學和物理學的工作領域，已不再能以「和平利用核能」一概而論了。

接着，替代它的「核電」作為主人公登場了。

核電體制的形成與國家安全保障

20 世紀 60 年代是全球商業核電產業起步的時代。日本用於商業的核電從 1966 年東海村第一號反應堆啓動開始，於 20 世紀 70 年代急速地擴張，並作為國家的一大支柱產業而起步。70 年代 20 台機組、80 年代 16 台機組、90 年代 15 台機組、2000 年後 5 台機組，多年來，核電產業幾乎在以直線型、每年增長 150 萬千瓦小時的幅度增加（吉岡，2011）。50 年代「軍事利用還是和平利用」的問題已不復存在，核電似乎已完全被納入了國家的能源政策。

然而，這意味着某種超越能源政策的事物誕生了。一個堅固的結構，出現在國家的核心部份。吉岡把這種圍繞核電形成的結構稱為「核能體制」。它的政策特徵在於「為了維持國家安全保障的基礎，在國內保持先進的核技術和核產業的方針」，並為其冠上「保障國家安全的核能」的公理之名。吉岡指出，在這個前提之下，「在承擔開發利用核能職能的主管部委的指導下，以有着相關利益關係的各部委、電力部門、政治家和有實力的地方自治體四者為主要成員」，「再加上生產商及核能研究人員六方」構成了複合體。複合體是為了制定「以內部利害調整為基礎的一致政策」。它與「軍工複合體」或者政、官、財相勾結的「鐵三角」

有着同樣的結構。最近的「核能村」這一稱呼指向的正是這種結構。

　　吉岡將「保障國家安全的核能」的「公理」定義如下（吉岡，2011）。

　　「保障國家安全的核能」的公理，是日本暫不擁有核武器，但須奉行擁有足以實現核武裝的技術與產業潛在能力的方針。這是日本國防安全政策中最主要的一部份。據此，以持有核武器作為安全保障政策基礎的美日兩國軍事同盟的安全性就有了保障。「保障國家安全的核能」這句話所附帶的意思是，擁有先進的核技術及核產業是國家威信的重大源泉，也就是「核能即國家」。另外，由於「二戰」時期日本特有的歷史背景，國家的安全保障這一詞裏也包含了能源安全保障的含義。面對一般國民，這一含義須常常強調。從這個公理的觀點來看，核技術中尤其是敏感核技術被賦予了極高的價值。無論如何，由於和保障國家安全密切結合在一起，在日本，核能政策是國家基本政策的一部份。

　　被稱作公理真是很絕妙。公理是不需要證明的真理，已經被抹殺了公眾要求證明的權利。在其中，核能與軍事在戰後日本以獨特方式結合的事實被抽取出來，那就是不以核武器形式出現而作為軍事要素的核能發電。但在面向普通民眾時它卻是以能源政策的面目被呈現的。「3·11」以後的東電、政界、財界以及媒體之中的核電維護推動派的核電擁護論，基本上 100% 都以如果沒有核電，電力需求能否被滿足、能源是否夠用等威脅論構成。這一手法僅僅打開了遮蓋核能體制實質簾子的一部份，僅僅將能源的面目呈現給公眾。從這個角度看，「國家安全保障」的本來面目就看不到了。

　　有意思的是，在這段時間裏，有關核能利用、類似 1954 年

核能預算宗旨說明那樣露骨的軍事意味消失了，取而代之的是核武裝論被移植到看上去與核電無關的語境中並復活。那是在解釋憲法的脈絡之下進行的。開此先河的是岸信介。1957年，剛剛執政的岸信介就在參議院提出在自衛權的範圍內可以擁有核能。他還在眾議院提出：「一叫作核武器，就被認定是違憲，這樣的憲法解釋是不正確的。」通過1960年的「安保修訂」，岸信介使日本自發加入了美國的霸權戰略。他雖將修改憲法作為自己的政治使命，但也成為第一位提出在現行憲法之下也可擁有用於自衛的核武器這種令人驚異的憲法解釋的首相。這一立場被其後的歷任自民黨政府所繼承，並被反覆認定。這一立場被置於與核能產業相剝離的言論空間中。但其名與實雖被分開，卻被放置在任何時候都能合為一體的位置上。

　　吉岡將核能體制作為「國家安全保障」的核心。這一視角對於從整體上把握「3‧11」以後的事態也具有決定性的重要意義。雖然最近媒體也公然將「核能村」作為批判的對象，但它們所做的僅是將從電力產業與官僚的沆瀣一氣中獲利的利益集團提出來，僅僅將核能問題作為能源問題來論述，並沒有觸及「國家安全保障」這一核心問題。

　　對戰後日本而言，國家的安全保障是在（1）依靠日美安保提供核保護傘，（2）擁有發動戰爭的能力，（3）在限定非武裝的憲法第九條與憲法民主主義這三個要素的相互作用之下形成並且帶有特定多元複雜性的領域。這三個要素與前文提及的戰後日本國家的三原理分別相呼應，但在原理上卻相互矛盾。日本的核能力建設是為了實現其中的（2）而定位的實體性要素，但又處在（2）與（1）的相關關係即與日美安保體制的微妙關係之中。在戰後日本國家的三大原理中，由於美國的世界戰略原理現在仍壓倒性

地發揮着作用，即便日本想實現核武裝、根據自己的判斷使用武力，也是美國所不願看到的，因此違逆美國而選擇（2），對日本的統治集團而言無異於毫無出路的冒險。況且為了修改憲法所做的中心突破也沒有成功，（2）仍舊在（3）的憲法體制的一定制約下，因此，日本若是退出 NPT，選擇核武裝的道路，則不可避免地會招致國際性的孤立。

我們接下來討論這些矛盾的要素如何相互作用，並且核能在其間佔了甚麼位置。

佐藤政權——「核武裝牌」及其效果

首次將核武裝的選項寫入政策議案的是佐藤榮作首相。佐藤在任的 1964 年到 1972 年這八年時間是世界格局，特別是亞洲格局發生巨變的時期。這個巨變時期也是越南戰爭及中蘇對立的時期，而「核」是左右這場巨變的暗中出場的角色。

讓我們快速回顧一下。美國於 1965 年開始轟炸北越並向南越大量增派步兵，戰爭的逐漸升級引起了世界性的抗議侵略的反戰運動。另外 20 世紀 50 年代末開始與蘇聯日漸不和的中國於 1964 年開始進行核試驗，成了世界上第五個核國家。1966 年，「文化大革命」爆發，全中國都捲入其中。同時，NPT 出現，最初有 62 個國家於 1968 年簽署了該條約。美國發起的越南侵略戰爭在 1968 年的新年攻勢後失去了勝利的希望。同時，中蘇關係發展到 1969 年時出現了珍寶島武裝衝突，中國切實感到了蘇聯核攻擊的危險。根據中美雙方的需要，1971 年基辛格秘密訪問中國，1972 年尼克遜總統實現了對華訪問。中美關係破冰震驚了全世界，戰後的國際關係發生了重大變化。

在這個時期，作為首相執政的佐藤在越南戰爭問題上明確表

示支持美國。在日的美軍基地成了戰爭基地,日本的軍事和民間設施也都被動員起來為美軍服務,ODA(政府開發援助)也在南越以及周邊各個親美國家展開。沖繩的美軍基地成為 B52 轟炸機的出發基地。韓國不僅向越南增派陸軍,還在美國的施壓下不得不接受了屈辱的「日韓關係正常化」。1965 年,日本在日韓條約上簽字,這成了日本支配韓國經濟的開端。在這期間,佐藤也開始和美國交涉沖繩復歸的相關事宜。

這個時期也是日本國內對抗國家權力和既成社會秩序的運動在全國蔓延的動盪時代。針對美國發起的侵略戰爭,反越戰團體及新左翼等反戰反安保運動、學生的「全共鬥」運動、女性解放運動及新傷殘人士運動、以三里塚及水俁為代表的地區民眾運動相繼出現,整個社會呈現出一片動盪局面。反對越戰=「反對美國戰爭」成了當時社會上最為普及的運動基礎,也產生了對積極參與戰爭的佐藤政權以及支持這層關係的日美安保體制的批判及抗議意識。而且在直接全面捲入這場美國戰爭的沖繩,復歸運動打起了「無核回歸」「反戰復歸」的旗幟,向在美國統治下遺棄了沖繩的日本政府施壓。

在此期間,佐藤首相秘密下令對核武器製造和核武裝化進行探討。佐藤內閣打着「沖繩不復歸,戰後日本無從結束」的口號,與約翰遜政權及之後的尼克遜政權開始交涉,終於在 1972 年根據沖繩協議實現了沖繩施政權的復歸。

「日本的核武裝」在這場交涉中作為暗中的角色登場。佐藤於 1965 年就任後馬上赴美訪問,與約翰遜總統進行了會談。國務卿臘斯克單獨詢問佐藤日本要如何應對中國保有核能這一狀況時,佐藤告訴他,日本人認為日本不應保有核能,但是自己作為個人則認為為了對抗中國的核能,日本也應該保有核武器。藤田

祐幸指出，這是佐藤作為日本首相首次「將核武裝問題作為外交牌來使用」。

從 90 年代中期起，佐藤內閣進行的日本核武裝討論的經過開始被「特別報道」出來。政權更替之後，由於多少已經開始對過去事實進行檢驗，所以內幕在現在得到了迅速的公開。我自己置身於反越戰和沖繩復歸問題的運動期間，對日本竟然也在進行核武裝的過程毫不知情。當我意識到這一點時，深感愕然。不僅僅是我，當時的運動也沒有將這令人恐懼的過程納入運動範圍之內。

NHK 在 2010 年 10 月 3 日的 NHK 特別報道「追求核的日本」中，披露了當時的日本外務省與西德外交部之間如何從 NPT 蒙混過關、進行核武裝對策的共同討論，並在箱根舉行秘密會談的事情。節目採用了當時外務省當事人等人的證言，相當具有衝擊性。由此而倍感壓力的外務省於 11 月全部公開了佐藤所任命的「外交政策計劃委員會」於 1969 年 9 月 25 日簽發的絕密文件《我國外交政策大綱》及 NHK 報道的《關於所涉文件的外務省調查報告書》中提到的與核武裝相關的一百多部文件。這些都是當年佐藤政權針對中國的擁核及加入 NPT 等，從正面對擁核這一選擇進行探討的證據。

藤田詳細敘述了在此期間，根據佐藤的指示，內閣、外務省、防衛廳、海上自衛隊幹部是如何在正式、半正式和私下場合大力推進關於日本核武裝的研究和探討的。時任國防會議事務局局長的梅原治及防衛廳中堅幹部組成的非正式集團「安全保障調查會」自《日本安全保障系列專題》（朝雲新聞發行）開始，1967 年到 1970 年間陸續出台了探討日本核武裝在技術、戰略、外交、政治方面可能性的研究報告與提案。《日本安全保障》1968 年版中

收錄的長篇論文《我國核武器生產的潛在能力》中針對日本的核能設施轉型於核武器生產的可能性進行了詳細的論述，説日本若進行核武裝，不應該利用濃縮鈾製作鈾彈，更適合製作鈈彈，並且由此得出不可避免要建設廢料處理工廠這樣的結論。當時針對核武裝研究的多數結論都認為馬上進行核武裝會增加美國的猜疑，導致在與鄰國的外交上被孤立，因而對此並不看好。但是這些研究卻確認了只要有相關意志、以核能產業的能力為基礎，就能切實擁有核武器，這就使得擁核問題從岸信介以來的抽象的法律討論落實到了製造環節的具體層次上。

那麼到目前為止的研究結果就核武裝得出了怎樣的結論呢？前文所提及的《我國外交政策大綱》將關於擁核的討論過程以如下簡短的公式進行了歸納：

> 關於核武器，無論是否參加 NPT，雖然目前採取了不擁有的政策，但在任何時候都具有製造核武器的經濟、技術潛能的同時，也要考慮如何不受相關牽制。另外，核武器相關的基礎政策是基於國際政治、經濟方面利害得失的衡量而制定的，這一宗旨要向國民進行普及。

這就是保持任何時候都可將核能技術用於製造核武器的同時，不加入 NPT，或者即使加入 NPT 也能拿出擺脫 NPT 束縛方案這一立場的宣言。「不擁有核武器的政策」限定在「目前」，而且也在向國民灌輸：擁有核武器與利害得失相關，絕不能説絕對不擁有核武器。在反覆討論了加入的利害之後，日本於 1970 年簽字加入了 NPT，但那時政府聲明中卻特意強調了退出權——「條約第十條中規定『當各締約國認定與本條約的對象項目相關

的異常事態危害了本國的至高利益時，作為主權的行使，擁有脫離本條約的權利』」，而對此的批准直到 1976 年才通過。

藤田所指的「核武裝牌」是把這張牌公示以後，以目前不擁有核武器作為讓步，並且以「非核三原則」為保證使美國承諾沖繩「無核復歸」，進而利用放棄自主擁有核武裝來換取美國對於日本的核保護傘交易的成立。然而實質上並沒有這等好事。

正如到目前為止政府所正式承認的，沖繩交易中因為相互認可在緊急情況下可自由將核武器帶入該區域的秘密約定，所以沖繩的「無核復歸」和非核三原則從開始就只是說辭。最重要的施政權返還——將美國對沖繩的軍事殖民地性質的管理權交付給日本，是為了讓日本政府去面對沖繩民眾的抵抗。而 1969 年佐藤、尼克遜發表共同聲明之時，日本被賦予了全面協助美國維持包括朝鮮半島在內的遠東地區的安全的義務，它對於美國戰略更加忠誠。

但是，儘管日本對美國這樣曲意奉承，尼克遜和基辛格也置日本於不顧，開始開展新的亞洲外交。從 1971 年 7 月基辛格密訪北京到 1972 年尼克遜訪華，中美和解進程加速。然而美國卻沒有告知為排除中國加入聯合國而投了忠誠票的日本，這對於日本政府來說無異於迎面一掌。

日本並不僅是被漠視。在 1971 年的兩次北京會談中，美中雙方把日本作為一個共同話題，在對日本的核武裝和在亞洲的擴張保持警惕的問題上達成了一致。

我們截取有衝擊性的部份內容來看一下（《周恩來與基辛格》，頁 197 － 198）。

基辛格：對周邊而言，獨力進行自我防衛的日本已經在

客觀上成為危險的存在了吧。……因此我堅信現在日本的對美關係實際上是一種對日本的抑制。……因此我們要對於日本達成互相理解，我們雙方有必要對日本表現出一種抑制力。……我們反對日本的核武裝。

周恩來：如果你方並不期待日本擁有核武器，那麼是為了讓日本威脅他國，才提供防禦性的核保護傘嗎？

基辛格：雖然很難就這種假設狀況展開來談，不過我對核保護傘適用於日本行為所致的軍事衝突這一説法表示懷疑。……就如我方核武器是為了本國而使用一樣，當然不會為了日本而用。……但是日本有能力極其迅速地製造核武器。

周恩來：那很可能。

基辛格：如果我方撤退，根據和平利用核能計劃，日本有足夠的鈈，很容易就能做出核武器。因此取代我方撤退的絕不會是我們所不希望的日本核計劃。我們反對這一點。

基辛格提出的就是所謂的「瓶蓋論」。基辛格訪華聲明發表一個月以後，尼克遜在沒有對日本進行事前告知的情況下停止了美元與黃金的兑換。這是來自尼克遜的雙重打擊。自此美國一直懷疑日本的野心，從沒有完全放棄過「瓶蓋論」。

由此，我們大概可以説日本打「核武裝牌」的結果是適得其反。

兩個戰略性的掩飾——核能與安保

拋開「核武裝牌」的效果不談，核能體制恰恰誕生於這個時期的核武裝大潮中。日本的核能力沿襲了《我國外交政策大綱》的主旨而生根發展。科學技術廳之下設立了反應堆核燃料開發事業團體，它作為未來製造高純度鈈的機構，旨在開發核廢料處理

工廠與高速增殖爐的技術。為了將作為核武器運載手段的火箭技術開發統合在國家戰略之下，在科學技術廳下又設立了宇宙開發事業團體。為了「保持製造核武器的技術及經濟潛力」不被識破，「核燃料循環」計劃也在這個時期提出。藤田指出，這是為了把「鈈開發」「作為能源政策的一部份向國內外進行宣傳」，而不使人以為這是在為製造核武器做準備。雖說如此，快中子增殖堆也是生產高純度鈈的設備，如果連這也要偽裝的話，就有藏頭藏不住尾的感覺。

　　如此這般，作為國家安全保障核心的核能體制，穿着能源政策的外衣現身，形成了堅固的利益集團，稱霸於社會。然而這樣的邏輯一旦成立，核電將不得不在現實中發揮給社會和產業供給商業能源的產業機能，為了「保持能夠製造核武器的經濟及技術潛能」的核能產業這一說法就不能成立了。就算是為打消「鈈難道不是為了核彈頭嗎」這樣的「疑惑」，也不得不實現核燃料循環，所以在技術上無論多麼勉強都需要建設、運營快中子增殖堆，所保持的核能力也不得不一直被作為能源政策來解釋。但事實上，若必須切斷核燃料循環這一「文殊菩薩」遲遲不動的話，燃料處理也無法順利進行，也不會有處理廢棄物的成形方案。核能就這樣在作為民營產業都欠缺實現條件的情況下──在原本就沒考慮善後這一點上暴露了與軍事的共同點──不得不作為國策來推進。核能也不得不繼續被曝光在各種回答不了，也不能回答的質問之下。

　　於是對公民社會進行洗腦就成了核能產業生存的條件。為了將這種不可能的事情做到底，就要讓多數市民相信「核能清潔、安全、便宜，是不可或缺的能源」。必須提前把質疑封住，不能給異議留任何機會。為此就產生了依據電源三法，用補助金收買

核電站所建地區的社團，不惜重金來收買媒體、專家、藝人、知識分子的必要性。作為地區壟斷企業，本來沒有必要做廣告的電力公司卻支付着天文數字的廣告費用，這一事實自「3·11」後東電停止了廣告費支出時才被媒體揭露出來。

這樣的宣傳不單掩飾了核能發電對環境、人體的危害，還掩飾了真正想掩飾的核能發電的存在理由這一秘密，換言之，核能發電並非單純作為能源產業而存在這一事實。這是巨大的戰略性掩飾。

這裏還有必要關注一下另外一個戰略性掩飾。自民黨政權從20世紀60年代開始到70年代一直有意識地在政策上從日本本土政治中抹去「安保」這一爭議點。

對於戰後政治來說，「日美安保」是核心的政治議題。20世紀50年代，決定割讓沖繩的「舊金山和談」與決定了美軍駐留的第一次《安保條約》被打包簽署，將國家輿論強行一分為二。「舊金山和談」意味着美國對日佔領結束，那之後以砂川鬥爭[7]為始，反基地鬥爭廣泛開展，日本出現了判定安保違憲的伊達判決[8]，由此美國甚至要直接介入日本最高法院的審判，企圖推翻這一判決。進而在1954年，日本出現了多數草根民眾行動起來的廢核運動。1959—1960年，日本出現了反對岸信介政權締結《新安保條約》的鬥爭，這也是戰後最大的政治鬥爭，甚至激化到美國總統訪日

7　指1955年到1977年，發生在東京都北多摩郡砂川町的一系列反對美軍擴張立川基地的運動。尤指1957年7月8日，部份反對者與日本警察發生衝突，抗議者將警察趕回基地內部，並推倒基地圍欄，進入基地數米。警察遂以「衝擊美軍基地」的名義逮捕了25人，其中7人以違反《刑事特別法》的罪名被起訴。

8　指1959年3月，東京地方法院對砂川鬥爭中提出的訴訟做出一審判決，判駐日美軍違背憲法第九條，美軍作為自衛力量間接違反了憲法和平主義的原則，而與此配套的法規（《日美安保條約》）也因此無效，被告無罪。此判決以主審法官伊達秋雄的名字命名為「伊達判決」。

日程被迫取消。無論對美國還是對於把與美國的一體化作為政治支柱的自民黨政府，將這一議題從全國政治中抹去是比甚麼都要好的上策。

為此，讓民心遠離安保政治是十分必要的。接替岸信介內閣的池田勇人內閣為此打出「收入倍增計劃」，由「經濟成長」帶來的生活質量提高的美夢將民眾意識中的「安保」淡化了。

但從國內政治中消除安保的最有效方法則是將安保實體——美軍基地從本土轉移到沖繩。新崎盛暉指出，在 1960 年的安保修訂與 1972 年的沖繩返還時，日本本土的美軍基地大幅縮小，而相應地，在沖繩的美軍基地的絕對面積及比例卻大幅擴大。在反抗運動蓬勃興起、《新安保條約》被衝擊的 20 世紀 60 年代，本土的美軍基地減少到了原來面積的四分之一，但是在沖繩，美軍基地的面積卻增加了兩倍。60 年代日本本土和沖繩的美軍基地面積基本相同，但從美軍同意返還沖繩施政權以後的 1969 年開始，本土的美軍基地驟減。到 1974 年，本土美軍基地與沖繩基地的比例達到了 1：3。今天，四分之三的美軍基地集中在僅佔日本全國面積 0.6% 的沖繩，這種局面是伴隨着沖繩返還而造成的（新崎盛暉，2005）。

由此，從 60 年代中後期開始到 70 年代初，廣義上的新左翼的政治鬥爭被鎮壓並且從內部崩潰後，「安保」在本土的政治鬥爭中不再是被關注的爭議點，但運動和鬥爭並沒有被消滅。80 年代，面對美蘇「冷戰」的激化，數量多且規模龐大的反核運動又廣泛開展起來。反基地鬥爭也不屈不撓地持續着，組織起針對海灣戰爭時期向海外派兵、「新日美防衛指針」等讓日本參與戰爭的政策的抗議行動。然而，在主流媒體那裏，「安保」是不可觸碰的禁忌，一旦觸碰，則會被當作危險人物或過時人

物遭到孤立。

「安保」被強行發配到沖繩，在日本本土幾乎不存在了。但是相反在被強加了基地負擔的沖繩，「安保」遭到了激烈而持續的抵抗。從 1995 年美軍強姦少女案開始全島出現的抗議行動，到今天沖繩所展開的抵抗運動，都具備了直逼美國與大和民族兩重殖民地支配核心的性質。「安保」掩飾結構由此嵌入了深深的裂痕。

無論如何，這個時期在這兩個戰略性掩飾的守衛下，安保、沖繩、核能這三種要素在強勢的美國霸權體制中被相互矛盾着統合到了國家安全保障的結構中，非核三原則（附加核密約）則起到了勉強整合這個危險結構與國內憲法體制的紐帶作用。

這三要素的組合方法如下：美國依然將沖繩作為它可自由使用的軍事殖民地，其管理全權委託給日本，因此免去了美國的統治責任；日本則將沖繩作為國內殖民地，負有沖繩（包含基地在內）的統治責任。這種組合的交換條件是，可以得到美國的戰略體制（核保護傘）「保護」的保證。而且，在其保護下，日本在強化作為美軍戰略羽翼之一的自衛隊的同時，在核能體制堡壘之下可以保持獨立的核武裝技術、經濟基礎，並且可以繼續強化這方面的能力。這作為日本國家「安全保障」的結構，在沖繩復歸時被確立下來。而讓人吃驚的是，其中的主體內容持續到了今日。

「瓶蓋論」，誰用於誰？

儘管如此，此後的 40 年間，日本自身的國際地位發生了巨大變化。圍繞日本的「國際安全保障」環境也在「冷戰」終結、蘇聯解體、美國反恐戰爭、中美關係趨於緊張等轉折性事件後出現了巨大轉變。現在我們沒有時間詳細回顧這 40 年，在這裏，

只圍繞日美關係這一條主線來把問題整理一下。

那是跟「瓶蓋論」有關的一條主線。換言之，是日本與美國在政治軍事方面保持距離、開始走自己的路線時美國出現的反應，以及日本預測美國的反應並做出回應的相關問題領域，其中總是會出現「日本核武器」的問題。美國對日本哪怕脫離美國的軌道一步都極為敏感，要採取行動加以阻止，每當此時，美國都會重申其支配日本的重要性，強調如果日本脫離了美國的遏制，就會有進行核武裝的危險。按照美國的說法，日本從美國的核保護傘下走出去就等同於日本進行核武裝。但是現實情況是，日本政治的主流並沒有完全脫離美國的核保護傘、有序推進獨立的核武裝；而且如前所述，即便佐藤政權積極追求核武裝，也並沒有最終走向廢除安保體制和實施獨立核武裝計劃。

《我國外交政策大綱》引用核武裝一項前的文字如下。

　　I. 關於安保的應施政策

　　……

　　（3）可以預計，我國輿論基本上傾向於不希望我國國土上有美軍的顯著存在。因此我國應首先立足於避免現狀急速變化，指引出領先於輿論動向的願景，並逐漸建起立足於我國主體性的安全保障體制。

　　在該場合下，我國國土安全僅在核威懾力以及西太平洋地區的大規模機動的海空攻擊力與補給力上依靠美國，除此之外，原則上以擁有自衛能力為目標。關於以朝鮮半島為中心的遠東安全，則需完備各項體制，為達成如下目標而服務：在平時作為抑制力，只為美軍提供若干有限制的重要基地設施，緊急狀態下有效協助美軍使用基地和美軍行動。

（4）從質與量兩個方面擴充、完備我國的自我防衛能力，完善、改正國內法律體系並充實行政上的各種體制，採取各種措施以使緊急狀態下自衛能力的實力可以充份發揮，同時逐漸縮小、整理在日美軍基地，原則上自衛隊在繼承現狀的同時，繼續保留與日本及韓國國防生死攸關的若干美軍基地，以發揮抑制力。

《我國外交政策大綱》所言也就是「緊急狀況駐留論」，也可以說是「修正安保」。它意味着在美國的核保護傘之下維持日美安保關係、減少在日美軍基地、增強自衛隊、相對降低對美國依賴程度的同時，任何時候都保持製造核武器的能力，並借此增加在外交上的抑制力這一希望。儘管如此，因為在佐藤政權時期向獲得、擴大擁有核武器的具體能力這一課題發出了直接挑戰——不光是研究，也包括核能政策的展開——美中兩國會談時將日本核武裝問題作為現實來討論也並不奇怪，但是佐藤政權的「核武裝牌」最終僅落在保持潛在的核武裝能力上。

在佐藤內閣時期，美國對日本就核武裝牌的回應越過日本，直接靠向中國，加上美中會談所言的日本核武裝警戒論，都反映了美國對日本如此程度修正日美關係的嘗試極為敏感，而且反應過激。很難想像此時美國會真的以為日本要廢棄安保、獨立進行核武裝。這個時候表明的中美共同對日進行壓制的姿態是為了將當時作為經濟競爭者抬頭的日本緊緊壓在美國的臂膀之下所施加的恫嚇。

而且，對美國而言，放棄安保、對美自立的日本核武裝牌並不是不痛不癢的無用之牌。基辛格反過來把它變成了讓中國認可美軍駐紮日本現實的一張牌。同時，那之後40年的2003年1月，

布什總統明確在他的回憶錄中提到：「我對中國説，如果朝鮮繼續開發核武器，那麼也無法阻止日本開發核武器了。」（《讀賣新聞》，2010 年 11 月 10 日）日本的核武裝牌反而被美國用來對付中國。「瓶蓋論」可謂驚人地長命。

不管怎樣，直到這個時期，可以判斷存在着這樣一個方程式。那就是，日本要離開美國的姿態越是明顯，日本越是具備核武裝的潛在能力，日本就越是在軍事上、政治上進一步完全處於美國的支配之下。

與這個搖擺方程式相關的 1980 年里根與中曾根的關係也值得探討。拉開開端的並不是中曾根，而是以「刺蝟國防論」被熟知的「專守防衛論」[9] 論者鈴木善幸首相。1981 年，鈴木訪問美國。在與里根總統會談後，他因在新聞發佈會上稱《日美安保條約》並不是軍事同盟而觸怒了美國。儘管鈴木已發誓要同美國在「海路」防衛上合作，但美國並未原諒鈴木，美日關係也緊張起來。這種緊張彰顯了修正後的憲法原理（專守防衛）與美國的霸權原理的衝突。

鈴木的繼任者中曾根康弘在美國也是被當作反美民族主義者而加以警惕的對象。相傳中曾根在選舉時將自己作詞作曲的《修改憲法歌》拿給後援會的人傳唱。這是一首豪壯的軍歌。「嗚呼／潰不成軍／敵人的軍隊進駐／民主和平之名下／被強加的佔領與憲法／策劃着將國家解體／若此憲法仍存／只可無條件降服／守着美式憲法／做美元帥的下臣……」以我的分類，這一立場是繼承大日本帝國原理的榜樣。他雖然與鈴木完全相反，但彰顯了與

9　專守防衛（exclusively defensive security policy），是指日本只在本土及周圍海域實行防禦作戰，不對他國領土採取攻勢。

美國在原理上不能合作的姿態。

　　但是，就任首相後的中曾根在 1983 年訪美之際，卻搖身一變成了一名親美戰士，但也許是不得不如此吧。在記者招待會上，當着里根的面，中曾根不但宣告「日美命運共同體」，而且稱日本列島是對蘇最前線上可以不斷射落蘇聯戰鬥機的永不沉落的航空母艦。一旦發生狀況，日本將封鎖宗谷、津輕、對馬三個海峽，將蘇聯太平洋艦隊圍困在日本海內。當時，有着「新冷戰」之稱的美蘇核對抗已經發展到一個危險的階段，里根政權強烈要求日本從「海路」防衛開始，強化在對蘇戰略中的軍事作用。通過積極響應、誇張示忠，中曾根一舉消解了鈴木「脫離美國」和其自身反美民族主義者的「傳聞」。通過向美國極端盡忠建立起來的「羅（納德）康（弘）關係」成了中曾根最大的政治資產。總之，中曾根的反美言論必須用極端忠於美國的表現予以補償。

　　其後，這種制約日美關係的搖擺方程式一直存在。

　　20 世紀 90 年代初期，隨着「冷戰」結束和蘇聯解體，日美關係也面臨着具有決定性意義的重要轉折。當時作為反共「冷戰」產物的日美安保體制，客觀上已失去了存在的意義。但在日本，很少有借此良機根本性地重新認識日美安保體制的行動，相反卻是在「國際貢獻」的大義名份下，借助海灣戰爭中的自衛隊派兵問題，打開了「海外派兵」的突破口。1993 年，非自民黨的細川聯合內閣成立後，細川護熙首相任命朝日啤酒會會長樋口廣太郎為主席，組成防衛問題座談會，重新檢討後「冷戰」時代日本的安全保障政策。這一座談會提交的報告中提出了構築多邊安全保障體系的建議。提案主張以日美安保體制為基軸，推進與亞洲的多角度安全保障體制，可以説改變並不徹底。但即便如此，美國方面也反應激烈，開始全面反撲。

其結果就是 1996 年《日美共同聲明》做出的「日美安保再定義」，它是對 60 年安保體制的潛在性修改——變更了目的，卻免去了手續。美國的新戰略是，「冷戰」後繼續維持其在亞洲的軍事存在，不允許任何對抗性力量出現，全面守住本國的優勢地位。因此，美國要求日本再次效忠。具體結果是，1995 年沖繩全島的反基地鬥爭在決定成敗的緊要關頭遭到拋棄，日美簽訂了決定建設邊野古新基地的 SACO[10] 協議。「新日美共同防衛指針」規定，不但自衛隊要參加美軍的行動，日本基層的社會性、制度性資源也要被動員起來，加入該體制之中。以此為突破口，日本在「冷戰」後一步步直接成為美國世界戰略的同謀，「9·11」之後，日本參加了布什的反恐戰爭，2005 年的「美軍再編」又將日本的軍力直接統合到美軍的直接指揮之下。

美國一直對日本脫離美國懷有戒心並反應過度。對於民主黨2009 年競選公約中提出的「對等的日美關係」的主張、鳩山「將普天間基地移至沖繩縣外、日本國外」的提案和鳩山、小澤的「東亞共同體」論調，美國都明確表示了警戒之意。鳩山、小澤路線的反彈，在地震、海嘯、核電災難的「友情作戰」中得到了數倍的增強，鐘擺在相當大的慣性作用下向右搖擺。本人並非小澤一郎、鳩山由紀夫的支持者，也不是陰謀史觀論者，但我無論如何也不能相信，在趕走小澤、鳩山的過程中，日美的隱在勢力沒有被動員起來。

在「日美同盟」的格局下，美國要求日本效忠的水準之高，超於常識。可以明確地説，這種維持高要求、高水準的原因，一半在美國，一半在日本支配集團的主流——外務省、財界、政界、

---

10 指日美特別行動委員會。

媒體。佔領期之後，美國國家維持了與日本國家支配體制之間的有機結合，建立了一個不但可從外部施壓，更可從日本內部確保忠誠的結構。美國根據佔領期以來的經驗知道，只要不是涉及日本財界利益的經濟問題，大可通過恫嚇手段——只需由「知日派」中級官僚（Japan hands）嚇唬嚇唬說「亮出底牌！」（show the flag）、[11]「軍靴踏在地面上！」（boots on the ground），[12] 就可以無限地提高日本的忠誠度。日本方面對美國表現出對日警戒的姿態，抱有深深的恐懼，甚至認為只要是引起美國警戒的行為本身就值得追究。為了消除美國的警戒，甚至不惜過度服務。（奇怪的是很多日本的右翼，如「冷戰」期反共、蔑視亞洲的右翼，由於其出身背景就屬於這種潮流。）正如我反覆主張的那樣，戰後日本國家不是將美國作為外交對象的外部，而是作為自身的內部來對待的。

過去，日本國內存在着批判美國、批判憲法和平民主主義、批判親社會主義的「革新陣營」這一有力的反對勢力，與親美、親財界、修憲的「保守陣營」相對抗。20 世紀末蘇東劇變後，這個革新陣營作為「陣營」消失了，有關國家前進道路的明確的對決戰線也消失了。取而代之，喪失了以往政治基礎的自民黨被趕下台，以政權交替本身為目的的民主黨抬頭，並於 2009 年獲取了政權。這個黨並沒有統一的政治理念或原則，只是為了有別於自民黨，多少顯示出偏左的姿態，但從整體上還是一個保守主導的政黨，追隨美國派、修憲派佔據其多數。但目前保守支配集團還沒有成功修憲，因此還沒能擺脫憲法第九條的限制，獲得自

11　意為顯示軍事力量。——譯者註
12　實指部署兵力。——譯者註

由。於是，主流統治者集團——追隨美國派，就處處架空憲法第九條的制約，快速地推進着與美國戰略的一體化。

在日本統治集團的內部，確實也存在着主張與美國保持距離的潮流，但是統治集團並沒有明確地分裂為親美派、反美派這樣的對立政治陣營，而是形成了一種雖然在其內部包含着鷹派與鴿派，在傾向上有着靠近美國與靠近中國的差異，從整體上以美國統治為前提的政治與意識形態體制。這一追隨美國的共識體制的存續使美國確定了其判斷根據，即無論怎樣要求抬高忠誠度水準，日本都會順從。作為潛在核武裝的「為了保障國家安全的核能」，就被編織在這種追隨美國的共識體制之中，就像沒有出場機會的二號演員一樣藏身於舞台兩側。

那麼，如果這個演員跳到舞台中央會怎樣？不是潛在，而是現實地成為擁核國家又會怎樣呢？如果那樣，通過核電積蓄的力量將轉化為現實。在理論上，日本確實也可能放棄《安保條約》、真心實意地脫離美國、自立、退出 NPT 體制、成為單槍匹馬的核大國。具有這種意志的政治勢力如果掌權，日本的核能設施和技術將被動員用於製造核武器、宇宙開發，電子技術也將被重新用於軍事目的。日本已經持有了大量沒有用武之地的鈈（鈴木，2006）。目前，日本有着包容這種可能性的氣氛，這也使得現任東京都知事石原慎太郎之類的人物，可以肆無忌憚地稱「日本如果沒有核是不行的。只要沒有核，就不會被平等對待」「日本的生存之道是成立軍事政權。如果不那樣，日本就是別人的附屬國。可以實行徵兵制」（石原，2010 年 6 月 20 日，憲政會館演講，ANN 新聞 6 月 20 日）。當然，這種選擇意味着日本將面臨完完全全的國際孤立——美國、中國、俄羅斯、朝鮮、韓國、東南亞、歐洲都將孤立日本，這是一目瞭然的。無須贅言，這

將是一條毫無所獲的毀滅之途。而且，歷史上日本有過選擇孤立、導致毀滅的教訓。

實際上，這個演員還有一種出場之道，就是日本得到美國認可，或在美國的祝福下進行核武裝。2003 年朝鮮核武裝的意圖明確化之際，美國國內一部份右派政治家就直接提出了為對抗朝鮮的核武裝，可以允許日本進行核武裝的意見。隨着朝鮮核問題愈加嚴重，美國國內的「日本核武裝論」此起彼伏。《中日新聞》駐華盛頓特派員的報道稱，2003 年 3 月 16 日美國共和黨參議員麥凱恩在電視節目中說，根據朝鮮核開發的進展情況，日本有可能進行核武裝（《中日新聞》，2003 年 2 月 18 日）。「麥凱恩議員在接受福克斯電視台的採訪時說，他已對中國表示，如果中國不積極參與解決朝鮮核開發問題的話，那麼就必須理解日本只有核武裝一條路可以走。」這是 2008 年總統選舉中作為共和黨總統候選人、奧巴馬的競爭者的麥凱恩的話。美國對中國打出了日本核武裝的牌。但換一種解讀，美國的這一態度也包含着美國越過日本，替代日本做出日本需要核武裝的判斷，而且它的意思是，自己理所當然地處於可以下判斷的立場。這就是一幅美國允許日本進行核武裝的圖景。

1960 年安保鬥爭之後，清水幾太郎從反體制派意識形態跳到相反立場。1980 年他出版了《日本！成為國家！核的選擇》一書，對「由於在日美軍忙於朝鮮問題，我國自衛隊該怎樣從承擔輔助作用的部隊成為真正的國家軍隊」提出了建議。建議的核心就是核武裝。當然，清水的核武裝論中有一些選擇的空間，如（1）成為像法國、中國這樣獨立的核武裝國家，（2）日本持有核彈頭運輸手段，由美國提供核彈頭（西德方式），（3）把持有核運輸手段的美國陸軍部隊招致日本（費用由日本承擔），（4）「由駐日

本的美國海軍、空軍部隊公開承認將核帶入日本」等。清水主張：「不管選擇哪種手段都有可能」，但必須修改非核三原則（清水，頁 147－148）。這四個選項是否每一個都可作為日本核武裝的方案而並列，我對此表示懷疑。選項（1）確實意味着核武裝國家日本的出現。但是餘下的三個選項跟清水希望日本通過進行核武裝而「成為國家」的目標之間有關係嗎？可以實現自衛隊的國家軍隊化嗎？只要得到允許碰觸核，日本就可以「成為國家」嗎？

我們再次確認一下吧。至此我們已經看到美國面對日本在美國支配下的「搖擺」，它如何神經質地應對。美國不但要阻止日本的「搖擺」，而且要以此為跳板，進一步要求日本比以前更効忠，在戰略層面夯實對日本的支配。這樣，如果日本進行核武裝，而且是依靠自身的設備和技術製造、配備核武器，那麼作為承認條件，美國將把對日本的効忠要求提高到怎樣的水準？極為明顯的是，美國是要把日本的核能力完全置於自己的支配之下，實行完全的統制。這就需要由美國來直接支配日本中樞的政治決定。還有誰會認為美國是將日本看作一個有權利獨自判斷是否擁有和使用核戰能力的同盟國？歷經戰後 60 餘年的體驗，我們已經領教夠了日本不是英國這一事實。日美的共同聲明雖然高唱兩國共有的價值觀，但誰都明白，美國並沒有信任日本到可由其自己判斷是否使用核的程度。因此，對美國來說，不單在軍事上，而且在政治上把日本完全置於自己的框架內，才有可能容許日本擁有核武裝。

在經驗層面，我們已經用事實說明了除上述路徑外別無他途。以最近的事情舉例說，戰後日本右翼的寵兒安倍晉三，在成為首相後高舉繼承戰前帝國的原理，對和平憲法發出挑戰，對朝鮮提出對決路線，但結果卻更進一步深陷美國的手掌之中。這一經過

我們都記憶猶新。安倍高呼集體自衛權,投身到「導彈防衛」之中,但這種在日本上空擊落從朝鮮半島、中國飛向美國本土導彈的防衛,卻和日本自身的防衛毫無關係。這預示着日本對核的衝動將在現實結果上使日本進一步加強對美國的從屬地位。

改變去向——去核電與去安保

福島第一核電站的失敗使核能產業觸礁了。作為國家安全保障核心的核能產業與作為能源產業的核能產業本來是一回事,它們都應該解體。目前,日本的核能產業正處於解體過程中,我們應該把解體推進到最後。這種解體並不應僅僅停留在作為利益集團的「核能村」解體的階段。現實向我們昭示:戰後日本以美國的核保護傘為依仗,將具有核武器生產能力的核能產業組裝到「安全保障」體系中,現在這種體系已經徹底崩壞,不可能繼續維持下去了。

對於作為「國家安全保障核心」的核能產業,除了極右翼的論客,主流的政治精英基本上都閉口不言。但是,自民黨政調會長石破茂卻在電視節目(朝日電視的《報道站》,2011 年 8 月 16 日播出)中做出了以下發言。他應該是「3.11」以後從這一角度公然擁護核電的第一位主流政治家吧。

> 核能發電本來就源於核潛艇。除日本之外,所有國家的核能政策都與核政策配套。不過我並不認為日本應該持有核。但同時,日本只要想製造隨時都可造出,一年之內就可造出。這是一種抑止力。那麼,是否應該放棄這種能力,有必要進行徹底的討論。我認為不應該放棄。為甚麼這樣說?因為日本周邊有俄羅斯、中國、朝鮮,有美利堅合眾國。撇開是否

同盟國不談，這些環繞着日本的國家全部都是擁核國家，而且都掌握彈道導彈技術。對此日本絕不應該忘記。

在福島核電站的破敗之後，石破茂糾纏不放的訴求聽起來是如此空洞，甚至帶有一些戀戀不捨的惜敗的味道。作為「抑止力」的潛在擁核能力，究竟是在怎樣的情況下，針對誰，能發揮甚麼功能的抑止力？自20世紀60年代後半期以來40年的實踐已經證明這種抑止力是毫無作用的。從這個意義上講，核能不過是石破茂代表的這類軍事崇拜集團的護身符。正是這個護身符，可能使日本列島社會面臨滅頂之災——並且近鄰諸國乃至地球社會整體都有可能受其危害。繼續維持核電群，這些説法是多麼的荒誕無稽。

實際上，即使沒有福島核電站的破敗，日本國家的「國家安全保障」體系也因愈演愈烈的內部矛盾而面臨被撕裂的局面。在這一體系下，日本國家（1）依存於美國的核保護傘，卻不斷對核保護傘只保護美國的利益感到不安；（2）為此，日本的外交愈來愈為了符合美國的利益而効忠，特別是日本對亞洲的外交，沿着美國的亞洲外交路線展開，損害了與亞洲鄰國應有的關係；（3）通過大和對沖繩的國內殖民，來支持美國對沖繩的事實上的軍事殖民統治，並越來越與美國的世界／亞洲戰略一體化；（4）在對美不安和「繼承帝國原理」的深層心理下，受大國化衝動的驅使，執着於獲得與維持潛在的核武裝能力，不但使近鄰諸國的不安與日俱增，也為美國的「瓶蓋論」打下基礎，致使美國不斷要求日本提高對美忠誠度。（5）而且從一開始就一目瞭然的是，對這種潛在核能力的維持、強化非但對增強日本外交的抑止力毫無作用，（6）相反卻是因在沿海建立核電站等核設施，使日本列島處

於對外部攻擊極端脆弱的境地。

　　所以，首先必須明確承認：福島的狀況標誌着日本發展潛在核能力的核能路線的破產。必須與包含這一路線的體系完全切斷關係。

　　當然，推動核能的勢力是不會輕易退出的。在各種力量關係的作用下，他們不得不在開發自然新能源或停建新的核電站項目上做出一定的讓步，但是對於核能力的核心部份，他們還將嚴防死守。他們已經發出了威脅：難道可以停止必要的能源供給，使經濟發展停滯嗎？他們轉移政治焦點，使擺脫核能不再成為中心議題，把福島危機處理為局部的、個別性的災害。為了使「國民安心」，搞一些諸如放射線污染處理、心理壓力測試等表演（他們絕口不談「為了國民的安全」），並強行重新開放已停止運行的核電站。對於這些動向，許多主流媒體不但不從正面提出質疑，反倒認為這一切理所當然，並按照這個方向努力塑造輿論。而且，他們當然要使已經確立的「核能村」的整體利益損失最小化。他們中最具政治性的成員，雖然會避開像石破茂那樣的直白表述，但依然會用盡一切手段使作為「國家安全保障核心」的核能體制不解體。接下來，核電推進派大概會與國際上的核電推進勢力共同合作，展開上述事業，並以此尋求合法性的根據。

　　民主黨怎麼樣呢？我已指出，通過 2009 年的政權更替，民主黨繼承了戰後國家的廢墟。民主黨僅以政權更替作為唯一的目的而結黨，作為一個政黨，非但不具備在廢墟之上開展重建的視野、計劃、能力，而且其黨內就有很強的核電推進勢力。只要黨內的去核電勢力沒有明確作為政策主體發出聲音，那麼民主黨整體就存在着被核電推進勢力拉着走的可能。

　　但是，現實事態能姑息這樣的收場嗎？日本列島的居民會愚

蠢到可以被大本營發佈的「情況看起來穩定些了」之類的消息所欺騙的程度嗎？

當下，列島居民只有以應對核電站殘局的當事者身份，形成共同意志，徹底清除核電維持勢力與其遺留下來的接受核電的社會惰性。所謂擺脫核電，是指完全地停止核能發電，處理福島第一核電站危機，不再啟動已經停止運行的核電站，將所有的核電站用最大限度安全的方法進行廢堆處理，停止回收核燃料的計劃，廢棄掉核燃料處理計劃，取消核電出口。而且還要具體明確導致今日事態發生的核能政策的推進者——政財界、大眾傳媒、專家及其組織的責任，令其承擔相應的法律、政治和道義的責任。

同時，要完全分解日本核武裝的「技術性及產業性潛在能力」，聲明日本將來不會進行核武裝。我們可以看到，核能產業實際上是將日美安保體制、沖繩等編制在內的多元立體結構中被掩蓋住的核心問題，它的解體不但關係到能源及環境政策，而且將會喚起對日本對外關係、對內關係的大調整，使日本可以選擇一條新的前進道路。

至今為止，安保體制通過向沖繩輸出重負得以維持，現在這種隱性體制也與核電體制一道並行破產了。沖繩的抵抗拒絕了大和國內殖民統治，把日美安保關係的問題再次楔入中央政治，從地下揭示出安保／沖繩與核電這兩個問題在深層的聯繫，這點有目共睹。一場有關日本社會整體狀況的嚴峻的政治對決將不可避免。

這要求我們對日本列島社會的未來有一個新的展望。

要確立這個新展望，必不可少的一步在於通過以對美獨立為原則進行交涉。有必要拋棄是選擇美國的核保護傘還是選擇自立（等同於保有核武裝）這樣業已破產的思考方式。交涉的中心議

題之一應該是沖繩美軍基地的解體和美軍的撤離。我們可以從普天間基地問題中看到，至今美日政府並坐在一方，試圖通過強力，壓迫坐在對面的沖繩。因此，首先要做到放棄這種方式，日本政府要和美國政府隔桌對坐，恢復應有的國家外交的方式。而且，沖繩民眾作為握有決定權的當事者，也要參與到這場交涉之中。從整體上看，這一交涉與明治政府的修改條約相似，帶有戰略性質，因此進行起來絕非易事。這種關係在佔領和戰後期間被確立，已經經歷了 60 年歲月。但是，這種關係已經不可能再維持下去，到了需要更新的時期。在此必不可少的是原則性的立場、政治智慧和執着，最重要的是列島民眾的支持。通過這樣的交涉，將《日美安保條約》修改為《日美友好條約》的目標才可以實現。

目前，現實狀況還是在按照破產的模式向前演進。眼下美國正處於通貨緊縮的邊緣，美元體制面臨崩潰，在負債 14.3 萬億美元的壓力下不得不巨幅縮減年度財政支出。今後，為了維護其全球霸權，特別是針對中國的崛起，美國將會進一步要求日本增加貢獻（忠誠）。「3 · 11」之後，民主黨政權隱身於政治的混亂與低迷之中，用冒險主義的動態防衛力取代以往的基礎防衛；在「防衛島嶼」的名目下，站在美國一方，參與中美有關東海、南海的制海權之爭，並希望借此之便謀取在釣魚島等領土、資源問題上的利益。對於不斷高漲的沖繩自立之聲，民主黨政權不但充耳不聞，甚至還圖謀將沖繩作為美日面向南方的新的軍事據點。政治軍事的緊張將使今後的道路荊棘密佈。

我們對未來的展望，是非核化、非軍事化。我們希望未來亞洲的地區關係整體上是走向非軍事化的方向，為此要以來自基層——民眾層面——的非戰爭、非暴力的連帶為基礎，使日美關

係實現非軍事化——其關鍵就是將美軍徹底從沖繩撤出——並構建東北亞地區的非核化與多邊和平保障關係。為了實現這一目標，日本有必要明確自己的立場，即在中美角逐中不加入任何一方，通過和平的手段為解決領土問題找尋新的方式。

　　與戰後日本雙重的核依存徹底決裂，為擺脫核電、擺脫霸權、非軍事化而前行，這才是日本走出「3‧11」後國家破產局面的出路所在。

本文參考文獻：

　　1.　森滝市郎「核絶対否定への歩み」渓水社，1994。

　　2.　藤原修「原水爆禁止運動の成立－日本平和運動の原像　1954—1955」，明治學院國際平和研究所，1991。

　　3.　丸浜江里子「原水禁署名運動の誕生　東京‧杉並の住民パワーと水脈」凱風社，2011。

　　4.　今堀誠二「原水爆時代」（上）（下）三一新書，1959、1960。

　　5.　加納美紀代「ヒロシマとフクシマの間」インパクション，180 號，2011。

　　6.　田中利幸「〈原子力平和利用〉と広島―宣伝工作のターゲットにされた被爆者たち」，「世界」2011‧8 月號。

　　7.　繁沢敦子「原爆と検閲　アメリカ人記者たちが見た広島‧長崎」，中公新書，2010。

　　8.　高橋博子「公文書で判明した米核戦略の深層」週刊朝日，2011‧9‧2 號。

　　9.　中曽根康弘「政治と人生　中曽根康弘回顧録」講談社，1992。

　　10. 鈴木真奈美「核大国化する日本　平和利用と核武装論」平凡社新書，2006。

11. 有馬哲夫「原発・正力・CIA　機密文書で読む昭和裏面史」新潮新書，2008。

12. 吉岡斉「原発と日本の未來　原子力は温暖化対策の切り札か」岩波ブックレット，2011。

13. 吉岡斉「原子力の社會史　その日本的展開」朝日選書，1999。

14. 槌田敦、藤田祐幸「隠して核武裝する日本」影書房，2007。

15. 武谷三男編「原子力発電」岩波新書，1976。

16. 周恩來キッシンジャー「機密会談録」岩波書店，2006。

17. 日本平和委員会編「平和運動２０年資料集」大月書店，1959。

18. 池山重朗「原爆・原発」現代の理論社，1978。

19. 新崎盛暉「沖縄現代史　新版」岩波新書，2005。

20. 高木仁三郎「原発事故はなぜくりかえすのか」岩波新書，2000。

21. 高木仁三郎「原子力神話からの解放　日本を滅ぼす九つの呪縛」講談社，2011。

22. 原子力資料情報室編「原子力市民年鑑」七つ森書館，2010。

太陽之光還是煉獄之火 [1]

田　松

頭懸利刃

　　一間大屋子，亮麗光鮮，臥室的屋樑下懸着一把刀。刀身沉重，刃口鋒利。刀繫在一根頭髮上，正如古語所說千鈞一髮。但是專家反覆告訴屋子裏的人：第一，這根髮絲絕對結實，能抗七級地震；第二，這把刀是必要的，如果沒有它，房子裏的冰箱、彩電、抽水馬桶、無線網絡……都不能啟動，大家就不會生活得這麼舒服。

　　日本國民大概一直接受着這樣的教育，核電是清潔的，核電是安全的，核電是必要的。就在 2011 年 3 月 11 日福島核事件之後不久，一位在中國生活的著名日本青年還在電視上說：「我們不會放棄核電。」日本政府與核電企業的宣傳何其徹底，讓一位自認為有反省精神的青年才俊，災難之後仍癡情不改。很多日本青年從小就生活在核電站附近，每天看着頭頂的懸刀，習以為常，不免產生幻覺，真的就相信它能永懸不落了。

　　也有人早就發出了警告，只是這個聲音太弱了。從 20 世紀 90 年代開始，核電員工平井憲夫就致力於反核宣傳，《核電員工

1　本文是《核電員工的最後遺言》的書評，作者田松，北京師範大學哲學學院科技哲學研究所、價值與文化研究中心教授，哲學博士、理學（科學史）博士。

的最後遺言》[2] 就是他反核演講的合集，1995 年曾由一個 NGO 組織自費出版。福島核事件之後，這本書在網絡上廣為傳播，並且迅速被翻譯成各種語言。雖然我知道核電必然會有問題，但是書中的細節仍讓我震驚，沒想到問題如此嚴重、如此荒謬。

平井憲夫生前是日本東京電力公司的一級技工，曾在包括福島在內的很多核電站工作，負責監督配管工程的定期檢查。平井憲夫於 1996 年 12 月因癌症去世，去世前幾年致力於反核活動，留下了很多演講記錄。

2011 年 6 月，經劉黎兒等人的努力，此書在台北出版了中文繁體字版。11 月，中文簡體字版又在北京出版，使得大陸讀者在核電發展呼聲甚高的情況下，能夠聽到另一種聲音。中文版還收入了另外幾篇相關文章：有前 GE 公司核反應堆設計師菊地洋一先生的反核演講；有劉黎兒對前東芝核電設計、維修工程師小倉志郎的採訪。這二位都參與過福島核電站的設計和建造工作。福島事件之初，小倉志郎就在 3 月 16 日舉行記者會，揭露福島核電站設計中的問題。

這些人無疑都是真正的核專家。雖然我一向強調，不需要科學依據，單從歷史的、倫理的、哲學的角度，就足以對核電進行全面的否定。但是，在我們這個科學主義意識形態依然強烈的時代，他們對於核電的批判更有力度，更容易粉碎公眾殘存的幻想。

核電這個光鮮的大屋子，其內部早就柱斜樑歪、百孔千瘡了。

不只是鄰居的問題，也是自己的問題

在國人以往的意識裏，核危機遠在天邊，事不關己。三哩島

2　《核電員工的最後遺言》，平井憲夫等，中文繁體字版，推守文化創意股份有限公司，2011 年版。本文括號內數字為此版本頁碼。

也好，切爾諾貝爾也好，都是電視裏的事兒。福島核事件之初，也只是隔岸觀火。不過，危機很快蔓延過來，很多人倉皇地搶鹽。驀然回首，才發現在我們自己的國土上，核電站已經四處開花了，除了 7 座已經運行的，還有 11 座正在建設，25 座將要建設。它們分佈在長城內外，大江南北。

更大的危險不是來自一衣帶水的彼岸，而在我們身邊。所以，對於今天的中國，這本書說的並不是別人的事情。

在福島核事件進行的過程中，各方面的反應耐人尋味。中國的核專家反覆強調核電的清潔、安全和必要。事態一天天惡化，他們的心態卻始終樂觀，他們永遠告訴公眾，已經發生的事情遠遠沒有（無知的）公眾想像的那樣嚴重，並且不會再惡化了。但是在此期間，日本及國際社會對福島事件嚴重程度的認定逐漸提高，最後認定它為七級，與切爾諾貝爾事件相同。德國很快宣佈全面放棄核電。而中國的核專家依然宣稱，即使日本出了問題，中國也不會出問題。因為中國的技術更先進、更成熟。所以，中國要不為所動，繼續發展核電。

相信甚麼，不相信甚麼，為甚麼相信這個而不是那個？我們常常會陷入這種無所適從的尷尬境地。在至今仍然普遍的科學主義意識形態下，人們相信科學，遵從科學，核電站這樣的高科技常被默認為先進、高級的好東西。我們也曾把科學家視為純粹知識的擁有者，相信他們有良知，說真話，愛國愛民，為人類造福，所以在遇到重大問題時相信他們的判斷。但是，近些年來，在關於牛奶的三聚氰胺、食鹽加碘、轉基因主糧、瘦肉精等一系列與科學有關的事件中，不少專家的話語常讓我們心生疑竇。我們發現，很多專家是有特殊立場的，是有利益關聯的。電視上的主流核電專家永遠在說着同樣的話：核電是綠色的，核電是安全的，

核電是必要的。

平井憲夫的著作給我們提供了來自核電專家的不同聲音。

核事故難以避免

有一利必有一弊，核能之弊遠遠超出了我們所能承受的地步。

現在人們普遍關注的核電問題都是突發性的核事故，簡單猜想，其原因大致有三：（1）人為失誤；（2）自然災害；（3）軍事打擊。切爾諾貝爾為其一，福島為其二。第三種情況雖尚未發生，但其可能性是毋庸置疑的。在書中，小倉志郎就明確指出，「有核電設施、有燃料冷卻池的國家根本沒有甚麼國防可言」（頁182），「等於在自己的脖子上掛炸彈」（頁181）。

對於自然災害，科學主義者常常宣稱，他們所掌握的科學技術能夠對抗並戰勝天災，即使現在不能，將來也必然能，所以要信賴現在的科學，並發展未來的科學。有位核專家說，福島核電站按設計可抵抗七級地震，沒想到來的是九級，所以出事了。而結論竟然是，福島核電站的設計和建設沒有問題，下次按照抵抗九級地震設計就好了。這意思是說，是地震來錯了。然而，下次地震就不會來錯嗎？更何況，設計防範九級地震，就真的能扛過九級以下的地震嗎？平井憲夫給了一個案例：

1993 年，因四級地震，日本女川核電廠 1 號機組反應堆功率異常上升，機組自動停機。但是問題在於，1984 年建廠時，原本的設計是在五級地震時才自動停機。平井憲夫說，就像在高速公路上開車，明明沒有踩剎車，車子卻自己緊急剎車一樣。「這就意味着，它在震度五級的時候可能不會停。」（頁38）

對於地震、海嘯這樣的天災，人力是無法抵抗的。在地質力量面前，人類依靠科技製造的鋼筋混凝土，像麵團一樣柔軟。

即使我們僥幸躲過天災，人為失誤仍然難以避免。尤其是在當下以資本為核心的社會結構中。

只要是人，就會有失誤。系統越複雜，失誤的可能性就越高。核電站可能涉及的人為失誤可以簡單分這樣幾個層面：（1）科學層面，理論推導是否準確無誤；（2）技術設計層面，是否根據準確的科學給出高效、可靠、少污染、少誤差……的技術設計；（3）工程實施層面，設計完美的技術是否能夠得到實施，造出完美的工程；（4）實際操作層面，任何完美的工程也要人來操作，那麼，是否每一位員工都接受了充份的培訓，是否能保證操作中不失誤，失誤後是否能得到及時調整；（5）在工程的長期運行中，設備維護是否充份……

在科學層面上，科學家似乎有足夠的自信，也只有在這個層面上，我願意有保留地相信他們的自信。其他層面的情況實際上是每況愈下，平井憲夫説：「不管核電的設計有多完美，實際施工卻無法做到與原設計一模一樣。核電的藍圖，總是以技術頂尖的工人為絕對前提，做出不容一絲差錯的完美設計，卻從來沒有人討論過，我們的現場人員到底有沒有這種能耐。」（頁 29）

而即使在科學層面上，科學原理也不會永遠正確。按照波普爾的説法，科學之所以為科學，是因為它可以被證偽，有可能被推翻。$E=mc^2$ 之類的核心原理能夠有更長的壽命，而外圍的部份，總是在變化着的。變化，就意味着以前有錯誤，或者不夠好。

這本書給我們提供了豐富的例證，讓我們看到，日本核電站的工程實施得何其粗糙，乃至於不同公司製作的管道，因為彼此採取的小數點捨入標準不同，不能對接。（頁 51）

施工失誤導致的事故時常發生。1991 年，日本美濱核電站發生喉管斷裂事故，反應堆內的冷卻水大量外洩到海裏，堆芯差

點進入空燒狀態，多重防衛系統逐一失效，只差 0.7 秒，就要發生第二個切爾諾貝爾事件。（頁 48）調查發現，「細僅 2 厘米，共計數千支的防震動金屬零件，在事故發生時未能及時插入喉管，造成喉管斷裂，冷卻水外流」。平井憲夫説：「這是施工上的失誤，但是從來沒有人發現。」（頁 49）

為甚麼設計不能按計劃實施？書中也給出了相應的答案。建造核電這種高技術裝置，從根本上，是企業行為，電力公司致力於利益最大化，就想方設法降低成本。許多工程向外承包，導致大量培訓不足的工人進入工地，不僅使他們自身的安全難以得到保證，他們也意識不到，自己微小的失誤會導致怎樣嚴重的後果。

如彭保羅所説：「目前全球核能工業共同面對的危機是，為了獲取更多的利潤，都朝降低成本的資本主義商業邏輯走。為了節省成本，維修工作幾乎都改由承包商承包。核電站每年至少維修一次，維修工人被曝曬、受輻射污染的情況最多，因此維修外包制度所帶來的附加利益是，風險也跟着外包出去了，電力公司便可以不用負責。」（頁 142）

所有這些，都讓我們看到，核電站不發生事故是奇蹟，而發生事故，則是再正常不過的了。按照平井憲夫的説法：「日本一直持續發生着重大核安全事故。」

不出事也是大事——常規問題

常有人説，核電不出事則罷，一出事就是大事。這話只説對了一半。實際上，只要核電站運行起來，不出事也是大事。即使設計完美、施工完美、操作完美，前述各種可怕的局面都沒有發生，核電運行所必然帶來的常規問題，仍然同樣嚴重。主要有四：

一、核電站運行中，核輻射對工作人員和周邊居民的傷害；

二、核電站運行所釋放的放射性廢水和廢氣會傷害工人和周邊居民的身體健康及當地的生態環境；三、核廢料至今沒有找到妥善的處置辦法，會在幾萬年乃至幾百萬年之內，成為人類的隱患；四、核電站自身在退役之後，變成了巨大的輻射源、污染源，同樣是難以解決的隱患。

前兩者是隨時發生的，是當下的問題；而後兩者則更多屬於未來的問題，更加隱蔽。

平井憲夫用了很多篇幅討論核輻射對員工和附近居民的直接傷害，他本人也是因為遭受輻射而身患癌症，58 歲就去世了。關於輻射對人體的危害，我們現在的知識是非常模糊的。在福島核事件之後，很多專家出來保證，說輻射隨處都有，連吃火鍋都有；又宣佈了一個安全劑量值，比如正常人每年不超過多少毫希沃特就好。

這種說法完全沒有考慮到核物質的特殊性。核輻射對人的傷害與其他物理傷害、化學傷害是完全不同的。對於有害物質，我們習慣的主要對策其實是稀釋，似乎只要濃度足夠低，有害物質就不再有害。但是輻射的傷害不僅取決於放射性物質的濃度，也取決於放射性物質本身的性質。一支利箭，可以穿膛而過，如果把它的力量分成一萬份，讓這支箭一萬次蝸牛般地觸碰你的身體，你會毫髮無損。這是通常理解的稀釋。但是，如果這支箭變成一萬支小竹籤，每支保持原來的速度，同樣可能擊穿身體，如果擊中要害，依然致命。所以這種傷害是不能稀釋的。而且，這種傷害是能夠累積的。想像一下，每天被一支高速飛行的小竹籤擊中，經年累月，造成的傷害跟原來那支穿胸利箭造成的恐怕沒有差別。

平井憲夫說：「核島區內的一切東西都是放射性物質。每個物質都會釋放傷害人體的放射能，當然連灰塵也不例外。」

（頁 43）而「放射能無論有多微量，都會長期累積」。（頁 44）「輻射會累積在人體，五年、十年、二十年，體內的輻射不是每天早上爬起來就自動歸零。住在核電站附近的人，每天都持續在體內累積輻射量。」（頁 88）所以並不奇怪，核電員工和附近居民患白血病的概率遠遠高於其他地區。

在我看來，所謂的安全劑量本身都是值得懷疑的。而最為荒謬的是，福島核事件發生後，當地核輻射量大幅度提高，日本政府竟然在 3 月 14 日提高安全劑量的數值，從五年累計不超過 100 毫希沃特（或每年 20 毫希沃特以下）提高到每年 250 毫希沃特（國際輻射防護委員會建議的最高劑量是每年 20 毫希沃特）（頁 148）。這真是掩耳盜鈴，自欺欺人。

核電站運行過程中，還時時向周邊環境釋放放射性污染物，比如反應堆的冷卻水就定期排放到海裏。平井憲夫還說了一個小細節：「工人穿過的防護衣必須用水清洗，這些廢水全數被排入大海。排水口的放射線值高得不像話，而漁民卻在附近養魚。」（頁 42）這種持續釋放到環境中的放射性污染物最終會導致甚麼後果，我們現在還不得而知。但是，根據以往的歷史，我們可以斷定，它必然會破壞本地生態的平衡，並且會逐漸波及整個食物鏈，人類最終也難以幸免。

核垃圾，永無葬身之地

影響更為深遠的，也是更為隱秘的、更不為人關注的是，核廢料與退役後的核電站。

核燃料用過之後，被稱為乏燃料，乏燃料仍然具有高強度的放射性。如何處置乏燃料至今還是世界難題。小倉志郎說，日本各核電站都把乏燃料「臨時」儲放在反應堆上方的核燃料冷卻池

裏。一開始是 30 組一束，後來是 60 組一束，再後來變成 90 組一束（頁 171），越來越密。乏燃料如果密度過大，超過臨界體積，也會發生核反應。小倉志郎説，乏燃料冷卻池相當於毫無遮攔的反應堆（頁 182）。甚至，乏燃料比反應堆的危險更大。燃料棒中的鈾 -238 本身不參與核反應，吸收了核反應產生的中子後，就變成劇毒的鈈 -239，而鈈 -239 的半衰期長達 2.41 萬年。要等待鈈的毒性消失，需要一百萬年。

美國在 1987 年曾經通過一項決議，在內華達州的尤卡山建造永久性的乏燃料墳墓，此舉遭到內華達州的強烈抗議。2002 年，布什政府批准開工，但是在奧巴馬上台後，尤卡山計劃逐漸擱淺，最終於 2010 年終止。所以直到現在為止，美國的乏燃料仍然在核電站裏「臨時」儲存着。

具有諷刺意味的是，核電站自身在退役之後，也會變成難以處理的核垃圾。「核電站只要插入核燃料棒運轉過一次，整座核電站就會變成一個大型放射性物體。」（頁 59）平井憲夫説：「當時我也加入了研究廢堆方法的行列，每天絞盡腦汁思考，就是不知道該怎麼拆掉這個充滿輻射能的反應堆。拆除核電站不但要花上比建廠時多出數倍的金錢，也無法避免大量的輻射曝曬。反應堆下方的高污染區，每人一天只能待數十秒，這該怎麼進行作業呢？」（頁 58）

一方面，核電站在運行，在發展；另一方面，沒有人知道，如何建造一個確保短則幾萬年、長則百萬年安全的核廢料儲存庫！

核垃圾是當下人類留給後代的最大麻煩，我們有權利把這個巨大的隱患給後代的子子孫孫嗎？

平井憲夫説：「管理核廢料也需要電力跟石油，到時能源的

總使用量必定超出核電所產生的能量。而且負責管理這些東西的不是我們，而是往後世代代的子孫。這到底算哪門子的和平利用？」（頁 70）

在平井憲夫的一次演講中，一位小學生憤怒地譴責：「今天晚上聚集在這裏的大人們，全部都是裝着好人面孔的偽善者！」（頁 65）「你們説核電站很可怕，那為甚麼要等到核電站都蓋好、運轉了才在這裏告訴我們這些事？為甚麼當初施工時不去拼命把它擋下來？」（頁 66）

我們的後人也會這樣問我們的。

核能低碳是個謊言

本書還戳破了核電減碳的神話。

核電被宣傳為清潔能源，是因為發電時不產生二氧化碳。如前所述，核電必然產生各種難以處理的核垃圾，其「髒」甚於人類已經排放的各種污染物。而最可笑的是，核電不排放二氧化碳這個肥皂泡，也被菊地洋一戳破了。

菊地洋一説：「核能從開採鈾礦到濃縮處理及燃料加工、廢液及廢土處理，都需要消耗非常龐大的化石燃料。另外，涉及使用後的燃料及高放射性廢棄物的常年放置，為求安全保管必須動用的化石燃料的數量，都是難以估計地龐大，我們等於在蓋一座不管是建設或維護都需要花費巨資的產生二氧化碳的物體。」（頁 123 — 124）

菊地洋一還説，核電廠的冷卻液會排放到海裏，使海水升溫，使得海水中溶解的二氧化碳被釋放出來。

所以綜合而言，核電根本不減少二氧化碳的排放！只不過，這些被核電釋放出來的二氧化碳沒有列入考核而已。

核電的清潔、安全，都是欺人之談，那麼，為甚麼核電還會被發展起來？

科學家群體是一個利益同盟

幾年前我提出，科學已經從昔日神學的婢女，墮落成今天資本的幫兇。只有那些能夠滿足資本增值的科學和技術才更容易被發明出來，也只有那樣的技術更容易得到應用。那些具有哲學氣質而無實際應用的科學則會被邊緣化。中山大學的張華夏教授認為這個觀點是馬克思主義的，這讓我感到安慰和安全。科學家群體是我們社會結構的一部份，他們已經不是自由思想者，他們的任務就是為社會提供有用的——使資本增值的——東西。同樣，在這樣的社會結構中，科學家群體自身也變成一個利益集團，也在尋求自身利益的最大化，為此，它必然與權力結盟，與資本結盟。

於是，在當下工業文明的社會結構中，任何科學和技術，會首先成為資本增值的工具。只要能使當下的資本增值，哪怕身後洪水滔天。

按照雙刃劍的說法，科學總是存在負面效應。然而，這兩個刃是不對稱的。就核電站而言，發電帶來的好處明顯可見，受益者也明顯可見，但是其壞處，則是分散的、隱蔽的，受害主體也是不明確的。核電員工和周邊居民還有可能表示抗議，尋求賠償，而當地的河流、海水、魚蝦，則根本發不出聲音來。還有，那些將要承擔核污染後果的我們的後代，後代的後代，他們根本還沒有出生！

大科學時代，任何科學家都依附於其群體而存在，任何個體一旦發出與群體不同的聲音，就意味着自身要被邊緣化。所以我們看到，在三聚氰胺、瘦肉精、轉基因等事件中，相關科學家或

者集體失聲，或者只有一個聲音。

平井憲夫的著作提供了大量案例說明，電力公司與日本政府達成了利益同盟，而核電專家群體則附屬於電力公司，為了保住飯碗，他們選擇沉默。這就可以理解，為甚麼「在平井出現之前，一直沒有具備豐富核電現場經驗、知識的人願意挺身而出」（頁 19）。也可以理解，為甚麼他們都是在退休之後，才敢於「豁出去」。

小倉志郎說：「我所以豁出去以真名現身，是有感於自己終生致力的核電工作，居然成為加害民眾的機器，還造出永遠不能居住的土地。」（頁 184）

平井憲夫、菊地洋一、小倉志郎，他們的自我反省、他們的良知和直言值得我們敬佩。但是，他們並不是核電專家的主流。群體中個別人的道德覺醒，不足以挽救群體與資本和權力結盟的現實。所以，要警惕某些科學家。

核問題是工業文明的問題

關於核電開發最後的理由是：「我們沒有別的辦法。」

這個理由道出了工業文明的無奈與尷尬，連一塊遮羞布都算不上了。

「我們沒有別的辦法。」的確，如果要保留工業文明的框架，似乎真的沒有別的辦法。化石能源有限，很快就要枯竭了，並且會產生二氧化碳；水電開發接近飽和，且生態後果嚴重；太陽能總量有限，太陽能電池也存在污染問題；風能不穩定，有地域限制；潮汐能更不靠譜……數來數去，只有核電最好。

於是，我們主動地把一把沉重的利刃掛在了頭頂！

仔細看看工業文明這個外表已經不十分光鮮的大屋子，就會

看到，屋樑上已經懸着很多大大小小的刀了。其實，刀一直在往下掉，刀下冤魂不絕，但我們總是心存幻想，麻痹自己説，這是發展中必要的代價；我們安慰自己説，下一把刀會掛得更結實一點兒。最後鬧得滿頭懸刀，刀身越來越重，刀刃越來越利。

當初，曾有物理學家形容，原子彈的爆炸比一千個太陽還亮。在地球本身的物理條件下，核裂變是不會發生的。只有萬物生長所依靠的太陽，是通過核反應為地球源源不斷地提供能量的。所以，掌握了可控核裂變，就好比掌握了太陽。和平利用核能，這個讓人心潮澎湃的口號，當年充滿了科學浪漫主義和科學英雄主義的豪情，在今天看，則是人類的野心和狂妄的一次膨脹。

自己造太陽，掌控核能；自己做上帝，創造物種。所有的野心和狂妄，都在資本的刺激下一次次地膨脹，反過來，又一次次地充當資本增值的工具，最終把人類推向滅亡。

而人類的滅亡，要用整個生物圈來殉葬。

工業文明之下，人類無法成為一個有道德的物種，而是不斷犯下對其他的物種的罪惡，核電站則將使人類萬劫不復。

最近聽到一件事兒。一個小伙子，賣了自己的一個腎，只是為了買 iPhone。恐怕所有人都譴責這個小伙子的愚蠢，但是這個小伙子可能會説：我沒有別的辦法！

如果這個故事只是説明了核電的愚蠢，而沒有説明核電的罪惡，我們可以想像一下，小伙子賣的首先不是自己的腎，而是他鄰居的腎，他兒子、孫子的腎……

小倉志郎説：人類根本沒有資格用核電，那是透支未來的做法。（頁 188）

能源神話是支撐工業文明的諸多神話之一。能源神話宣稱，只要有足夠的能源，人類當下的文明模式就可以繼續下去。但是，

這種神話只考慮了物質和能量轉化鏈條的前半截，而沒有考慮後半截——核垃圾問題。核電站自身的垃圾從根本上埋葬了能源神話。核電在本質上同樣是剝奪其他人、剝奪其他物種、剝奪生物圈的未來。

核電的問題不是核電本身的問題，也不是能源問題，而是我們的生存模式問題。反思核電，歸根結底，是要反思，人類要怎樣活着？

如果大屋子必然有利刃懸頂，我們是否可以放棄大屋子，回到小屋子裏去？

人類只有一個太陽。人類文明一直是在一個太陽的照耀下成長起來的。多出來的太陽，只會是人類的災難。我們以為給自己帶來了太陽之光，其實是點燃了地獄之火。

那個多出來的太陽，來自資本的貪婪，來自人類內心的貪婪。

平井憲夫的祈禱

只要有核電，
真正的和平就不可能降臨世界
請把美麗的地球留給孩子們吧！

如果我們不能停下工業文明的步伐，人類文明將會滅亡。
讓我們停下來，
唱一支歌兒吧！

參考文獻

1. Clayton Crockett, Jeffrey W. Robbins: *Religion, Politics, and the Earth*, 2012, Palgrave MacMillan.

2. 陳弘美:《日本 311 默示》,麥田出版社,2012 年。

3. 關本博:《圖解核能 62 問》,上海交通大學出版社,2015 年。

4. 郭位:《核電 霧霾 你:從福島核事故細説能源、環保與工業安全》,北京大學出版社,2014 年。

5. 劉健芝:《全球視野與在地實踐》,2017 年。

6. 門田隆將:《福島核事故真相》,上海人民出版社,2015 年。

7. 平井憲夫:《核電員工的最後遺言》,推守文化創意股份有限公司,2011 年。

8. 環境保護部核與輻射安全監管二司、環境保護部核與輻射安全中心編:《日本福島核事故》,中國原子能出版社,2014 年。

9. 王傳珊:《核輻射離我們有多遠》,上海大學出版社,2011 年。

10. Japan Reboot Project:《日本・再出發——在日港人 311 地震後感》,三聯書店(香港),2011 年。

11. 日本 NHK 電視台《東海村核臨界事故》劇組:《日本核輻射死亡事件》,法律出版社,2011 年。

12. 藍原寬子:《核事故至今 8 年:福島的現況及課題》,張怡松譯,2019 年。

13. 福島手冊發行委員會編:《福島十大教訓——守護民眾,遠離核災》,2015 年,http://fukushimalessons.jp/assets/content/doc/Fukushima10Lessons_CHN_t.pdf。

14. 《日本茨城縣東海村 JCO 核燃料處理工廠臨界事故總結報告》,Atomic Energy Council,2018 年(2019 年 8 月 2 日更新網頁)。

15. 國際原子能機構:《福島第一核電站事故——總幹事的報告》,2015 年

8 月，https://wwwpub.iaea.org/MTCD/Publications/PDF/
SupplementaryMaterials/P1710/Languages/Chinese.pdf。

16. 聯合國：《危險物質及廢料的無害環境管理和處置對人權的影響問
    題特別報告員的報告》，2017 年 7 月 20 日，https://undocs.org/zh/A/
    HRC/36/41。

17. 〔德〕海因里西・伯爾基金會，鄭永妍譯：《世界核廢料報告 2019》，
    2019 年 11 月。

18. Adrian David: "Young woman leads revival of Fukushima's fishing
    industry", *New Straits Times*, 9 Feb 2020.

19. 陳肖華、毛秉智：〈日本東海村核轉化工廠臨界事故及應急醫學處理〉，
    《國際放射醫學核醫學雜誌》，2003，27（1）：28-30。

20. 〈東京電力公司福島核電站事故調查報告〉，《國外核動力》，2012 年第
    5 期，汪勝國譯。

21. 〈福島核事故 5 年後，危機並未解除〉，《科學美國人》中文版《環球科學》，
    2016 年 4 月 26 日，https://huanqiukexue.com/a/qianyan/diqiu__
    ziran/2016/0426/26119.html。

22. 藍建中：〈福島核事故：日本欠世界一個交代〉，《瞭望》，2017 年第 8 期。

23. 黃乂和：〈核電站：多安全才算安全？〉，《中國新聞週刊》，2012 年 26 期。

24. 王選、離原：〈謊言與自負：日本核災難真相〉，《Vista 看天下》，2012
    年第 8 期。

25. Isabel Reynolds、Emi Nobuhiro 著、孟潔冰譯：〈日本計劃讓福島鬼
    城重獲新生，可居民並不樂意〉，《商業週刊》中文版，2016 年 11 月 10 日，
    http://www.sohu.com/a/118584593_320672。

26. 吳彤、張利華：〈美國與印度進行核合作的動因〉，《國際政治科學》，
    2009 年第 4 期。

27. 楊寧、董雅惠：〈籌備投入巨大，疫情二次來襲；延期的東京奧運還能

順利舉行嗎？〉，《人民日報》海外版，2020 年 8 月 15 日，第 6 版，http://sports.people.com.cn/BIG5/n1/2020/0815/c14820-31823198.html。

28. 郭一娜：〈闖入「鬼城」警戒線的日本人〉，《國際先驅導報》，2012 年 3 月 12 日，http://ihl.cankaoxiaoxi.com/2012/0312/16837_2.shtml。

29. 〈東京電力被指「六宗罪」篡改資料隱瞞事故〉，《廣州日報》，2011 年 4 月 10 日，https://finance.huanqiu.com/article/9CaKrnJqMZM。

30. 冀勇：〈福島核污染土壤將用於建綠地公園〉，《法治日報》，2017 年 4 月 1 日，https://www.sohu.com/a/131425982_119038。

31. 張章：〈日本福島核電站後續工作面臨困境〉，《中國科學報》第 3 版，2017 年 3 月 13 日，http://news.sciencenet.cn/htmlnews/2017/3/370406.shtm。

32. 〈日本福島核輻射區飯館村：大部份農田長滿雜草〉，《人民日報》，2015 年 7 月 23 日，https://world.huanqiu.com/article/9CaKrnJNGZa。

33. 〈日本福島核污水排放計劃引擔憂〉，《人民日報》，2020 年 10 月 23 日，http://japan.people.com.cn/BIG5/n1/2020/1023/c35421-31903143.html。

34. 華義：〈日擬移出福島核電站 3 號機組燃料棒〉，《中國科學報》，2019 年 2 月 28 日，http://news.sciencenet.cn/sbhtmlnews/2019/2/343835.shtm。

35. 日本 NHK 電視台：《日本東海村核臨界事故──治療核輻射 83 天記錄》，2001 年。

36. 小出裕章專訪，香港電台，2012 年 5 月 4 日。

37. 《我們的島：從廣島到福島》，公視，2011 年 9 月 19 日，https://ourisland.pts.org.tw/content/256。

38. Chivn:〈福島核洩漏多年後的現在〉，https://zhuanlan.zhihu.com/p/20259639。

39. Motoko Rich：〈震後六年，福島的核廢料困局仍然無解〉，紐約時報中文網，2017 年 3 月 13 日，https://cn.nytimes.com/world/20170313/struggling-with-japans-nuclear-waste-six-years-after-disaster/zhhant/

40. Mari Yamaguchi: "Japan revises Fukushima cleanup plan, delays key steps", AP News, 27 Dec 2019, https://apnews.com/d1b8322355f3f31109dd925900dff200/.

41. Roger Cheng:"For Fukushima's nuclear disaster, robots offer a sliver of hope", CNET, 10 Mar 2019, https://www.cnet.com/features/for-fukushimas-nuclear-disaster-robots-offer-a-sliver-of-hope/.

42. Rupert Wingfield-Hayes: "Why Japan's 'Fukushima 50' remain unknown", BBC News, 3 Jan 2013, https://www.bbc.com/news/world-asia-20707753/.

43. 華義：〈八年過去了，福島「核禁區」如今變成了這樣〉，參考消息網，2019 年 2 月 26 日。

44. 安倍大資：〈99% 核污染土將被再利用？〉，日經中文網，2019 年 5 月 6 日，https://cn.nikkei.com/politicsaeconomy/politicsasocty/ie35423-2019-05-06-05-01-00.html。

45. 王鑫方：〈白令海峽首次發現福島核事故污染物〉，新華網，2019 年 3 月 29 日，http://www.xinhuanet.com/world/2019-03-29/c_1210094415.htm。

46. 兵說：〈被原子彈炸過的國家，很想擁有原子彈：日本的核門檻有多低？〉，每日頭條，2019 年 8 月 28 日，https://kknews.cc/military/mlrq5v2.html。

47. 〈不是不想回，而是無法回，看不到未來──福島災民七年憶〉，新華國際，2018 年 3 月 12 日，https://read01.com/7Dykoy6.html#.YXZhFhpBw2w。

48. 夏文輝:〈承認隱瞞「堆芯熔化」,福島核事故還「藏」了甚麼? 〉,環球網,https://ppfocus.com/0/hi477e2e1.html。

49. 華義:〈除了福島核污水,日本還面臨着一個人類未曾經歷過的挑戰……〉,瞭望智庫,2020 年 11 月 2 日,https://www.sohu.com/a/428920506_132930。

50.〈東電稱能取出福島核電站 2 號機組燃料碎片〉,觀察者網,2019 年 2 月 14 日,https://kknews.cc/world/4kzmar2.html。

51.〈東京奧運 2020 : 延期一年舉辦的經濟影響是甚麼〉,BBC 中文網,2020 年 3 月 26 日,https://www.bbc.com/zhongwen/simp/world-52037451。

52. 姬燁、王子江、王夢:〈東京奧運延期,算不完的經濟賬〉,新華網,2020 年 5 月 24 日,http://www.xinhuanet.com/politics/2020-05/24/c_1126025713.htm。

53.〈東京電力承認低估福島核事故反應堆「堆芯熔化」〉,環球網,2016 年 2 月 25 日,https://kknews.cc/zhhk/world/e92qkkq.html。

54. Hiroko Tabuchi:〈東京舉行大型反核集會〉,紐約時報中文網,2012 年 7 月 18 日,https://cn.nytimes.com/world/20120718/c18japan/zh-hant/。

55.〈東日本大地震已過去9年 仍有4萬多人在外避難 人口流失超34萬人〉,人民網,2020 年 3 月 11 日,http://japan.people.com.cn/n1/2020/0311/c35421-31627717.html。

56.〈防放射性物質飛散 福島核電站推遲取出兩個機組燃料棒〉,國際在線,2022 年 12 月 19 日,https://baijiahao.baidu.com/s?id=1653573397773351647&wfr=spider&for=pc。

57.〈分析日本重視發展核能的深層原因及其面臨的挑戰〉,新能源網,http://www.chinanengyuan.com/news/113187.html。

58.〈輻射威脅未除,奧運聖火如何照亮核災陰霾〉,綠色和平,2020 年

1 月 2 日，https://www.greenpeace.org/hongkong/issues/climate/ update/14474/ 輻射威脅未除 %e3%80%80 奧運聖火如何照亮核災陰 霾 %ef%bc%9f/。

59. 劉希彤：〈福島 50 死士，員工悲慘代價 核電廠暗示：找些死了也不要緊的人來〉，香港 01，2020 年 6 月 24 日。

60.〈福島不會成為切爾諾貝爾—— 地震塑造日本系列專題〉，網易探索，http://discovery.163.com/special/nuclearpowerplant/。

61.〈福島核電站堆芯熔化到底是多麼嚴重的情況呢？〉，知乎網，https://www.zhihu.com/question/47772420。

62.〈福島核電站輻射量達預期 7 倍 機器人只能撐 2 小時〉，中國電力網，2017 年 2 月 4 日，https://read01.com/GyQAoB.amp。

63.〈福島核事故後 日本在這種新能源上下重注〉，新華國際，2018 年 5 月 17 日，http://news.sina.com.cn/w/zj/2018-05-17-doc-iharvfhu3179364.shtml。

64.〈福島核污染土壤難以處理，日本政府稱 99％可二次利用〉，環球時報，2019 年 2 月 26 日，https://kknews.cc/zh-hk/world/l3qmmy9.html。

65. 晗冰：〈福島核洩漏：機器人研發緩慢 清理乾淨需幾十年〉，網易科技，2019 年 3 月 12 日 https://www.ithome.com/0/413/674.htm。

66. Shi Chen：〈福島記行：福島第一核電站現狀之我見〉，知乎網，https://zhuanlan.zhihu.com/p/25555067。

67.〈福島降低學校核安全標準輻射容忍度為震前 20 倍〉，http://roll.sohu.com/20110525/ n308431775.shtml。

68.〈福島六周年：「一切正常」只是白日夢〉，德國之聲中文網，2017 年 3 月 11 日。

69.〈核災八年，福島勇士血汗蒙塵〉，綠色和平，2019 年 3 月 19 日。

70.〈聯合國專家警告日本福島「除染」工人受剝削〉，新華網，2018 年 8 月 18 日，http://www.xinhuanet.com/world/2018-08/18/c_129935033.htm。

71. 劉健芝、何志雄：〈八年了 福島核災廢爐 遙遙無期〉，海螺社區，2019 年 3 月 11 日，https://mp.weixin.qq.com/s/anteZtXgAgm_27DQ2WdLvg。

72. 劉健芝、何志雄：〈福島災難九周年記：東京奧運與福島「復蘇」〉，海螺社區，2020 年 3 月 11 日，https://mp.weixin.qq.com/s/LlxMcISih7ozOemU7BZE8g。

73. 〈論核能的安全性問題〉，安全管理網，2018 年 9 月 19 日，http://www.safehoo.com/Item/1536857.aspx。

74. 彭瑞祥：〈綠色和平：福島核災除污效果不彰 勿排輻射污水入海〉，國際環保在線，2019 年 1 月 24 日，https://www.huanbao-world.com/NGO/79786.html。

75. 綠色和平：〈綠色和平揭日本政府誤導聯合國 罔顧兒童與除核污工人安危〉，國際環保在線，2019 年 3 月 15 日，https://www.huanbao-world.com/NGO/90216.html。

76. Alexander Freund 著、見山編譯：〈沒有核電的日本還能運轉嗎？〉，德國之聲中文網，2012 年 3 月 7 日，https://p.dw.com/p/14GPZ。

77. 李禾：〈美國撤離在日本外交官和軍人家屬〉，環球網，2011 年 3 月 20 日，https://world.huanqiu.com/article/9CaKrnJqBy8。

78. 〈全民抗議！福島核電站想把 100 萬噸放射性廢水排入太平洋？加拿大、中國均受影響！〉，資訊網——多倫多華人圈，2017 年 11 月 28 日。

79. 錢小岩：〈讓運動員睡「紙板床」、吃福島米：東京奧運創造節儉神話〉，第一財經，2019 年 11 月 27 日，https://www.yicai.com/news/100418111.html。

80. 〈人權專家：福島核輻射威脅仍在 政府須停止回遷工作〉，聯合國新聞網站，2018 年 10 月 25 日，https://news.un.org/zh/story/2018/10/1021382。

81. 劉軍國：〈日本東北災區重建路漫漫（ 第一現場）〉，人民網，2019 年 3 月 20 日，http://world.people.com.cn/n1/2019/0320/c1002-30984367.html。

82. 王歡：〈日本東電擬對福島一核 2 號機組燃料碎片展開接觸調查〉，環球 網，2018 年 7 月 25 日，https://world.huanqiu.com/article/9CaKrnKaKCY。

83. 〈日本福島第一核電站「凍土擋水牆」未能完全凍結〉，中國新聞網，2016 年 6 月 3 日，https://kknews.cc/zhhk/world/kxz3yq.html。

84. 〈日本福島核電站 2、3 號機組可能發生堆芯熔化〉，中國新聞網，2011 年 5 月 17 日，http://www.chinanews.com/gj/2011/05-17/3044879.shtml。

85. 〈日本福島核電站污水入海計劃引發的擔憂〉，BBC 中文網，2020 年 10 月 26 日，https://www.bbc.com/zhongwen/trad/world-54675012。

86. Kuniko Satonobu：〈日本福島核事故的「蝴蝶」效應〉，2016 年 3 月 11 日。

87. 馬麗：〈日本福島核故疏散區野生動物大量增加 不利居民返鄉〉，環球網，2016 年 9 月 19 日，https://world.huanqiu.com/article/9CaKrnJXGb1。

88. 〈日本公佈福島核殘渣搬出計劃 總量超千噸 仍無最終處理方案〉，國際在線，2019 年 12 月 3 日。

89. 〈日本留學那幾年，我的公益行動（一）：福島行〉，Design Travel，2020 年 7 月 21 日，https://zhuanlan.zhihu.com/p/162450250。

90. 〈日本擬循環再利用福島核污染土〉，生態環境部核與輻射安全中心，2019 年 3 月 6 日，http://www.chinansc.cn/dtzx/yjzx/201903/t20190305_694505.shtml。

91. 林楠森：〈日本前首相菅直人出席台灣反核運動〉，BBC 中文網，9 月 13 日，https://www.bbc.com/zhongwen/trad/china/2013/09/130913_japan。

92. The Nok:〈日本攝影師拍下福島裏的荒廢土地〉，攝影札記，2014 年 5 月 22 日。

93. 王歡：〈日媒公開福島核事故現場照片（組圖）〉，環球網，2013 年 2 月 5 日，http://roll.sohu.com/20130205/n365602109.shtml。

94.〈日企承認僱外國「勞工」到福島「除污」曾一度否認〉，海外網，2018 年 5 月 3 日，http://japan.people.com.cn/BIG5/n1/2018/0503/c35421-29962027.html。

95.〈國際組織警告：如果福島百萬噸核污水入海 將污染環境或損害人類 DNA〉，央視新聞客戶端，2020 年 10 月 26 日。

96.〈生活在輻射中 福島兒童最想到戶外玩〉，路透社，2014 年 3 月 10 日。

97. Martin Fritz：〈首個解禁的福島核事故小鎮〉，德國之聲中文網，2016 年 3 月 11 日，https://p.dw.com/p/1IARs。

98.〈推遲 4 年多，日本今天開始取出福島核電三號機核燃料棒〉，觀察者，2019 年 4 月 15 日，https://www.guancha.cn/internation/2019_04_15_497695.shtml。

99. Ahchoii：〈「脫原發」──日本反核運動回顧〉，獨立媒體，2011 年 11 月 30 日。

100.〈災區重建仍面臨困境 因疫情各地取消或縮小追悼儀式規模〉，人民網，2020 年 3 月 11 日，http://world.people.com.cn/n1/2020/0311/c1002-31627785.html。

101.〈震後八年還有輻射魚！日本福島鱒魚超標六倍〉，奇摩新聞，2019 年 3 月 15 日，https://m.huanbaoworld.com/view.php?aid=90168。

102. 陳沁涵：〈百萬噸福島核污水排放入海，意味着甚麼？〉，澎湃新聞，2020 年 10 月 25 日，http://www.heneng.net.cn/index.php?mod=news&acti_on=show&article_id=60692&action=show&article_id=60692。

103. 人馬座 A：〈百萬噸福島核污水要倒進太平洋，還能愉快地吃海鮮嗎？〉，果殼網，2020 年 10 月 24 日，http://www.ifuun.com/

a2020102427282103/。

104. 張郁婕：〈福島第一核電廠事故處理費用〉，日文新聞編譯平台，2019
年 3 月 15 日。

105. 張郁婕：〈福島第一核電廠事故後，東電高層一審獲判無罪：完全解説
日本首件核電廠事故刑事訴訟〉，日文新聞編譯平台，2019 年 9 月 21
日，https://changyuchieh.com/2019/09/21/tepco-court/。

106. 張郁婕：〈福島縣楢葉町解除避難指示五週年現狀簡述〉，日文新聞編
譯平台，2020 年 9 月 5 日，https://changyuchieh.com/2020/09/05/
naraha/。

107. 張郁婕：〈前進福島第一核電廠（二）：輻射污染土卡車司機與走出繭
居的在地青年〉，日文新聞編譯平台，2019 年 9 月 11 日，https://
changyuchieh.com/2019/09/11/fukushima-explore-2/。

108. 張郁婕：〈再訪福島(二)：富岡町鐘錶店的仲山小姐：避難甚麼的都是「自
己的責任」〉，日文新聞編譯平台，2019 年 11 月 15 日。

109. 張郁婕：〈再訪福島（三）：地方媽媽的擔憂：「福島還是那個適合孩子
成長的環境嗎？」〉，日文新聞編譯平台，2019 年 11 月 21 日。

110. 周琪：〈東京電力只是一家企業嗎？〉，觀察者網，2013 年 3 月 29 日，
https://www.guancha.cn/ZhouZuo/2013_03_29_135001.shtml。

鳴謝

本書得到夢周文教基金會大力支持，謹致謝忱！

書中部份圖片由以下人士提供，特此致謝！

豐田直巳：頁 3—8、13、80（下）
藍原寬子：頁 20、37、73、76、78、88、91（上）、
　　　　　103、111、112、135、141、144、184、
　　　　　194、273
藤岡惠美子：頁 34、41（下）、51（中）、91（下）
大橋正明：頁 62、64、161、241、266

（排名不分先後）